本项研究得到国家社会科学基金重点项目
“中华民国新闻史研究”（13AXW003）资助

南京师范大学民国新闻史研究所丛书（第一辑）
新闻史人物研究系列 | 倪延年 主编

坚守与徘徊：新闻人马星野研究

王继先 著

南京师范大学出版社
NANJING NORMAL UNIVERSITY PRESS

图书在版编目(CIP)数据

坚守与徘徊：新闻人马星野研究 / 王继先著. —南京：南京师范大学出版社，2018.10

(南京师范大学民国新闻史研究所丛书. 第一辑，新闻史人物研究系列)

ISBN 978-7-5651-3637-5

Ⅰ. ①坚… Ⅱ. ①王… Ⅲ. ①马星野—人物研究 Ⅳ. ①K825.42

中国版本图书馆 CIP 数据核字(2017)第 323936 号

丛 书 名　南京师范大学民国新闻史研究所丛书(第一辑)
主　　编　倪延年
书　　名　坚守与徘徊:新闻人马星野研究
作　　者　王继先
责任编辑　赵　婕
出版发行　南京师范大学出版社
地　　址　江苏省南京市玄武区后宰门西村 9 号(邮编:210016)
电　　话　(025)83598919(总编办)　83598412(营销部)　83598297(邮购部)
网　　址　http://www.njnup.com
电子信箱　nspzbb@163.com
照　　排　南京理工大学资产经营有限公司
印　　刷　南京玉河印刷厂
开　　本　787 毫米×960 毫米　1/16
印　　张　17.5
字　　数　305 千
版　　次　2018 年 10 月第 1 版　2018 年 10 月第 1 次印刷
书　　号　ISBN 978-7-5651-3637-5
定　　价　47.00 元

出 版 人　彭志斌

序 言

新闻史是新闻事业发生、发展和变化的历史。新闻史学是研究新闻事业发生、发展和变化的社会现象及其规律的科学，属于专门历史学的范畴。新闻事业主要由新闻信息、新闻人、新闻媒介及新闻活动等要素构成。对新闻事业要素发生、发展和变化历程的研究是新闻史研究的基本内容。《南京师范大学民国新闻史研究所丛书》（第一辑）就是由 4 种研究民国时期新闻史人物的专著组成的专题性学术丛书。

一

"十朝都会"南京是孙中山 1912 年元旦领导创建的中华民国临时政府的首都，从 1927 年 4 月 18 日起成为蒋介石国民党集团主导的"中华民国国民政府"（1946 年 11 月"国民大会"后改称"中华民国总统府"）所在地。[①] 由于特殊的政治地理位置，南京成为民国时期的政治经济文化中心。1924 年 4 月 1 日开始发稿的国民党中央通讯社 1927 年 5 月移至南京，国民党中央广播电台 1928 年 8 月 1 日在南京开始播音；几经变迁的《中央日报》也于 1929 年 2 月 1 日正式在宁出报，其他新闻媒介也纷纷在南京创办或靠拢。自 1927 年至 1937 年的十年间及抗日战争胜利后的数年间，南京及周边地区的新闻事业得到较快的发展，成为民国时期中国新闻事业的中心地带，因而也成为民国时期新闻事业相关文献史料收藏和保存比较集中的地方，在研究民国时期新闻史方面具有不可多得的地理和文献优势。

南京师范大学在中国高等教育史尤其是高等师范教育史上是一所具有百余年历史和重要影响的学校，其历史可上溯至 1902 年由清末名臣张之洞奏请

---

① 日本侵略军 1937 年 11 月 12 日攻陷上海，民国南京政府国防最高会议 1937 年 11 月 16 日"议决迁都重庆"。1946 年 5 月 1 日，国民政府颁布凯旋令，"定于 5 月 5 日国民政府自陪都重庆凯旋南京"。

创办的“三江师范学堂”。南京师范大学的新闻专业教育起源于国家教育部于1964年批准的在当时的南京师范学院政教系设立的新闻专业。后因国家暂时经济困难停止招生。1977年恢复高考时在中文系招收新闻专业本科生。1995年成立了由新闻系、广播电视新闻系、广告学系、现代教育技术学系组成的新闻与传播学院，2012年增设网络与新媒体系。经过几代人数十年的努力，南京师范大学新闻与传播学院毕业的学子遍布大江南北、北上广深。2001年获准设立新闻学和传播学硕士学位授权点，2006年获准设立新闻学二级学科博士学位点，2018年获准设立新闻与传播学一级学科博士学位授权点，被学界同行专家誉为“进入全国新闻教育第一方阵”。

2012年5月新闻与传播学院成立民国新闻史研究所。在此基础上，学校于2014年4月成立民国新闻史研究所。南京师范大学民国新闻史研究所是国内第一个以民国时期新闻史为研究对象和主题的学术研究机构，拥有本校在职教师和中国人民大学、中国传媒大学、华中科技大学、中央民族大学、暨南大学、南京大学、上海大学、湖南师范大学、华南师范大学、南京政治学院、新华通讯社等单位的民国新闻史专家相结合的研究队伍；同时也是一个立足国内、面向世界的开放互动型专业研究机构，分别于2014年、2015年、2016年和2018年承办，由中国新闻史学会和南京师范大学联合主办的第一、二、三、四届“民国新闻史高层论坛”，从第一届开始就有来自新加坡和我国台湾地区的学者主动撰文、踊跃参会进行学术交流，此后的数届则有来自法国、英国及我国台湾地区、香港特区的学者参加学术交流。国家社会科学基金重大项目“中华民国新闻史”秘书处设在民国新闻史研究所，并编印信息通报性内部刊物《民国新闻史研究动态》，同时在组织第一、二、三届“民国新闻史高层论坛”过程中，研究所编辑出版了以应征论文为主要内容的《民国新闻史研究:2014》《民国新闻史研究:2015》和《民国新闻史研究:2016》年度学术集刊。

南京师范大学百余年深厚的文化底蕴，新闻与传播学院几代人数十年的治学传统，以及海内外众多专家的鼎力支持和赐教，为南京师范大学民国新闻史研究所开展研究活动提供了重要支持和保障。

二

研究民国新闻史应该也必须把当时的新闻史人物、新闻媒介、新闻事件及新闻活动放到特定的社会环境里进行认识和分析，才能比较客观地认识和评价民国时期的新闻史人物、新闻媒介及新闻史人物在媒介上说过的话和在新闻活动中做过的事。民国时期社会环境的主要特点是：

1.“两半”社会性质依旧。中国半殖民地半封建的社会及国家（政府）运作形态定型于清末。孙中山领导创建了民国南京临时政府，虽然标志着中国封建君主专制王朝的终结和资产阶级共和政体的诞生，但仍然没有能改变中国半殖民地半封建的社会性质。孙中山在《对外宣言书》中声明：“凡革命前清廷与各国所订条约、所借外债、所认赔款及让与各国或个人之种种权利，民国均予以承认、保护。”抗战胜利后，美国在中国设有军事顾问团，派遣数万海军陆战队驻扎中国上海、青岛、天津、北平和秦皇岛等地。国民党政府与美国政府（含驻华美军）签订的《中美警宪联合勤务协定》《中美友好通商航海条约》和《中美空中运输协定》“友好互惠”协定，使美国人仍实质享有治外法权和各种特权：美国商品在中国享有与中国商品征税、销售同等的待遇；美国船舶可在中国“开放之一切口岸、地方及领水内”自由航行；美国军舰在“危难”时可开进中国任何不开放的“口岸、地方或领水”；美国飞机可在中国领空随意飞行，并在上海“及以后随时同意之地点”作“非交通性的停靠”。可见当时的中国政府虽然是存在的，但美国人是不能得罪的。

2. 国民党处于强势地位。由于在推翻清朝统治斗争中的历史贡献，中国同盟会主导了民国南京临时政府的成立和运作。中国同盟会在民国北京政府及其众议院、参议院乃至全国政坛中仍是重要政治力量。在“二次革命”、成立护法军政府和非常大总统府、在苏联支持下和共产党合作开展反帝反封建“大革命运动”等重大事件中，国民党都一直掌握着中国政治运动的主导权。国民党新军阀首领蒋介石成立民国南京政府后，以“孙中山继承者”自居占据政治道德优势，借助庞大的军警宪特建立了“一党为大”的政治体制和运行机制，在国际上成为“中国政府”和中华民族的代表，并由于中华民族在第二次反法西斯战争中的重要贡献，在“二战”结束后成为联合国五个常任理事国之一。因拥有全国社会、行政和自然资源。无论是在抗战时期还是抗战后国共谈判中，国民党都长期处于强势和执政的地位。

3. 共产党处于弱势地位。“大革命”运动中，共产党员是以“个人身份”加入国民党的，“整体和个体”与“主导和参与”关系十分明显。“国共合作”抗日应是平等的，但蒋介石在“庐山谈话”中说，“对于国内任何派别，只要诚意救国，愿在国民革命抗敌御侮之旗帜下共同奋斗者，政府无不开诚接纳，咸使集中于本党领导之下而一致努力”。一是“政府开诚接纳”，二是“集中于本党领导之下”，完全是“政府对民众”“领导党对被领导党”姿态。抗战胜利后，毛泽东应蒋介石三次邀请到重庆进行国共谈判签署的是《政府与中共代表会谈纪要》，国民党是“政府”方，中共是党派“代表”。直到解放军展开战略反攻后，这种情况才开始改变。

4. 外国势力影响中国政治。民国时期对中国政治局势影响最大的是资本主义的英美、军国主义的日本及社会主义的苏联。日本在民国时期对中国进行了长达十四年的武装侵略，扶植的汉奸政府为虎作伥。中华民族在付出巨大代价后，终于把“日本鬼子”赶回了老家。蒋介石国民党集团重要官员的主要教育和从政背景加之第一夫人家族的特殊影响，使国民党政府成为“二战”结束初期美国对外援助的主要接受者。作为报答，国民党政府成为美国对抗苏联的“铁杆随从”，中华民国成为美国军队的最大驻外国及战后剩余商品的倾销市场。社会主义苏联是既复杂多变又直接影响中国政局的重要力量。列宁领导的苏联先后于1919年7月25日和1920年9月27日发表两次“对华宣言”，宣布“俄国历届政府同中国订立的一切条约无效，放弃以前夺取中国的一切领土和中国境内的一切俄国租界”等权利，积极支持国共合作反帝反封建“大革命”。国共分裂蒋介石转向英美后，苏联因与共产党意识形态一致而支持共产党。抗战时期，苏联既和日本订有《苏日中立条约》，又和民国南京政府保持外交关系；对抗战胜利后中共军队在东北地区的军事行动又给予重要的帮助。

5. 舆论影响政治走向。民国时期的民心及舆论力量来源，第一是辛亥革命运动尤其是五四新文化运动后日益普及的知识分子群体及上层精英人士认可并追求的民主、自由、平等、法治等西方资产阶级观念；第二是存在于中国社会底层民众之中的社会应公平合理，人与人平等相待，没有政治压迫和经济剥削，民众享有人格尊严和安定生活，外敌入侵时一致对外以维护国家领土完整和民族生存的传统文化精神；第三是世界各国主持正义人士反对强国欺凌弱国、侵犯别国主权和损害领土完整，反对侵略战争和支持反侵略战争的立场和呼声。这些方面的民心和舆论力量都对当时的国家政治生态产生了重要的影响。

上述各方因素，无一不对民国时期活跃在新闻界的各色人物产生明显而直接的影响，既成为他们表演人生“活报剧”的舞台或背景，也是我们研究民国时期新闻史人物应该考虑的时代或社会因素。

三

在构成民国时期新闻事业的新闻人、新闻内容、新闻媒介、新闻活动等诸要素中，新闻人是具有主观能动性并制约其他因素的核心因素。评价民国时期新闻史人物或新闻媒介，既不能割断其与阶级阵营、政党意识和学术派别的关系，也不能回到“以阶级斗争为纲”的研究模式，更不能落入“历史虚无主义”的陷阱，应坚持历史唯物主义和辩证唯物主义基本立场和观点，从不同维度进行评价。

首先是“国家观念”的维度。“国家”除了具有“阶级的统治机关”的政治涵义外，还指“有疆域、人民、独立地位和主权的不同地区的政治实体”，而且在大多数人看来，“政府”和“国家”是两个不尽相同的概念，爱“国”不等于爱“政府”。只要新闻史人物或其掌握的新闻媒介的新闻活动有利于国家政治进步、经济发展及国防巩固，即对于“国家”有促进或补益作用，就应该肯定他们的历史性贡献。用“国家观念”衡量，多数民国新闻史人物的新闻活动都应该得到肯定——至少在客观上为“国家利益”尽了“书生报国”“新闻救国”的责任。

其次是“民族利益”的维度。“民族利益”是指“一个民族在政治、经济、文化教育、语言、宗教、风俗习惯等各个方面利益的总和”。维护“民族尊严”是保护“民族利益”的重要内容。在外敌入侵、民族存亡的考验面前，大多数民国时期新闻人恪守“威武不能屈、富贵不能淫”的民族气节和坚持反对外敌侵略的新闻活动应得到充分肯定。

再则是“社会道德”的维度。新闻传播活动属于上层建筑领域的活动。新闻史人物只要在其新闻活动中宣传弘扬中华民族历史发展中形成的崇敬文明、注重秩序、尊重多元、平等待人、与人为善、乐于助人、尊老爱幼、崇尚节俭等主流传统社会优良道德，并以其实际行动和效果对社会良好道德风貌的形成发挥积极意义，利于正常社会秩序的形成和稳定，就应该予以积极的肯定。

最后是“行业贡献”的维度。“行业贡献”是指新闻史人物对新闻基础理论、专业实践及行业技术等社会性进步做出的贡献。用“行业贡献”的标准衡量，所有在民国时期对新闻行业的人才培养、技术进步、实践经验、新设备和技术的引进及应用等方面具有开拓意义和促进作用的言论行为都应得到肯定。

另外还有“阶段表现”的维度。“阶段表现”是指在对新闻史人物进行评价时，应对其不同历史阶段中的新闻活动的“是”或“非”进行阶段区别性的记载和评价。我们认为，即使对大革命失败后与党分道扬镳，后来成为“托派”领袖，并亲自创办“托派”报刊鼓吹“二次革命”且拒不认错的陈独秀，也应客观评价其在共产党创建前创办《安徽俗话报》和《新青年》所发挥的积极作用，客观评价他在参与创建共产党并在共产党成立后领导创办《向导》等中共机关报并初步形成中共党报体制等活动中的历史性贡献。

四

南京师范大学民国新闻史研究所是全国新闻史学界及其他领域民国新闻史研究专家学者的共同学术平台。其研究对象涵盖民国时期新闻事业的全部要素，包括新闻史人物研究、新闻媒介研究、新闻事件研究、地方新闻事业研究及其他专题性研究等多个方面。其研究成果将以《南京师范大学民国新闻史研究所丛书》的形式陆续出版。现在呈现给读者诸君的就是4种以民国时期新闻史人物为研究对象和主题的著作组成的《南京师范大学民国新闻史研究所丛书》(第一辑)。

首先，就研究对象而言，4种著作研究的对象即传主有一个“共性”，即都与“民国时期”有关。无论是胡道静、黄天鹏，还是马星野和林语堂，他们的新闻活动主要是在民国时期。他们各人的经历和奋斗，从不同的侧面反映了在那个特定时代环境下不同经历和个性的新闻人所走过的人生道路及特定社会环境在每一个新闻人身上打下的“时代印记”。

其次，这些著作研究的4位传主的人生道路和思想轨迹都经历了不同的转变。胡道静的新闻活动从积极主张抗日转向追求政治民主。黄天鹏从汕头报馆福建特派记者起步，后官至“国大代表”兼任宪政督导委员会委员。马星野从新闻学教师到实际主持中央政治学校新闻系，又成为《中央日报》社长，其新闻思想经历了从“西方新闻专业主义”到“国家民族至上”的“三民主义”，再到“蒋公语录”阐释下的现代大众传播思想的发展历程。林语堂则经历了先是“横眉怒对”北洋军阀刀枪的“语丝派”，后转为提倡“幽默”“闲适”但对现实进行明讽暗批的“论语派”，又在抗战时期成为积极“抗日派”的转变过程。当然各位传主转变的轨迹又各具“个性”。

再则，这4位作者都是年轻的新闻史研究者，都在高等学校从事新闻传播教学研究，也都是南京师范大学新闻与传播学院培养的新闻史学方向博士。他们在攻读博士学位期间仍要完成规定的教学研究工作量；或在学习时担任学校管理部门负责人；或在学习时继续讲课当辅导员的同时还当了妈妈；或是因脱产读书而必须外出兼课以减轻经济压力；等等。但欣慰的是他们都克服了困难，如期完成了学位任务。他们能够专注特定新闻史人物“打深井”，尽可能搜集相关史料并认真研读，探讨他们所处社会环境与人生道路的关系，解剖“这一个”人物的人生轨迹、新闻经历、思想变化、贡献和遗憾，力图考证展现一个比较客观、真实和完整的“他”。

最后,“人是各种社会关系的总和”。又因这些著作研究的是“民国时期”新闻史人物,而这些年轻的著者们却不可能有机会亲身经历和体会民国时期新闻史人物所处的“那个”时代,加之各人学术积累和对研究对象认识程度的差异、不同研究对象相关文献史料搜集和研读难度的不同,当然也受到导师学识水平的局限,所以收入《南京师范大学民国新闻史研究所丛书》(第一辑)中的这些著作难免有多方面的不足。好在他们是一群年轻人,且是一群有志于学术的年轻人,相信他们会通过不断努力达到不断完善的目标。

是为序。

倪 延 年
二〇一八年九月三十日于师大随园
南京师范大学民国新闻史研究所

目 录

引言:往事值得追述

他以新闻为终身志业,一生心血都贯注在新闻教育及新闻事业上,是一位道道地地的新闻人。他的后事,应该由新闻界来办,让大家把他当作一位“新闻人”来怀念他。

——辜祖文①

2013年7月,台北“中央研究院”近代史研究所档案馆。马大安②与笔者再次就本研究的主旨和内容进行交流。其间,马大安受姚朋和薛心镕③两位先生嘱托,郑重转交两位对马星野的回忆专述作为访谈记录。而正是薛心镕先生在回忆中的一句话,深深触动了笔者:“许多往事,如果再不写,往后恐怕也无人能写,所以尽力写出,不让马星野先生的那个世代泯没。”④

马星野的“那个世代”是什么样的世代?在漫长的新闻人道路上,他面对“能”与“不能”、“为”与“不为”的纠结和矛盾时,是怎样想的,又是怎样做的?他做到了什么,没有做到什么,为什么?……这些问题都是我们需要在研究中加以回答的。我们所要探索和描绘的,不仅是这些问题具象的答案,也包含着这些问题产生的原因和由这些问题所衍生的诸多抽象的规律和意义。而果如克罗齐所言,“一切真历史都是当代史”,那么我们现在又能从作为20世纪中国新闻史研究对象的马星野身上了解些什么、体味些什么、思辨些什么呢?

---

① 辜祖文,马星野夫人。这段话转引自黄天才:《迟来的师生缘》,载吉人编:《马星野先生纪念集》,台北:“中央日报”出版部,1992年,第131-132页。

② 马大安,马星野之女。台湾大学外文系毕业,美国圣地亚哥大学语言学硕士。

③ 姚朋,马星野学生,政大新闻学系1949年毕业。历任台湾《新生报》副社长兼总编辑,台北《“中央日报”》总主笔、社长,《香港时报》董事长等职;薛心镕,马星野学生,政校新闻专修科1943年毕业。历任青岛《民言报》总编辑、台北《大华晚报》总编辑,台北《“中央日报”》总编辑、副社长兼国外版主任等职。

④ 薛心镕:《马先生给我的几封信》,台北:访问纪要(未刊稿),2013年7月。

一、往事，是个不成问题的问题

近两百年来中国新闻事业的发展历程有两个特点：一是它的时间跨度不长，但内容丰富，体系完整；二是与这一时期整个中国历史的发展步调吻合，时代气息浓郁，与社会各个方面的发展联系紧密，相互之间的影响错综复杂。

"新闻史是一门科学，是一门研究新闻事业发展历史及其演变规律的科学。"①而学界对于中国新闻史的研究迄今不到一百五十年，②却相应形成两个特点：一是重视程度越来越高，深入研究的空间很大；二是研究的视角相对丰富，跨学科的特征比较明显。既然新闻史是一门探究新闻事业发展历史及其规律的科学，那么从宏观上讲，其需要研究的是整个人类新闻传播的历史；从微观上讲，则某一报刊、某一报人均可作为研究对象。而新闻史人物研究，正是从微观角度探索这种规律性的一个重要组成部分。

"大凡历史重要人物俱可褒贬，但漠视或回避则未免留下一些缺憾。"③民国以降，随着中国新闻事业的不断发展和成熟，涌现出诸多重要的新闻人，影响深远。但由于新闻事业不可避免的意识形态属性、历史时代特征、个体差异以及诸多其他方面的原因，作为这个群体重要组成部分的国民党体制内新闻人的思想、主张、言行和特质尚未得到本应有的关注和深入研究。"思潮是思想史中的峰峦"④。思潮的出现，是一种思想由小到大，由远至近，由浅入深，由表及里演进的结果。从某种程度上说，近两百年来，尤其是进入20世纪后，中国新闻事业史中一个又一个思潮的涌现和峰峦的铸就，正是包括这些新闻人在内的所有新闻从业者集体智慧的结晶和共同努力的结果。对于他们，尤其是他们中具有标志性意义的人物的深入研究，既是我们"观潮"与"览峰"的

---

① 方汉奇：《中国新闻事业通史》(第1卷)，北京：中国人民大学出版社，1996年，第1页。

② 有学者认为，1873年发表于《申报》的《论中国京报异于外国新报》和1901年发表于《清议报》的《中国各报存佚表序》《本报第一百册祝辞并论报馆之责任及本馆之经历》都是我国研究新闻历史的最早的篇章。就新闻史学专著而言，则以1917年收入商务印书馆出版的《上海闲话》的姚公鹤所著《上海报纸小史》为最早。载方汉奇：《中国新闻事业通史》(第1卷)，北京：中国人民大学出版社，1996年，第7页。

③ 李金铨：《文人论政：知识分子与报刊》，桂林：广西师范大学出版社，2008年，第3页。

④ 熊月之：《中国近代民主思想史》，上海：上海人民出版社，1986年，第2页。

基础之一，也是我们能够更加接近“潮”的本质，看清“峰”的高度的内在动力和必经之路。而马星野正是这一时期新闻人群体中最具标志性意义的人物之一。

（一）往事为什么要写——具有代表性的研究对象和研究主题

以马星野为研究对象，以其新闻人经历和特征为主题，是基于两点理由：一是他有着丰富的新闻事业实践经历和新闻思想内容；二是他有着鲜明的国民党体制内新闻人行为特点和思想特征。

马星野（1909—1991），中国著名报人、新闻教育家、新闻学者、新闻管理者。他1928年5月毕业于国民党“中央党务学校”；1931年由“中央政治学校”（以下简称“政校”）保送至美国密苏里大学研习新闻；1934年7月，回到政校讲授“新闻学”科目。在其后50年间，作为国民党体制内新闻人的马星野以“三民主义”为政治导向，以西方新闻专业主义为工具和方法，以中国传统儒家文人精神追求和价值取向为目标，致力于推动中国新闻事业，尤其是国民党体制内新闻事业和中国台湾地区新闻事业的职业化、专业化进程，取得了令人瞩目的成就。

1935年9月，马星野创办了政校新闻学系，并主掌系务14年，“把现代化的新闻教育制度与方法，比较成套地引进中国来”[①]，开民国时期“国立”大学新闻学系之先河，桃李满天下；主办《中外月刊》《报学杂志》等著名刊物，拟订影响深远的民国首部系统成文的新闻记者职业道德规范——《中国新闻记者信条》，编撰《英国之新闻事业》《新闻自由论》《新闻与时代》等新闻学著作及《新闻学概论》《编辑与采访》《社论研究》《世界新闻事业史》等讲义，[②]并发表《三民主义的新闻事业建设》等四百余篇文章，系统阐述了其在新闻教育、新闻业务、新闻行政管理以及新闻理论研究和普及等方面的思想；先后主掌国民党《“中央日报”》（1945—1952）和“中央通讯社”（1964—1985）共近28年，先后执掌国民党“中央宣传部新闻事业处”（1942—1945）、国民党“中央第四组”（1954—1959）、国民党“中央新闻党部”（1972—1985）以及“中国新闻学会”（1972—1985）、“大众传播教育协会”（1980—1985）等组织。1984年4月，马星野获美国密苏里大学新闻学院颁发的“杰出新闻事业终生服务最高荣誉”奖章。

---

① 姚朋：《星沉：他是跨时代的领袖人物》，台北《“中央日报”》1991年3月16日。

② 《黄天中与马星野函件：当代学人名录编辑资料表》（时间不详），手稿，《马星野档案》099-01-03-01-110，台北“中研院”近史所档案馆藏。

在20世纪30年代至80年代的五十余年间，马星野以独特的“马氏风格”代表了国民党体制内新闻人群体的一个类型，并对国民党体制内的新闻教育、新闻业务和行政管理、新闻思想等产生了深远影响，而被当代中国台湾地区新闻业学两界尊称为“一代新闻宗师”①“新闻事业发展史上跨时代的领袖人物”②“新闻业学两界的标兵”③“新闻教育之父”④“新闻教育的拓荒者”⑤“新闻教育的传教士”⑥等。因此，以马星野的新闻人生涯作为研究对象，对于厘清国民党体制内新闻人这一特殊群体在20世纪中国新闻史中的地位、作用和影响，乃至以此为独特视角，探寻近两百年来中国新闻史发展进程中所蕴含的客观规律及其因应的时代要求，具有比较重要的意义和价值。

（二）往事为什么现在写——空前有利的研究背景

新闻史研究工作的开展，必须与时代特征、新闻事业发展和新闻史学术关注的大环境相适应，并以此为研究背景。

首先是基于社会生活中的思想解放氛围。随着“解放思想、实事求是”的观念深入人心，坚持与时俱进、求真务实，一切从实际出发，勇于推进理论和实践创新成为时代发展的必然要求。对于以马星野为代表的国民党体制内新闻历史人物的研究，如果在改革开放前是不可想象的，即使在十多年以前也是很难做到的。只有在当前改革继续深化和思想不断解放的社会环境中，对于包括马星野在内的20世纪中国新闻史人物的实事求是的研究和全面的分析评价才有可能成为学界共识。

其次是因应新闻事业发展的客观需要。三十多年来，中国大陆新闻事业在发展理念的构建、业务和管理实践以及理论研究上，都发生了巨大的变化。

① 骆训诠：《马星野：一代新闻宗师》，载王慧美主编：《薪传：政大传播学院落成纪念特刊》，台北：政治大学传播学院，1990年，第47页。

② 姚朋：《星沉：他是跨时代的领袖人物》，台北《“中央日报”》1991年3月16日。

③ 楚崧秋：《执着于理想与现实之间》，载吉人编：《马星野先生纪念集》，台北：“中央日报”出版部，1992年，第55页。

④ 彭家发：《新闻界挨轰由来已久》，http://www.rthk.org.hk/mediadigest/20061114_76_121192.html，2006年11月14日。

⑤ 杨倩蓉：《马星野老师——新闻教育拓荒者》，政治大学传播学院编：《提灯照路的人：政大新闻系75年典范人物》，台北：政治大学传播学院，2010年，第1页。

⑥ 陈百龄：《新闻教育的传教士——马星野》，《教育·爱：台湾教育人物志Ⅴ》，台北：教育资料馆，2011年，第98页。

新闻思想领域在信息观念、受众观念、舆论导向观念、主体观念、市场观念、竞争观念、客观公正观念、新闻产业观念等八个方面的更新与变革对于新闻事业改革起到了积极作用。“新闻改革不仅仅是新闻业务、新闻工作改革,而且涉及新闻观念的更新与变革、新闻媒体多功能开发、新闻信息产业发展、新闻体制改革、新闻队伍建设、新闻业管理等各个方面。”[①]因此,对于新闻专业主义理念的重新理解及其在业务上中国化实践的探索研究成为新闻改革的重要内容和有力推手,而对作为国民党体制内新闻人群体代表人物之一的马星野的新闻教育实践、新闻业务和管理实践以及新闻思想的研究才有可能成为一个得到关注的学术问题,并得到学界的关心和支持。

第三是助推迅速发展的大陆和台湾之间的交流。长期以来,由于以马星野为代表的一批国民党体制内新闻人身处的特殊历史时代和社会环境,海峡两岸对于他们新闻思想的学术研究无法也不能够全面深入开展。随着时间的推移,由于他们在中国新闻史上无法绕开的重要性和特殊性,他们的新闻思想和新闻实践越来越得到学界的关注。2011 年 3 月 12 日,台湾政治大学(以下简称“政大”)[②]在台北举办的“马星野先生逝世 20 周年纪念研讨会”,既是对马星野新闻实践和新闻思想进行系统总结和研究的首次规模性会议,也是一个学术关注的温度计和风向标。

在开展研究的过程中,除了笔者所在单位南京师范大学给予了大力支持以外,海峡两岸业学两界诸多单位、机构和个人均给予了热忱的关心和帮助。笔者曾与中国第二历史档案馆、上海图书馆、南京图书馆以及政大传播学院、政大图书馆、台北“中研院”近史所档案馆等建立了较为密切的学术联系,并逐步联系到我国及美国相关单位、机构和个人的马星野研究之中,借此准确了解海内外马星野研究的最新动态。在研究工作中,马星野小女儿马大安女士对本研究予以高度认可、大力支持和温暖关心,为本研究提供了必不可少的便利条件。[③] 华中科技大学吴廷俊教授,政大钟蔚文教授、彭家发教授、陈百龄教授,香港城市大学李金铨教授,美国密苏里大学新闻学院张咏教授,中国第二

① 冯修文、张骏德:《我国新闻报道改革历程与趋势》,《传媒》2014 年第 5 期,第 78-79 页。

② 1946 年,国民党“中央政治学校”与“中央干部学校”合并,成立政治大学,1949 年后迁办至台湾。

③ 朱立:《月涌大江流》,载黄肇珩、吴德里、马大安编:《星垂平野阔·推荐文》(电子书),台北:义美联合商务有限公司,2014 年,第 5 页。

历史档案馆郭必强研究员等学界前辈和专家学者以及台湾地区新闻业界名宿姚朋、薛心镕等对于本研究均表示支持。他们或提供史料方面的重要帮助，或对于本研究的相关内容和问题予以悉心指导和专业解答，为本研究的顺利开展打下坚实基础。2013 年国家哲学社会科学重点项目“中华民国新闻史研究”(编号：13AXW003)和国家社会科学基金重大项目(第二批)“中华民国新闻史”(编号：13&ZD154)的成功立项，以及国家社科基金重点项目成果《中国新闻法制通史》入选 2013 年度国家出版基金资助项目，标志着学术界对民国时期新闻史的研究进入到了重要阶段。2014 年 11 月 9 日，《星垂平野阔》(电子书)“新书发表会”在台北福华国际文教馆举行，笔者收到会议正式邀请，并应邀为该会议提供署名短文，简要介绍新闻人马星野研究的部分成果。在《星垂平野阔》(电子书)的推荐文《月涌大江流》中，政大朱立教授将笔者有关马星野研究的前期内容予以推介。2016 年出版的中国第一部有关新闻传播教育的“信息密集型工具书”①《中国新闻传播教育年鉴(2016)》中，马星野作为首批入选的七位“新闻教育家研究”对象之一被予以专题介绍。②

马星野于 1991 年去世，而时隔二十余年后，这些几乎被冻结的记忆的复苏，既折射出两岸学界试图重新认识和解构以马星野为代表的一批国民党体制内新闻人的重要变化，更是社会思想和时代环境更加开放和进步的表现。

(三) 往事怎么写——新闻史人物研究的微观视角与宏观考量

人的思想和行为，既是人类历史的重要组成部分，也是推动人类历史不断前进的重要动力。这是一个整体与个体、宏观与微观相互影响、相互作用的过程。因此，在作为宏观时代命题的中国新闻史研究中，人物研究是一个值得关注的研究领域，而且这种基于微观学术视角的个案研究对于我们更加准确探寻宏观时代背景下的中国新闻史所具有的规律性的特征以及个性化的特点，并借此对“中国新闻史研究”这样一个宏观问题形成一个新的研究思路和方法具有一定的意义。尽管特定的历史时期有着特定的历史内容和历史发展脉络，但这并不代表我们可以对历史进行人为的割裂和片面的取舍，而只有从历

① 张昆：《记录历史，引领未来》，载中国新闻史学会新闻传播教育史研究委员会：《中国新闻传播教育年鉴(2016)》，武汉：武汉大学出版社，2016 年，第 7 页。

② 王继先：《马星野新闻教育思想与实践》，载中国新闻史学会新闻传播教育史研究委员会：《中国新闻传播教育年鉴(2016)》，武汉：武汉大学出版社，2016 年，第 415 - 422 页。

史运动的时空连续性和整体性视角出发,才能准确找到其中的规律性和特殊性。

马克思认为:"只有在共同体中,个人才能获得全面发展其才能的手段,也就是说,只有在共同体中才能有个人自由。……各个人的出发点总是他们自己,不过当然是处于既有的历史条件和关系范围之内的自己,而不是玄学家们所理解的'纯粹的'个人。"①因此,我们在进行个案研究时,必然要将这个作为对象的"个人"放入其所在的"共同体"中,放在他所处的"历史条件"和"关系范围"中去考察。脱离了这个先决条件(或者说是"范畴"),我们就无法比较准确地还原作为研究对象的个人的真实面貌,从微观到宏观的推证更无从谈起。

二、对于往事,那些已有的追述

对于马星野的研究目前主要集中于中国台湾地区,且以政大为主要阵地。从总体上看,台湾地区新闻业学两界对于马星野的研究至今仍处于起步阶段,而大陆地区及国外相关专题研究成果为数更少。

(一)研究现状及文献综述

目前我们整理出的有关新闻人马星野研究的主要文献有以下三类。

1. 回忆纪念性文献

首先是以《马星野先生纪念集》和《星垂平野阔》(电子书)为代表的两部回忆纪念性著作。《马星野先生纪念集》是 1992 年,即马星野去世的第二年,由马大安等整理出版的纪念文集。该纪念文集由吉人主编,台北"中央日报"出版部出版。全集分为"纪念文""挽联(词)""挽额(挽幛)""著作""生前动态""报道专访""行述""爱子上庚"等八个部分。② 其中,"纪念文"共收录 34 篇,均为马星野家属以及当时活跃在中国台湾地区新闻业学两界具有较高影响力的马星野同辈、好友、同事、后学等所撰写,内容涉及马星野的家世生平、新闻实践和新闻思想点滴等;"著作"共收录 29 篇,主要为马星野本人在 1949 年后所撰写的重要的新闻著述、回忆文章、诗歌散文等。

① [德]马克思:《关于费尔巴哈的提纲》,载中共中央编译局编:《马克思恩格斯文集》(第 1 卷),北京:人民出版社,2009 年,第 570 页。

② 吉人:《马星野先生纪念集》,台北:"中央日报"出版部,1992 年。

《星垂平野阔》(电子书)于2014年11月9日在台北出版，是目前最新和最具代表性的一部有关马星野生平、著述以及他人回忆的资料合集，由黄肇珩、吴德里、[1]马大安组成编辑小组，黄肇珩任总编辑，台北义美联合商务有限公司出版，全书共分为《一代报人马星野》《我的一生》和《星沉平野，无尽追思》三辑。第一辑《一代报人马星野》为马星野图片集，以图片的形式讲述了马星野一生的经历；第二辑《我的一生》为马星野部分著述合集，分为"自述篇""论述篇"和"大事年表"，合计18篇文章，是马星野自己执笔所撰写的阐述人生经历和新闻理念的文章；第三辑《星沉平野，无尽追思》为马星野的亲朋好友、同侪晚学对马星野的回忆纪念文章，分为"家族思念"(13篇)、"怀古篇"(25篇)、"马星野先生逝世二十周年专页"(19篇)、"马星野先生逝世二十周年研讨会"(7篇)以及"附录"之《怀念马夫人辜祖文》《纪念马上庚》等。[2] 该书三辑各有侧重，全面展示了马星野"公""私"两面的整体情况。英国牛津大学中国研究中心主任拉纳·米特(Rana Mitter)对该书的评价为："这些档案对此时期的这位重要人物，提供了丰富且引人入胜的注解。"[3]

上述两部著作都是在马星野家人主导下出版的纪念马星野的文集，两者出版时间相差22年，内容既有交叉又有区别，均具有较高的文献代表性和资料参照价值，是研究马星野新闻人生涯、新闻实践和新闻思想的重要基础性文献。

其次是个人或媒体零散的纪念性文章。此类文献为数不多，如《介绍平阳马星野先生》[4]《老报人马星野在台逝世》[5]《开拓垦荒：马星野照亮新闻路》[6]等。此外，在1984年后，马星野的亲属马伸权、马允伦、马允元、叶芃生，以及

---

① 黄肇珩，马星野曾经之部属，曾任"中央通讯社"记者、台北"中华日报"社社长、正中书局总经理、国民党"中央监察委员"；吴德里，马星野之外甥女。

② 黄肇珩、吴德里、马大安编：《星垂平野阔》(电子书)，台北：义美联合商务有限公司，2014年。

③ [英]拉纳·米特：《推荐文》，载黄肇珩、吴德里、马大安编：《星垂平野阔》(电子书)，台北：义美联合商务有限公司，2014年，第1页。

④ 孔珞撰写，邵余安整理：《介绍平阳马星野先生》，《温州图书馆学刊》2013年第1期，http://www.wzlib.cn/tsgxk/ydsk/201307/t20130726_155003.htm。

⑤ 《老报人马星野在台逝世》，《新闻研究资料》1991年第1期，第161页。

⑥ 许秩维：《开拓垦荒：马星野照亮新闻路》，台北"中央通讯社"2011年3月10日。

谢然之、葛思恩、彭河清、徐佳士、蔡绍元等①,也陆续发表了一些回忆文章。2013年7月,姚朋、薛心镕两位先生为笔者提供了多篇当时公开和未公开的访问材料,并请马大安代为转告:"我们要说的,都在这里了"②。

第三是名人回忆著述。马星野新闻生涯60年,交游广阔,经历坎坷,阅历丰富。因此,在国民党政界及新闻业学各界众多名人,如陈立夫、陶希圣、董显光、王新命、陆铿、曹圣芬、楚崧秋、王洪钧、龚选舞、耿修业、徐咏平等的回忆著作中,均可见其身影。③ 他们对马星野的新闻生涯的各个方面留有特殊的记忆。同时,在中国台湾地区有关新闻事业发展的综合性大事记或史志等记载

---

① 季品三:《我看到了阿宇的诗——访马星野的胞姐马伸权》,北京《团结报》1984年9月22日;马允伦:《马星野传略》,《温州师范学院学报》(哲学社会科学版)1997年第1期;马允元:《我所知道的马星野》,温州市政协文史资料委员会编:《温州文史精选集3:1946—1952年温州文史资料第17辑》2003年;马允元:《马星野情系乡梓》,《温州会刊》第112期,第38-39页;叶芃生:《我的舅父马星野》,《温州都市报》2010年12月2日;谢然之:《追念马星野先生》,《传记文学》第60卷第1期;葛思恩:《忆马星野》,《长宁文史资料》1993年第9辑;彭河清:《新闻系和马老师:追忆新闻系创办情形》,《新闻学人》,台北:政治大学新闻学会,1968年;徐佳士:《正义火、自由钟——难忘的马师名言》,台北《"中央日报"》1991年3月28日;蔡绍元:《马星野与中央政治学校新闻学系》,北京《团结报》1986年第1期等。

② 这批材料一共5篇,分别为姚朋:《星沉:他是跨时代的领袖人物》(1991年3月16日)、《星沉后记》(1991年10月17日)、《马星野先生与"中央日报"》(2010年9月1日)以及薛心镕:《从几篇文稿看马先生的志业》、《马先生给我的几封信》(写作时间不详)。这5篇文章由马大安转交给笔者的时间为2013年7月,地点为台北"中研院"近史所档案馆。

③ 陈立夫:《成败之鉴——陈立夫回忆录》,台北:正中书局,1994年;陶希圣口述,陈存恭、苏启明、刘妮玲访问,陈存恭、尹文泉总整理:《陶希圣先生访问纪要》,台北:"国防部"史政编译局,1994年;陶希圣:《潮流与点滴》,北京:中国大百科全书出版社,2009年;董显光著,曾虚白译:《董显光自传:一个中国农夫的自述》,台北:《新生报》出版部,1981年;王新命:《新闻圈里四十年》,台北:龙文出版社股份有限公司,1993年;陆铿:《陆铿忏悔与回忆录》,台北:时报文化出版企业股份有限公司,1997年;曹圣芬:《怀恩感旧录》,台北:"中央日报"社,1981年;楚崧秋口述,吕芳上、黄克武访问,王景玲记录:《览尽沧桑八十年:楚崧秋先生访问纪要》,《"中研院"近史所口述历史丛书》(78),台北:"中研院"近史所,2002年;王洪钧:《我笃信新闻教育》,台北:正中书局,1993年;龚选舞:《龚选舞回忆录:一九四九国府垮台前夕》,新北:卫城出版社,2011年;耿修业:《一勺集:一个新闻工作者的回忆》,台北:里仁书局,1992年;徐咏平:《老师·长官·同学》,台北:台湾商务印书馆,1980年。

性文字中也有对马星野记载内容。[①] 尽管这些文献的数量并不多，但叙述角度各不相同，因此作为个案文本，同样具有较高的史料参考价值。

2. 综合研究性文献

首先是有关马星野新闻人生涯和新闻思想的专题研究文章。这类文献中，目前笔者发现的最早探讨马星野新闻实践和思想的文章是1945年黄炎培在《新闻战线》上发表的《读中国新闻记者信条致马星野函》。[②] 该文以函件的形式，表达了黄炎培对马星野所拟《中国新闻记者信条》的意见，以及其对新闻记者职业道德的看法。其后很长一段时间内，类似的探讨马星野言论及著述的文章并不多见，即使是在马星野发表《读报观影罪言》一文后的反响较为集中的时期，也基本是以读者来信形式小篇幅发表于报纸上。目前，比较有代表性的综述马星野新闻生涯和新闻思想的文章主要有：《马星野的新闻活动与新闻思想》[③]《新闻教育的传教士——马星野》[④]《马星野大陆时期新闻思想研究》[⑤]《马星野与〈大公报〉》[⑥]《追忆国民党报〈中央日报〉新闻第一的光芒》[⑦]《从馆藏文献看马星野的新闻思想》[⑧]《论马星野新闻伦理思想》[⑨]《"党报"经营的

① "中央通讯社"编印：《"中央社"六十年》，台北："中央通讯社"，1984年；胡友瑞主编：《六十年来的"中央日报"》，台北："中央日报"社，1988年；"中央通讯社"编印：《"中央社"七十年》，台北："中央通讯社"，1994年。

② 黄炎培：《读中国新闻记者信条致马星野函》，《新闻战线》1945年第2—3期，第31页。

③ 蒋海斐：《马星野的新闻活动与新闻思想》，http://blog.sina.com.cn/s/blog_51525a350100n3oo.html，2010年12月。

④ 陈百龄：《新闻教育的传教士——马星野》，《教育·爱：台湾教育人物志V》，台北：教育资料馆，2011年。

⑤ 金寅：《马星野大陆时期新闻思想研究》，湘潭：湘潭大学硕士学位论文，2012年。

⑥ 王鹏：《马星野与〈大公报〉》，http://hubei.takungpao.com/html_content/2011-03-28/77939.html，2011年3月28日。

⑦ 陈之岳：《追忆国民党报〈中央日报〉新闻第一的光芒》，《亚洲周刊》2006年第24期。

⑧ 刘威、向舒：《从馆藏文献看马星野的新闻思想》，《湖南大众传媒职业技术学院学报》2014年第14卷第1期。

⑨ 徐新平：《论马星野新闻伦理思想》，《湖南大学学报》(社会科学版)2014年第2期。

一种探索——马星野主持南京〈“中央日报”〉时期新闻实践探索》[①]等。上述第一篇文章为湖南工业大学蒋海斐在其博客中所撰，较为全面地介绍了马星野新闻实践经历与新闻思想，但几乎没有涉及马星野的新闻教育实践和新闻教育思想；第二篇为政大传播学院陈百龄教授所撰，该文分为“书香传家的马氏家族”“艰辛刻苦的求学历程”“步入新闻领域的起点”“强调‘做中学’的新闻教育”“追求新闻的正义与自由”“实践传播伦理的苦行僧”等六个部分，简要介绍了马星野的生平、新闻事业活动、新闻伦理思想、新闻教育理念与实践等，而1949年以后的内容涉及不多；第三篇为湘潭大学金寅的硕士论文，主要论述了马星野在大陆时期的新闻思想，对于1949年以后的马星野没有观照；第四篇、第五篇与第八篇分别将视角落在具体的刊物——《大公报》和《“中央日报”》上，并分别以这两个刊物为基础，论述了马星野的办报思想和实践；第六篇和第七篇与蒋海斐、金寅的论文类似，均为阐述马星野新闻思想的论文，其时间范围均局限于1949年以前，且所述内容并未涉及马星野1949年以前的新闻教育实践和思想、新闻管理实践和思想等，也未涉及其作为国民党体制内新闻人的思想行为特征。

其次是中国新闻史综合性研究中涉及马星野的著述。这类文献以《新闻界三老兵：曾虚白、成舍我、马星野奋斗历程》为代表。该书系统介绍了曾虚白、成舍我、马星野三位新闻人的人生奋斗历程，其中介绍马星野的部分为该书“第三篇”，共分为“家庭背景及求学经过”“新闻教育与新闻行政”“中央日报”“外交官生涯”“中央通讯社”“大众传播教育协会”“其人其事”“结论”等八章。[②] 这是我们目前所能见到的相对较为系统和完整地介绍马星野生平、事功及思想的著述。该书作者马之骕为我国台湾地区新闻圈内著名人物，著述年代在马星野尚在世之时，且有关马星野的内容亦由马星野本人以及他委托的时任台北《“中央日报”》社副社长赵廷俊、时任“中央通讯社”社长潘焕昆、时任文化大学新闻研究所所长郑贞铭分别代为审阅。此外，蔡铭泽的《论抗日战争时期国民党人的新闻思想》一文主要是以马星野于1939年9月30日在重庆《青年中国》创刊号上所著《三民主义的新闻事业建设》为分析样本，对马星野的“三民主义新闻事业思想”做了较为详细的介绍，但该文并非以马星野的

① 王明亮：《“党报”经营的一种探索——马星野主持南京〈中央日报〉时期新闻实践探析》，《温州大学学报》(社会科学版)2014年第6期。

② 马之骕：《新闻界三老兵：曾虚白、成舍我、马星野奋斗历程》，台北：经世书局股份有限公司，1986年。

新闻思想为独立研究对象，而是以蒋介石、程沧波、马星野三人的新闻思想为研究对象；[①]张威的《旧中国留美新闻人的抉择与命运》同样是这种情况。[②] 从总体上看，目前可见到的专门研究新闻人马星野的文献资料极少，而零星涉及的研究资料也为数不多。

3. *原始资料性文献*

目前笔者系统掌握的有关马星野研究的原始文献资料主要有四种：

一是《马星野档案（纸质部分）》。该套档案由“政大”及马星野家属于2013年共同整理完成，现托管于台湾“中研院”近史所档案馆。该套档案目前尚未全部公开。2013年经“政大”、台北“中研院”近史所档案馆和马星野家属联合授权，笔者得以查阅了全部纸质档案。

二是《马星野部分论文著述（1930—1949）》。1930—1949年是马星野新闻事业生涯的起步和发展期。目前笔者已整理出这一时期马星野在报刊上发表的各类文章约300篇。这批文章较为全面地涵盖了1949年以前马星野在新闻教育实践、新闻业务实践、新闻思想、新闻学理论以及新闻行政管理等方面的著述，还包括了部分诗歌、散文、时事通讯等。[③]

三是南京师范大学图书馆民国史料特藏馆所藏文献资料。这主要包括《“中央日报”》《大公报》《申报》等影印件及《民国新闻期刊汇编》《民国时期新闻史料汇编》《中国人民大学新闻学院藏稀见民国新闻史料汇编》等。这些资料集成目前均可查阅。

四是马星野部分著作、讲义。在近60年的新闻生涯中，马星野不仅撰写了大量的文章，还编撰或主持出版了一批著作、讲义。这些著作主要有《新闻自由论》[④]《新闻与时代》[⑤]《我的留学生活》[⑥]等。在这些著述中，马星野详细阐述了其有关新闻思想、新闻业务实践经历以及对于新闻人生的思考等。

---

① 蔡铭泽：《论抗日战争时期国民党人的新闻思想》，《新闻与传播研究》1998年第2期。

② 张威：《旧中国留美新闻人的抉择与命运》，《新闻与传播研究》2007年第4期。

③ 该套资料的整理由笔者独立完成，原始文献主要来源于国家图书馆《文津图书资源数据库》、上海图书馆《晚清民国报刊全文数据库》及《大成老旧刊全文数据库》《TAO台湾学术数据库》等电子资源数据库。

④ 马星野：《新闻自由论》，南京：“中央日报”社，1948年。

⑤ 马星野：《新闻与时代》，台北：云天出版社，1970年。

⑥ 马星野等：《我的留学生活》，台北：“中华日报”社，1981年。

(二)有关文献及研究的评价

目前海内外有关文献及研究主要存在三个方面的问题:

一是深入研究较少。目前我们所见到的马星野研究的专题成果,主要集中在对于马星野生平及其新闻实践的介绍,如《马星野:一代新闻宗师》《忆马星野》《马星野传略》《我所知道的马星野》《我的舅父马星野》等。这些叙事性的文章,具有一定的史料参考价值,但若以民国时期新闻史人物研究的学术标准进行考量,则略显单薄。此外,由于个人、时代以及社会大环境条件的影响和约束,一些著述无法对研究对象的特征进行全面深入的探讨,因此形成了学术研究上的遗憾,比如成书于 1986 年的《新闻界三老兵:曾虚白、成舍我、马星野奋斗历程》即是如此。

二是系统研究较少。目前,对于新闻人马星野的专题研究尚未形成一个完整的体系。这个问题主要体现在三个方面:第一,研究的时空跨度略欠全面。马星野新闻事业生涯长达近 60 年,新闻活动的空间及影响涉及海峡两岸及美、亚、欧洲各国。但目前的研究在时间上多以 1949 年作为划分,在空间上则多单取一地,如《马星野大陆时期新闻思想研究》《马星野先生和密苏里的半个世纪》等。① 第二,所涉领域尚显单一。马星野的新闻实践经历和新闻思想内容丰富,包含了新闻教育实践、新闻业务和新闻管理实践以及新闻理论研究与阐扬等多方面。但目前的研究多偏重这其中的某一方面,如《马星野:新闻教育拓荒者》偏于对其新闻教育方面的考察;《马星野的新闻活动与新闻思想》偏于对其新闻业务活动与新闻思想的考察等。第三,对马星野及其所代表的国民党体制内新闻人缺乏个案的深入研究和整体关照,对其蕴涵的共性与特性指标尚未进行系统考察,对于时代背景和现实意义等尚缺乏深入的呼应。

三是原始史料应用较少。由于时空限制和两岸目前特殊的状况,加之新闻史人物研究绕不开的意识形态问题以及马星野本人的国民党体制内身份和特殊个性,因此,尽管马星野在近 60 年的新闻生涯中经历、活动、著述颇丰,但大量史料多处于零散且相对封闭的状态之中。这其中又有三点值得注意:一是马星野的研究资料从整体上来讲,以 1949 年为界,分为大陆和台湾地区两个部分,目前相互交流并不顺畅,一些档案资料还处于不公开状态;二是他人对于马星野的回忆、评价基本上都集中于中国台湾地区,而中国大陆地区资料

① 张咏:《马星野先生和密苏里的半个世纪》(会议资料 PPT,非出版物),台北:“马星野先生逝世二十周年纪念研讨会”,2011 年 3 月 12 日。

较多的是马星野早年(40岁以前)个人的丰富著述；三是人的思想的复杂性和差异性，导致人物研究资料在某种程度上属于个人隐私而不被公开。

尽管存在上述三方面的问题，但目前国内外有关马星野研究的成果和可以掌握的史料仍然为我们进行马星野新闻实践和新闻思想研究提供了必要的参照和依据，为在最大程度上探寻和了解作为国民党体制内新闻人的马星野开启了众多轩窗。随着海峡两岸交流的日益密切和深入，对于作为国民党体制内新闻人的马星野的研究，因其在范本意义和现实价值上所具有的独特性和代表性而愈显重要。

三、追述往事的目标、内容和三个关键

以马星野近60年独特的国民党体制内新闻人生涯为研究对象，以其所处的社会时代和新闻事业发展为背景，以具有"马氏风格"的新闻实践与新闻思想的产生、发展和历练成型过程为主线，力求厘清马星野新闻人生涯中实践和思想的路径、内容构成、时代特点和现实意义，解构作为国民党体制内新闻人的马星野及其代表的一代人、一群人的与众不同的行为和思想特征，并以一种个人内心、个人与群体、个人与时代之间的矛盾协商观点来探讨其形成的原因和特征，从而以一种不同的学术视角和研究思路探讨和发掘其所蕴含的历史意义和现实价值。

本书研究和阐述的内容主要包括四个方面。一是马星野生平研究，包括马星野笔名的最早使用时间考证等。二是马星野新闻实践研究。主要是从马星野的新闻教育实践、新闻业务与管理实践入手，深入研究其在长达60年的时间中所从事的新闻事业活动。三是马星野新闻思想研究。包括其"西方新闻专业主义理论指导下的专业主义新闻思想"、"'国家民族至上'的'三民主义'新闻思想"和"'三民主义'的现代大众传播思想"等；四是马星野新闻人个性研究。

本书着力解决的关键问题，就是厘清三个关系。首先是新闻人与社会环境的关系。从1909年到1991年，马星野的一生基本与20世纪的中国社会历史发展进程吻合；其在国民党体制内的新闻生涯亦长达近60年，是这一时期国民党体制内新闻人的一个缩影。因此，时代、社会和新闻事业发展背景与马星野新闻人生和思想是如何关联的，两者之间是如何相互影响，如何有效互动的——这是第一个关键问题。其次是国民党体制内新闻人理想实现与社会现实之间的关系。人的理想总是同现实需求处于辩证统一的关系之中。这一

点，对于以马星野为代表的国民党体制内新闻人来说尤其明显。如何以马星野为样本，通过梳理其新闻实践和新闻思想发展的历史脉络，找到这种辩证统一关系中一系列动态的平衡点？本研究必须在提出问题的基础上努力寻求这些问题的答案——这是第二个关键问题。第三是学术研究与客观性的关系。“一切历史都是当代史”。如果我们辩证地理解克罗齐的这句话，那么马星野新闻实践与新闻思想研究的现实意义和价值就是我们无法绕开的关键。如何在马克思主义的指导下，本着历史唯物主义和辩证唯物主义精神，将研究对象放置于其时代背景中去考察，并给予客观公正的评价，借此取得历史研究应有的现实意义和价值——这是第三个关键问题。

四、以正确的指导思想和科学、严谨、系统的方法追述往事

以马克思主义为指导，正确把握和运用历史唯物主义和辩证唯物主义的基本原理和方法论原则，坚持实事求是，以尽可能详尽准确的史实为基础，以严谨的态度和科学的方法开展研究。具体而言，就是着力把握新闻史人物研究的正确方向，在充分尊重历史的前提下，从厘清马星野新闻实践与新闻思想的发展脉络、时代特征、原因分析等视角出发，把马星野的新闻活动及其思想产生、发展、变化的过程放到当时社会的政治、经济、文化等的社会背景和新闻事业兴衰变化的背景中去考察，以客观、持平、全面、符合社会和人的发展规律的观点来对马星野及其活动和思想进行分析、总结，从中发现马星野独特的新闻实践经历和新闻思想出现和发展、变化的必然性和规律性，得出对当代新闻事业建设有参考借鉴价值的结论。同时，“臧否历史人物，评价历史事件，最近事实的研究方法之一，就是返回历史现场或相关的背景、细节之中，爬罗剔抉、排沙见金，做到无征不信。”[①]新闻史研究，包括新闻史人物研究，从提出问题到回答问题所经历的必然是一个漫长而艰难的过程。这需要在严谨的科学态度的指导下，以时代背景和社会环境为依托，对研究对象和与其有关的史实进行全面的了解、认真的梳理、深刻的思考、细致的分析、严谨的论证、清晰的阐述，并经由这一过程最终谨慎地作出结论，从而完成透过表象发掘历史本质的使命。

而对于新闻史人物的研究，我们着重于运用科学的文献研究方法、严谨的

① 范泓：《隔代的声音——历史劲流中的知识人》，桂林：广西师范大学出版社，2013年，第294－295页。

历史比较方法和交叉学科的系统研究方法。首先，方汉奇认为："充分地占有第一手资料，并对它进行由表及里，由此及彼，去伪存真，去芜存菁的分析，从而得出正确的符合实际的结论。……没有对'史料'的充分掌握，没有对重要的关键性的'史料'的仔细考订和甄别，是很难对历史事实作出正确的分析和判断的。"[①]因此，在掌握丰富的研究资料并尽可能地掌握一手研究资料后，我们需要认真进行整理、辨析、分类、解读，进而以此为基础对马星野新闻实践和新闻思想的历史脉络做全面、系统、深入的梳理和研究。这种科学的文献研究方法为本研究提供了广阔的学术探求空间。其次，历史比较法是分析历史事物和评析历史人物的常用而又行之有效的方法。通过这个方法，将有一定关联的历史现象和概念（人物、事件、经济、政治、文化）进行比较对照，并判断异同以及分析缘由，从而把握历史发展进程的共同规律和特殊规律，从历史现象中认识其性质和特点。在历史人物的个案研究中，比较法的运用可以使得研究对象的形象更加立体、特点更加直观。在本研究中，将着重采取纵横比较的方法，既将马星野在不同历史阶段、不同新闻事业背景下的新闻实践与新闻思想的产生、变化和特点加以本体自身的纵向比较，也将马星野新闻活动及新闻思想与其同时代的人物群体的新闻活动和新闻思想相比较，进而从比较中全面展示研究对象新闻活动经历和新闻思想的全貌，折射民国体制内新闻人群体的特征和思想发展变化的过程。第三，我们在进行个案研究时，必然要将作为研究对象的"个人"放入其所在的"共同体"中，放在他所处的"历史条件"和"关系范围"中去考察。"当时的问题"的答案"应当也只能到当时的社会存在中去找寻"。[②] 脱离了这个先决条件，我们就无法比较准确地还原研究对象的真实面貌，更谈不上从微观到宏观的推证。本研究尝试借用科学研究方法论中的系统研究法，对海量的、零散的、感性的马星野研究史料和信息进行系统的归纳分析，把对史料的感性认识上升到对史实的理性认识，系统运用新闻学、历史学、社会学、现象学哲学等方法和概念，为准确判断马星野新闻实践和新闻思想的实质以及独特的国民党体制内新闻人特征提供科学的依据。

---

① 方汉奇主编：《中国新闻事业通史》（第 1 卷），北京：中国人民大学出版社，1996 年，第 3 页。

② 熊月之：《中国近代民主思想史》，上海：上海人民出版社，1986 年，第 21 页。

五、创新,才能使承载着厚重历史的往事具有值得追述与反思的价值

以马星野的生平、新闻人生涯实践和新闻思想为结构,以史实考索的细密坚实为质量追求,以新史料的发现和新结论的形成为支撑点,形成对新闻人马星野的基本勾画,并着力在研究领域、研究视角、史料的新发现和新观点的提出等四个方面展现新的成果。

首先,由于海峡两岸长期的隔阂以及新闻史研究不可避免的意识形态问题,对于类似马星野的国民党体制内新闻人物的研究几乎成为两岸三地学者研究的空白。我们所见到的,更多的是“纪念集”“回忆录”一类的记叙性文本,而系统的研究性文本并不多见。对于马星野的新闻实践与新闻思想的全面系统深入研究可以在一定程度上弥补这种缺憾。其次,“新闻史的研究不能抱残守缺,必须从人文和社会科学吸取理论和方法的资源,同时从新闻史回向给人文与社会科学,保持一个开放互动的态度。”[①]“历史真相是曲折、复杂、具体而矛盾的,唯有多视角多维度探索,切磋琢磨,才能慢慢地还原历史场景,逼近历史‘真相’,配合时代的呼唤以获致更真切而有意义的了解。”[②]选择从马星野新闻实践与新闻思想切入,以新闻学、传播学、历史学、社会学、政治学等学科的理论和方法探寻国民党体制内新闻人在理想与现实之间挣扎的心路历程,对于 20 世纪中国新闻史人物研究而言是一个比较新的视角。第三,史料运用的创新是新闻史研究能够有所创新的基础之一。对于类似马星野的国民党体制内新闻人研究而言,随着时间的流逝,活生生的史料(如口述史等)的收集已经越来越困难,对于文字史料的甄别分析难度也会越来越大。因此,通过查阅《马星野档案》手稿及其他档案文献,收集整理马星野生前著述,访问其直系亲属、同僚、学生、朋友等,取得一批尚未公开的较为新颖的研究资料,为研究的创新打下了一定的基础。第四,是三个“首次”,即首次考证了“马星野”笔名最早使用的时间;首次提出了民国新闻教育的“政校模式”以及“政校(政大)新闻帮”概念;首次提出了马星野新闻思想的“三阶段分期”和马星野新闻实践与新闻思想的“马氏风格”概念。这三个“首次”观点的提出,有助于考察马星野作

① 李金铨:《报人情怀与国家想像》,《报人报国——中国新闻史的另一种读法》,香港:香港中文大学出版社,2013 年,第 35 页。

② 李金铨:《民国知识人办报以图重回政治中心》,上海《东方早报》2013 年 8 月 7 日。

为新闻人的人格和思想的形成历程，有助于考察马星野新闻教育实践和思想的重要影响，有助于系统梳理马星野及其所代表的一类国民党体制内新闻人共有的与独有的特征。

从新闻实践与新闻思想研究角度探讨马星野的国民党体制内新闻人特征，对发掘以马星野为代表的一代、一群国民党体制内新闻人的实践、思想和心路历程具有重要的学术研究意义和现实价值。作为20世纪中国新闻史重要人物之一，马星野是国民党体制内新闻人群体中具有“指标性意义”的人物，其丰富的新闻实践经历和独特的新闻思想在20世纪中国新闻史上有着重要的影响和地位。在对马星野的新闻人生涯进行梳理、分析的基础上，着重对其新闻人生涯的实践和思想特征进行深入研究和探讨，对于在时代语境下，还原国民党体制内新闻人群体的真实面貌，揭示其个人、群体和时代特征，进而构建一个全面而完整的20世纪中国新闻史人物研究体系具有一定的史学价值和现实意义。长期以来，在20世纪中国新闻史研究尤其是新闻人物研究中，对于类似马星野的国民党体制内新闻人的系统深入研究几乎成为学界的空白，这一点在中国大陆地区更为明显。而实际上，无论是马星野个人，还是其代表的一代人、一群人，在20世纪中国新闻事业发展脉络中均是富有特点而不应被历史忽略的新闻人物。因此，这种对他们深入研究和探讨的缺失不能不说是一种遗憾。对于马星野的新闻人生涯、新闻实践与新闻思想等的研究，可以在一定程度上弥补这种缺憾。马星野直接从事新闻教育15年，他所缔造的国民党体制内新闻事业的“政校（政大）新闻帮”至今影响深远。因此，我们以历史的眼光对马星野的新闻实践与新闻思想进行研究，对于两岸新闻事业与新闻教育的进一步交流、沟通有着重要的现实价值。新闻专业主义作为一种新闻价值观，必须与时代相呼应，与现实相契合。对马星野新闻思想路径的研究和探讨，可以为当代中国新闻事业的时代化、专业化进程提供一种不同的学术参照视角和研究思路；对于中国当代新闻工作者正确认识和把握新闻专业主义的内涵实质，把握新闻专业主义的实践尺度和方式方法有着一定的史料借鉴价值。

“路漫漫其修远兮”。无论从问题意识到资料分析，还是从点面研究到纵横比较，对于马星野及其所代表的那一代新闻人的解构，我们都还有漫长的道路要走。通过深入研究，我们力求能够厘清马星野作为国民党体制内新闻人与众不同的个人思想发展与新闻实践历程，并以一种“中体西用、矛盾协调”的视角来探讨其形成的原因、特征以及带给我们的启示。

第一章　马星野人生道路与新闻人生涯

学者有理由成为最谦虚的人，因为摆在他们面前的目标往往是遥远的，因为他应该达到一个很崇高的理想境界，而这种理想境界他通常仅仅是经过一条漫长的道路逐渐接近的。

——费希特[①]

马克思认为："人们自己创造自己的历史，但是他们并不是随心所欲地创造，并不是在他们自己选定的条件下创造，而是在直接碰到的、既定的、从过去承继下来的条件下创造。"[②]20世纪中国的历史是一部现实主义与理想主义交织的历史；20世纪这100年也是一个承上启下与震荡整合交织的百年。马星野的一生，从1909年到1991年，几乎是这部历史和这个时代的一张全画幅式的写照。在这82年中，马星野自己个人的历史与他身处的社会环境和时代特征紧密相连，休戚与共；在书写着属于自己个人的历史的同时，他也在书写着属于这个时代的一群人在中国新闻事业发展进程中的历史。

第一节　少年马星野：从平阳到温州

马星野，1909年（清宣统元年）乙酉年阴历九月十三日寅时[③]出生于浙江

---

① [德]费希特：《论学者的使命》，梁志学、沈真译，北京：商务印书馆，2003年，第37页。

② [德]马克思：《路易·波拿巴的雾月十八日》，载中共中央编译局编：《马克思恩格斯文集》（第2卷），北京：人民出版社，2009年，第470页。

③ 马星野：《生平简记》（上）（四十岁以前），手稿，《马星野档案》099-01-01-01-002，台北"中研院"近史所档案馆藏。

省平阳县万全乡陈岙村(即今浙江省平阳县万全镇陈岙村①)。据马星野晚年回忆,陈岙北面有山,满山遍是桂花树,因此马家老屋堂号"丛桂草堂"。马星野出生之时正值深秋桂花飘香时节,其父喜闻有子降生,感慨赋诗,遂有"生子会闻满室香"②之佳句。

一、书香诗礼传家训

浙江省平阳县素有"文雅之邦"和"浙南小邹鲁"之美誉。马星野出身于平阳一个中国传统儒家读书人也就是"士"的大家庭,"家道小康"。③ 马星野祖父马莲屏(维藩)、伯父马毓骐(筱屏)、父马毓驎(敏中)、叔辈马毓骅(翊翀)、马毓骧(季洪)等均为饱学之士,曾先后创办、主持、主讲于多家书院和学校,时人誉为平阳"马氏五常"④。

马星野这样叙述他的家世:

> "曾祖以来,均以教育为生涯。祖父莲屏公为浙南大儒,治经学,……以教育子孙及培养青年为毕生事业,硕德耆年,为乡里所称道",⑤"人即称他为'第一泉边第一儒'","我的伯父父亲及叔父,也都是书院的院长。"⑥"余父敏中公,……十四龄即入泮食廪,创求我

① 中国平阳——平阳县政府门户网站,http://www.zjpy.gov.cn/pywqz/index.html。

② 马星野:《我生之初》,台北《"中央日报"》1980年10月21日,《马星野档案》099-01-02-02-073,台北"中研院"近史所档案馆藏。

③ 马之骕:《新闻界三老兵:曾虚白、成舍我、马星野奋斗历程》,台北:经世书局股份有限公司,1986年,第481页。

④ 马敏中曾创办和主持"求我学校""稚湖书院",马翊翀曾主持"扶风书院",马季洪曾主讲"颍川书院"、执教于"江苏医学院",马筱屏曾任温州"浙江省立第十中学"第三任校长等。参见马星野:《生平简记》(上)(四十岁以前)手稿,《马星野档案》099-01-01-01-002,台北"中研院"近史所档案馆藏;孔珞撰,邵余安整理:《介绍平阳马星野先生》,《温州图书馆学刊》2013年第1期,http://www.wzlib.cn/tsgxk/ydsk/201307/t20130726_155003.htm;马允元:《我所知道的马星野》,载《温州文史精选集3:1946—1952年温州文史资料》2003年第17辑。

⑤ 马星野:《自述》(1952年4月12日),手稿,《马星野档案》099-01-01-01-001,台北"中研院"近史所档案馆藏。

⑥ 马星野:《我生之初》,台北《"中央日报"》1980年10月21日,《马星野档案》099-01-02-02-073,台北"中研院"近史所档案馆藏。

学校，育植人才。乡之贤者，多出余父之门。伯父筱屏公，办温州中学，曾毕业于日本早稻田大学。叔父季洪公亦终身执教。余以家庭环境影响，对文化教育事业，独感兴趣。”①

这样的家庭环境使马星野从幼年起即受到浓郁的中国传统文化氛围的熏陶。入小学前，他即由祖父发蒙教授认字；四岁上学，先随大姐马伸权入平阳“毓秀女子小学”读书，后入“自治小学”，八岁卒业；九岁考入“平阳县立第一高级小学”；毕业后入私塾性质的扶风书院、颍川书院及稚湖书院学习，“于国学方面略具根柢”②，直至1922年考入浙江省立第十中学读书。

这一时期对马星野的成长影响最为深刻的是他祖父马莲屏。马莲屏毕生穷经传道，对于马星野的国学修养和儒家士大夫情怀的培养十分重视。马星野回忆：

“余幼年从祖父莲屏公读四书五经。”③“每于晨昏寒暑，祖父督教甚严，故四书、左传、诗经、杜诗等，十龄前均已成诵。”④

在祖父的培养下，马星野自幼养成了酷爱读书的习惯。马星野的大姐马伸权回忆，马星野七八岁时，“祖父每天教他背诗词格律，读唐诗，对对子。白天读，晚上读，扫地、放鸡，都有什么诗句念念的。”⑤这个严格的儒家教育过程一直持续到1924年马莲屏逝世为止。其时马星野已是15岁的中学二年级学生了。

---

① 马星野：《自述》（1952年4月12日），手稿，《马星野档案》099-01-01-01-001，台北“中研院”近史所档案馆藏。

② 马星野：《自述》（1952年4月12日），手稿，《马星野档案》099-01-01-01-001，台北“中研院”近史所档案馆藏。

③ 马星野：《中国国民党干部个人档案登记表与自传》（1973年5月），手稿，《马星野档案》099-01-01-01-003，台北“中研院”近史所档案馆藏。

④ 马星野：《自述》（1952年4月12日），手稿，《马星野档案》099-01-01-01-001，台北“中研院”近史所档案馆藏。

⑤ 季品三：《我读到了阿宇的诗——访马星野的胞姐马伸权》，北京《团结报》1984年9月22日。

马星野自述："幼年时代之观念，深刻而不易忘怀也。"[①]这一时期，马星野对于中国传统文化和儒家士大夫精神开始有了自己的理解和价值认同。他晚年回忆：

> 我喜欢背诗经长的诗，……到现在还没有忘记。……但使我衷心佩服、五体投地的，还是杜甫的诗。[②]

马莲屏对于马星野的教育和影响不仅为马星野奠定了扎实的国学诗词功底，而更为重要的是使少年马星野有了自己的人生思考，开始逐渐领会"以天下为己任"的儒家士大夫情怀和价值观精髓，并开始将其内化为恪守一生的处世标准和道德原则。1952 年马星野在自述中将"如何使余之一生，不辜负余之祖父莲屏公对余之期望"[③]作为心中三大抱负之一。

综上所述，马星野的长辈与大多数同时代的中国传统读书人面临着同样的境遇——在"学优"而无机会"入仕"之时，选择以"务农"和"教育"作为安身立命之本，使生活有所着落，精神得以寄托。这一点使得马星野从幼年起就深受中国传统儒家文化之熏陶，家世渊源尤其是祖父马莲屏对于马星野一生的儒家思想、性格、操守以及价值观的形成产生了至为深远的影响。

二、春风和气自清师

1922 年至 1926 年，马星野在永嘉（温州）的浙江省立第十中学读书。在这四年中，马星野读了三年旧制中学，1925 年毕业后入新制高中学习一年。[④]当时浙江十中是浙南最优良之中学，师资力量雄厚。国文教师中的杜志文、朱

① 马星野：《自述》（1952 年 4 月 12 日），手稿，《马星野档案》099-01-01-01-001，台北"中研院"近史所档案馆藏。

② 马星野：《青灯有味似儿时》，台北《"中华日报"》1978 年 5 月 18 日，《马星野档案》099-01-02-02-066，台北"中研院"近史所档案馆藏。

③ 马星野：《自述》（1952 年 4 月 12 日），手稿，《马星野档案》099-01-01-01-001，台北"中研院"近史所档案馆藏。

④ 马星野：《生平简记（上）（四十岁以前）》（时间不详），手稿，《马星野档案》099-01-01-01-002，台北"中研院"近史所档案馆藏。

自清、李翘"均为上海《小说月报》的主要作家，也是当时提倡新文学的主要作家"；[①]英文教师马公愚后在上海大夏大学任国文教授；刘延陵为中国现代新诗的先驱。在这些良师的教诲下，马星野学识日增，打下了扎实的新文学和英文功底。

1915年开始的新文化运动是中国近代史上一场"空前激烈、深刻的思想革命"。[②]"五四"前后，新文化运动带来的"转变"逐渐成为一个普遍而复杂的社会历史现象。在这种时代"转变"的影响下，马星野随之发生"转变"。例如，在他中学时期读书的选择上即可清楚地看到这种"转变"。马星野回忆：

> "在中学，举凡文学、哲学、历史、地理、政治、社会各类的书，我都要自图书馆借出来看。""在中学已读了胡适的中国哲学史、梁启超的清代学术概论及中国历史研究法、梁漱溟的东西文化及其哲学……。我对于诗词有爱好，以后发展到戏曲方面、小说方面。"[③]

幼年马星野在祖父的教导下，苦读的是"四书五经""诗词歌赋"，所受熏陶完全来自于中国传统儒家文化；而在浙江十中受教之时，马星野受到杜志文、朱自清、李翘、刘延陵等"五四"新文学先锋的影响，在时代风潮之中耳濡目染新文化翘楚的风采，加之能有机会大量阅读近现代人文与社会科学著作，遂养成全新的文化视野和宽阔的知识构面，[④]这既为他日后的新闻人生涯提供了一定的近现代知识积累，也使他身上开始出现一种潜移默化的"新青

---

① 马之骕：《新闻界三老兵：曾虚白、成舍我、马星野奋斗历程》，台北：经世书局股份有限公司，1986年，第360页。

② 熊月之：《中国近代民主思想史》，上海：上海人民出版社，1986年，第502页。

③ 马星野：《青灯有味似儿时》，台北《"中华日报"》1978年5月18日，《马星野档案》099-01-02-02-066，台北"中研院"近史所档案馆藏。

④ 但是，马星野在中学阶段的读书，有一个问题，就是宽而不深，这当然与彼时马星野的年龄、阅历等有关。对于这一点，马星野也是非常清楚的："四年之间，觉得天下可读之书真是太多了。杂而不专，好读书不求甚解，是我的大毛病。"载马星野：《青灯有味似儿时》，台北《"中华日报"》1978年5月18日，《马星野档案》099-01-02-02-066，台北"中研院"近史所档案馆藏。

年”的“转变”。[①]

这一时期，对马星野成长影响最为深刻的是他的初中国文老师朱自清。当时14岁的马星野和26岁的朱自清基于共同的兴趣爱好和精神追求而成为知己。马星野回忆：

> 诸师之中，朱自清先生同我尤其相知甚深。他做好文章，买来新书，必交我看。……他喜欢清美的白话文，但他国文根底很深，最爱苏曼殊、纳兰成德的作品，我亦同感。[②]

在此后的一生中，马星野与朱自清彼此之间的友谊从未因时间和世事的流转而有所改变。1973年，时任“中央社”董事长的马星野在自己的国民党党员登记档案中郑重地写道：“师友之中，青年时代，最佩服中学之老师江都朱自清。”[③]这无疑是马星野对朱自清看法的最为准确和郑重的表态。

朱自清总是鼓励马星野要多写文章，“在课外多读些文学方面的书”。[④]时隔近60年，马星野仍然清晰地记得：“有一次，他在我的作文后面，批了两句‘何事荆台百万家，独教宋玉擅才华’。”[⑤]将自己的学生比作才子宋玉，对于一位老师而言，其爱生之心、赞美之意毋庸置疑；而对于十四五岁的少年马星野而言，老师的评价不啻为一种莫大的激励。朱自清也十分认可马星野的人品，他的名作《白水漈》即是为马星野而写。中学时期的马星野家境并不宽裕，初中二年级的时候，朱自清带着学生踏青郊游，而马星野因为家里

---

① 在1915年9月15日《青年杂志》创刊号上，陈独秀发表创刊词《敬告青年》，对青年提出六点要求：(1) 自由的而非奴隶的；(2) 进步的而非保守的；(3) 进取的而非退隐的；(4) 世界的而非锁国的；(5) 实利的而非虚文的；(6) 科学的而非想象的，并提出了“科学与人权并重”，也就是科学与民主并重的思想。参见陈独秀：《敬告青年》，《青年杂志》1915年第1卷第1期，第1-6页。

② 马星野：《青灯有味似儿时》，台北《“中华日报”》1978年5月18日，《马星野档案》099-01-02-02-066，台北“中研院”近史所档案馆藏。

③ 马星野：《中国国民党干部个人档案登记表与自传》(1973年5月)，手稿，《马星野档案》099-01-01-01-003，台北“中研院”近史所档案馆藏。

④ 马星野：《〈朱自清研究〉序》，台北《“中央日报”》1978年5月17日，《马星野档案》099-01-02-02-073，台北“中研院”近史所档案馆藏。

⑤ 马星野：《春风和气自清师》，台北《“中华日报”》1980年9月28日，《马星野档案》099-01-02-02-067，台北“中研院”近史所档案馆藏。

农忙请假未去。朱自清对此甚为感动，不仅“公开表扬马先生勤俭爱家的行为”，[①]还作了一篇题为《白水漈》的散文，亲笔写成条幅送给马星野，[②]希望马星野能够从文字中身临其境地体会当时的美景。马星野不仅记住了恩师这种周到和关爱，而且在性格中潜移默化地养成了这种周到关爱的情怀。

1926年，高中一年级的马星野在朱自清与杜志文两位老师的资助下到上海考入厦门大学读社会学。在得知马星野因家乡战乱、家庭变故，学费无以为继之时，自己生活并不宽裕的朱自清“两次自北京清华寄来开明书局之稿费”[③]使其渡过难关，而这四十元大洋“却是朱先生一个字一个字写出来的稿费呢！”[④] 1929年，马星野在清华半工半读期间，他们的联系更加紧密。马星野经常去朱自清家，朱自清“从不摆出老师的架势，也绝口不提过去的事”，[⑤]完全把马星野当成朋友。1936年，马星野写的《扬州印象记》在南京报纸刊出后，朱自清还专门写信夸奖。

马星野对朱自清是非常敬仰的。这种敬仰不仅源自他对朱自清文采和学问的佩服，更是源自于他对朱自清风度、人格与性情的崇拜。马星野在回忆中写道：

> “他的春风和气、霁月光风的风度，‘温良恭谦让’的和平神态，永远是我毕生难忘。”“一年半时间，朱先生给我的启示太多了，他是一个绝对纯洁无瑕的人，……他是一块美玉，他一句诗、一席话，都有值得长久回味的价值。”[⑥]“在我的求学过程中，确实是很幸运的，能够

---

① 周锦：《由朱自清说到马星野》，载吉人编：《马星野先生纪念集》，台北："中央日报"出版部，1992年，第111页。

② 马星野：《春风和气自清师》，台北“中华日报”1980年9月28日，《马星野档案》099-01-02-02-067，台北“中研院”近史所档案馆藏。

③ 马星野：《回首少年时》，台北《新生报》1978年9月22日，《马星野档案》099-01-02-02-073，台北“中研院”近史所档案馆藏。

④ 马星野：《〈朱自清研究〉序》，台北《“中央日报”》1978年5月17日，《马星野档案》099-01-02-02-073，台北“中研院”近史所档案馆藏。

⑤ 马星野：《〈朱自清研究〉序》，台北《“中央日报”》1978年5月17日，《马星野档案》099-01-02-02-073，台北“中研院”近史所档案馆藏。

⑥ 马星野：《春风和气自清师》，台北《“中华日报”》1980年9月28日，《马星野档案》099-01-02-02-067，台北“中研院”近史所档案馆藏。

遇到朱先生这样一位好的老师，得到有力的指导、鼓励和帮助。”①
“我比他迟生十年，真所谓‘平生风义兼师友’。”②“我能有今天，都是朱先生给的。”③

由此可见朱自清对于马星野人生影响之深远。毫无疑问，朱自清对马星野的言传身教、欣赏鼓励和关心帮助对马星野以后的人格、性格、品格、风格的养成产生了巨大的影响和推动。马星野身上所具有的“春风和气”有着显而易见的“清师”印记，这也许就是马星野在71岁高龄时将他最重要的回忆朱自清的著述定名为“春风和气自清师”的缘由。

第二节　青年马星野：从厦门到密苏里

1926年，马星野在上海以同等学力考入厦门大学，开启了他人生经历的青年时代。此后的不到十年间，马星野辗转于厦门大学、国民党“中央党务学校”、政校、清华大学以及密苏里新闻学院之间，并最终走上了国民党体制内新闻人的道路。进入青年时代的马星野，随着学历、经历、阅历的不断增长和丰富，逐步由一个懵懂的少年成长为一个具有独立思想和鲜明个性的青年。

一、曲折的求学经历

（一）厦门大学的求学经历

1926年中秋，马星野来到厦门大学。当时厦门大学文学院由林语堂主持，教授则包括了鲁迅、沈兼士、顾颉刚、张星烺、罗常培等大学者。在这种氛

① 马星野：《〈朱自清研究〉序》，台北《“中央日报”》1978年5月17日，《马星野档案》099-01-02-02-073，台北“中研院”近史所档案馆藏。

② 马星野：《朱自清先生八十祭》，台北《“中央日报”》1978年8月12日，载黄肇珩、吴德里、马大安编：《星垂平野阔·我的一生》(电子书)，台北：义美联合商务有限公司，2014年，第156页。

③ 周锦：《由朱自清说到马星野》，载吉人主编：《马星野先生纪念集》，台北：“中央日报”出版部，1992年，第111页。

围中，马星野因“对于社会科学特感兴趣”而入社会学系学习。[①] 但厦门大学由于发生学潮而陷于停顿。在勉强熬了一个学期后，马星野于 1927 年 4 月离开厦门。这是马星野人生中第一次离开家乡读书，本是踌躇满志，却不料结果则是“狼狈万分”。[②] 在此之前，生活在家庭、师长关爱之中的马星野在读书上是顺利的，但在对社会的了解上几乎还是空白。厦门的遭遇使他上了人生中第一堂社会现实的课。这堂课或多或少影响了他以后实现人生理想的道路选择、方式运用和价值取向。这是马星野求学生涯中的第一次大挫折。对于这段经历，马星野唏嘘不已：“我怀着满腔希望到厦门大学，而仅读不到两个月功课，狼狈万分的于民国十六年春间离开厦门，到南京考取了政治大学。”[③]

（二）国民党“中央党务学校”的求学经历

1927 年 5 月，国民党“中央党务学校”在南京成立。[④] 1927 年 7 月，马星野在南京考取该校，8 月 8 日正式上课。1928 年 6 月 5 日马星野以优秀的成绩成为该校第一期毕业生。[⑤] 当时国民党“中央党务学校”以“方法服从目标”为训练原则，从学生的“人格修养”“主义熏陶”“实际行动”“纪律锻炼”“情感发展”五个方面进行训练；“其所贯彻的基本要求就是既要训练学员的能力，更要训练学员的能力合乎主义的需要，……希望通过突出精神教育训练内容，统一学员的意志，使之成为三民主义的忠实信徒和彻底奉行

---

① 马星野：《自述》(1952 年 4 月 12 日)，手稿，《马星野档案》099 - 01 - 01 - 01 - 001，台北“中研院”近史所档案馆藏。

② 马星野：《回首少年时》，台北《新生报》1978 年 9 月 22 日，《马星野档案》099 - 01-02 - 02 - 073，台北“中研院”近史所档案馆藏。

③ 马星野：《回首少年时》，台北《新生报》1978 年 9 月 22 日，《马星野档案》099 - 01-02 - 02 - 073，台北“中研院”近史所档案馆藏。

④ 当时蒋介石为“中央党务学校”校长，戴季陶为教务主任，罗家伦为副主任，丁惟汾为训育主任，陈果夫为总务主任。后改派谷正纲为训育副主任，同时派吴挹峰为总务副主任。蒋介石以黄埔军校“亲爱精诚”校训为“中央党务学校”校训。1929 年 6 月国民党中央决议改“中央党务学校”为“中央政治学校”。“中央党务学校”虽然只存在两年时间，仅招收两期学生，却为进入训政时期的国民党创办“中央政治学校”奠定了基础。参见朱燕平：《历史视野中的国民党中央党务学校》，《文史天地》2013 年第 10 期，第 16 - 18 页。

⑤ “中央政治学校”毕业生指导部编：《“中央政治学校”毕业同学录》1947 年 3 月，第 5 页，以及《申报》1928 年 6 月 6 日。

命令之战士。”①

国民党“中央党务学校”的教育对于18岁的马星野而言是人生重要的转折点。1952年43岁的马星野在自述中回忆：“（入校）同时入党，……余一生之思想，于此短时期内铸成定型。”②同时，从进入该校开始，马星野即蒙蒋介石栽培，因此他表示“一切工作之决定”均听命于蒋介石，“过去如此，今后亦然。”③实际上他也是这么做的。1928年6月毕业后，马星野进入国民党“中央训练部”任编审，年底离开。而此时也正是丁惟汾离开南京的时间。

（三）清华大学的工读经历

就在马星野“痛感学问之不足与年华之易逝”之时，④他的老师罗家伦于1928年8月北上清华大学执掌校务。作为马星野的入党介绍人和政校名教授，罗家伦让马星野到清华半工半读，既为其将来赴美上进作准备，也使他能有一份自给自足的工作。1929年新春，马星野到达清华并任校长室秘书兼《清华校刊》编辑，同时旁听英国文学与社会问题课程，“总算认识了许多学术界名士，也知道了一点研究的方法”⑤。但是半年之后随着罗家伦离职，马星野在政校的要求下回宁，就此结束了在清华的工读经历。马星野在清华的经历同样重复了他在厦门大学求学和在国民党“中央训练部”工作时所遇到的状况：开始踌躇满志地走向新的人生旅途，却总是以失望和挫折结束，随后又峰回路转，迎来新的希望。这是马星野求学道路上的第二次大挫折。

（四）密苏里大学新闻学院的求学经历

1930年冬，马星野考取政校选派毕业生出国留学深造名额，原本计划攻

---

① 朱燕平：《历史视野中的国民党中央党务学校》，《文史天地》2013年第10期，第18页。

② 马星野：《自述》（1952年4月12日），手稿，《马星野档案》099-01-01-01-001，台北“中研院”近史所档案馆藏。

③ 马星野：《自述》（1952年5月12日至1954年6月29日），手稿，《马星野档案》099-01-01-01-001，台北“中研院”近史所档案馆藏。

④ 马星野：《自述》（1952年4月12日），手稿，《马星野档案》099-01-01-01-001，台北“中研院”近史所档案馆藏。

⑤ 马星野：《野阔天高擢数星》（1979年12月28日），载阮毅成等：《我的大学生活》（第1集），台北：“中华日报”社，1980年，第29页。

读教育，但一来他当时“对教育没有太大的兴趣”，而因为“办过报，有兴趣研究新闻”，[①]且“当时中国新闻事业缺点很多，我有志将他改进”；[②]二来当时密苏里的沃尔特·威廉(Walter Williams)博士数次来华，开启了中美新闻教育交流的大门，使得“当时志愿学新闻的青年，都知道密苏里有世界最早又最好的新闻学校”；[③]三来“母校当局也认为新闻学很重要”，[④]认为学习新闻可以“为党的新闻事业储备人才”。[⑤] 因此马星野放弃了学习教育而改赴美国密苏里大学新闻学院学习新闻。1931年8月18日，他从上海出发赴美深造。[⑥]

马星野是密苏里大学新闻学院首次迎来的中国官费留学生，是“‘中国国立大学’派到密大研究新闻的第一个学生”，[⑦]翻开了“中美文化交流史上的重

---

① 马星野：《我从事新闻教育经过》(1965年5月20日)，载《政大校友通讯》(庆祝母校卅八周年纪念专刊)，《马星野档案》099-01-02-02-010，台北“中研院”近史所档案馆藏。

② 马星野：《五十年前新闻学生的回顾》(1984年)，手稿，《马星野档案》099-01-02-02-050，台北“中研院”近史所档案馆藏。

③ 马星野：《五十年前新闻学生的回顾》(1984年)，手稿，《马星野档案》099-01-02-02-050，台北“中研院”近史所档案馆藏。

④ 马星野：《我从事新闻教育经过》(1965年5月20日)，载《政大校友通讯》(庆祝母校卅八周年纪念专刊)，《马星野档案》099-01-02-02-010，台北“中研院”近史所档案馆藏。

⑤ 马星野：《自述》(1952年4月12日)，手稿，《马星野档案》099-01-01-01-001，台北“中研院”近史所档案馆藏。

⑥ 关于马星野出国留学的时间，有1931年7月和8月两种说法。根据其自撰的《生平简记》与《五十年前去国情》一文记载，该时间为1931年8月，参见马星野：《生平简记》(上)(四十岁以前)，手稿，《马星野档案》099-01-01-01-002，台北“中研院”近史所档案馆藏，以及马星野：《五十年前去国情》，载马星野等：《我的留学生活》，台北：“中华日报”社，1981年，第1页。而根据《申报》记载，马星野出国时间为1931年8月18日，参见《马伟等今日放洋赴美》，《申报》1931年8月18日。而有关于马星野1931年7月出国的内容，参见马星野：《野阔天高擢数星》(1979年12月28日)，载阮毅成等：《我的大学生活》(第1集)，台北：“中华日报”社，1980年，第30页以及“中央通讯社”编印：《“中央社”六十年》，台北：“中央通讯社”1984年，第269页。综上所述，马星野实际离沪赴美的时间，应该是1931年8月18日，而有关1931年7月的记载，很可能是农历和阳历的转换原因(1931年的阳历8月18日为农历七月初五)。

⑦ 马星野：《我从事新闻教育经过》(1965年5月20日)，载《政大校友通讯》(庆祝母校卅八周年纪念专刊)，第20页，《马星野档案》099-01-02-02-010，台北“中研院”近史所档案馆藏。

要一章”，[①]因此也受到了密苏里校方的重视和欢迎，不仅时任密苏里大学校长的威廉博士亲自接见了马星野，并希望他“终身不悔以新闻作为职业的选择”，[②]同时《密苏里人报》(Missourian)也刊登了马星野的照片和介绍。

当时密苏里大学的新闻学院只限于三、四年级学生(一、二年级学习文理学院的功课)，因此马星野直接从三年级开始读起，且“偏重于新闻之言论与编辑方面”。[③] 他认为：“我读三、四年级的课，自觉比读研究院拿硕士或博士学位更实际更有益。”[④]马星野此前没有在新闻学系科学习的经历，[⑤]而在密苏里新闻学院的学习使马星野第一次真正接触到系统而正规的现代新闻学理论教育和新闻业务实践培训。这对于他的新闻基础理论构建、新闻业务能力培养和新闻专业主义思想养成起到了重要作用。

马星野这样描述他在密苏里新闻学院的学习经历：

> 回忆这二年半在密苏里大学，我在学问与经验上受益不少，密大新闻学院的好处，……是一切重实际，一切由学生由自动工作来求知识与经验。教学的中心便是那家密苏里人报……，除几门理论功课，如新闻学原理、新闻史、广告学、新闻原理等以外，其他如采访学、编辑学、社论研究、印刷与排字、广告与发行、杂志、专栏等等功课，[⑥]全是在报馆中一边教一边做。……这个办法，我认为非常有用的。我除学新闻外，以国际政治为副科。……我读了美国政府、美国行政、

---

① 高克毅：“MA HSIN - YEH AT MISSOURI”(1984 年 3 月 12 日)，英文手稿，《马星野档案》099 - 01- 01 - 01 - 006，台北“中研院”近史所档案馆藏。

② 原文为：“When you choose journalism as your profession it is like a girl promising marriage—you must never regret it.” 高克毅：*MA HSIN - YEH AT MISSOURI*(1984 年 3 月 12 日)，英文手稿，《马星野档案》099 - 01- 01 - 01 - 006，台北“中研院”近史所档案馆藏。

③ 马星野：《政大新闻教育之创始与发展》(1975 年)，手稿，《马星野档案》099 - 01- 02 - 02 - 050，台北“中研院”近史所档案馆藏。

④ 马星野：《野阔天高擢数星》(1979 年 12 月 28 日)，载阮毅成等：《我的大学生活》(第 1 集)，台北：“中华日报”社，1980 年，第 31 页。

⑤ 厦门大学曾于 1921 年开设报学科，但在 1923 年停办。

⑥ 这一时期，马星野所学的专业课程及授课教师大致情况是：“News Reporting under Prof. Morelock, Copy-editing under Prof. Sharp, Editorial Writing under Prof. Ellard.” 高克毅：*MA HSIN - YEH AT MISSOURI*(1984 年 3 月 12 日)，英文手稿，《马星野档案》099 - 01- 01 - 01 - 006，台北“中研院”近史所档案馆藏。

国际关系、国际法、国际组织、美国外交史、世界地理等等课程，我读了不少的名著与杂志，这对于我以后主持报社与通讯社，有很大用处。①

通过在密苏里的学习，马星野自认“对彼邦之新闻事业，有一番认识。……此一时期中，余之现代知识，颇有进步。”②在以后的新闻人生涯尤其是新闻教育生涯中，马星野努力贯彻这种理念与方式，将密苏里的“宽基础”与“做中学”融入政校的新闻教育实践，做到了学以致用。

同时，马星野深受密苏里新闻道德观念的影响。1914 年，时任密苏里新闻学院院长的威廉撰写的《新闻记者信条》(Journalist's Creed)成为西方第一个系统的新闻道德规范。对于这个规范，威廉认为不仅要反映道德伦理的内容，也要包括做好报纸工作的内容。③ 后来这个《新闻记者信条》被列入《新闻学院案头书》(Desk-book of the School of Journalism)，并成为《密苏里人报》的基本原则和学生学习的课程内容，所有的学生都被要求记住这个信条，并付诸毕业后的新闻职业实践。作为留学生的马星野在密苏里新闻学院第一次接触到这个信条即为之折服，并由此形成了“新闻是一个专业”的信念。在马星野以后的新闻实践尤其是他所草拟的《中国新闻记者信条》中，我们清楚地看到了威廉《新闻记者信条》以及密苏里新闻道德观对他深刻的影响。距此 50 年后马星野依然认为：

“(密苏里)许多人对我的思想、人生观及做人做事道理都有影响，值得回忆。……我得益于密苏里新闻教育，实在不浅。……我自密苏里回国已五十年，但我永久不忘记这三年在哥伦比亚④读书对

---

① 马星野:《野阔天高擢数星》(1979 年 12 月 28 日)，载阮毅成等:《我的大学生活》(第 1 集)，台北:“中华日报”社，1980 年，第 30－31 页。

② 马星野:《自述》(1952 年 4 月 12 日)，手稿，《马星野档案》099－01－01－01－001，台北“中研院”近史所档案馆藏。

③ “The principles taught are not only matter of ethics, but of good newspaper work.” Ronald T. Farrar: A Creed for My Profession: Walter Williams, Journalist to the World, University of Missouri Press, Columbia, Missouri, 1998, p202。

④ 此处的“哥伦比亚”是指当时密苏里大学新闻学院所在地。

我一生受益之大。"[①]"到现在，长长的五十年中，我仍认为威廉、马丁、密多布希等教授们，是值得我效法的人。在新闻教育上，与在新闻学术上，我总是想到，威廉博士是怎样做怎样成功的，我也应该如何做。"[②]"我在密苏里虽只有短短三年多，但我终生从事的教育与事业，都是受到密苏里基本方针的影响。"[③]

1933年冬，马星野"以荣誉卒业，得新闻学学士位"[④]。其后在华盛顿国会图书馆研究半年。当他"得到哥伦比亚大学新闻所的入学许可时"[⑤]，政校要求他回国。1934年5月22日晚，马星野回到上海。[⑥] 在此之后长达近60年的新闻生涯中，马星野成为"密苏里中国帮"的重要代表人物之一。

二、关于"星野"笔名的考证

马星野初生之时，祖父马莲屏赐其名为"允伟"[⑦]；四岁入学后，取学名"马伟"，并一直用到1934年自美留学回国。[⑧] "星野"是马星野自取之名，援引自他最喜爱的诗人杜甫名诗《旅夜书怀》中的"星垂平野阔，月涌大江流"两句，

---

① 马星野：《五十年前新闻学生的回顾》(1984年)，手稿，《马星野档案》099-01-02-02-050，台北"中研院"近史所档案馆藏。

② 马星野：《答谢密苏里大学颁奖致词》(1984年4月20日)，打印稿，《马星野档案》099-01-02-01-027，台北"中研院"近史所档案馆藏。

③ 马星野：《密苏里教育对中国新闻事业之贡献》(1984年)，手稿，《马星野档案》099-01-02-02-051，台北"中研院"近史所档案馆藏。

④ 马星野：《生平简记》(上)(四十岁以前)，手稿，《马星野档案》099-01-01-01-002，台北"中研院"近史所档案馆藏。

⑤ 马星野：《我从事新闻教育经过》，载《政大校友通讯》(庆祝母校卅八周年纪念专刊)，1965年5月20日，第20页，《马星野档案》099-01-02-02-010，台北"中研院"近史所档案馆藏。

⑥ 《留美新闻学家马星野回国抵沪》，《申报》1934年5月25日。

⑦ 马星野：《中国国民党干部个人档案登记表与自传》(1973年5月)，手稿，《马星野档案》099-01-01-01-003，台北"中研院"近史所档案馆藏。根据季品三所撰写的访马星野的胞姐马伸权的文章，马星野原名"允宇"，而马伸权称呼马星野为"阿宇"，这可能是因为浙江平阳方言中，"伟"字的发音为"yu"(宇)，而造成的误会。参见季品三：《我读到了阿宇的诗——访马星野的胞姐马伸权》，北京《团结报》1984年9月22日。

⑧ "中央通讯社"编印：《"中央社"六十年》，台北："中央通讯社"，1984年，第269页。

以繁星点缀下的平野喻伟大旷阔之意。但关于马星野何时使用“星野”笔名，目前的研究一般认为是在其赴美留学期间(即1931年9月后)，[①]或是笼统地提到“大学时期”。[②] 这其中可能存有讹误或不准确。[③]

通过文献研究发现，在1929年4月马星野仍然在以“马伟”的署名发表文章。[④] 而最早在同年7月1日出刊的《白血轮》杂志上，第一次出现了以“马星野”为作者署名发表的《中国智识阶级的失业问题》一文。

《中国智识阶级的失业问题》全文共7000余字。文章开篇即以“中国的社会问题，以失业问题为核心”引出“智识阶级的失业问题”这一话题。他认为切实地解决这个问题有“积极与消极两方面”的方法。

所谓“积极方面”，实际是指人才的培养和人才的选拔，马星野认为这是“治本”的办法。

> 最根本的是教育制度之改造，便是教育之有机化，教育之实用化，教育之平民化，总而言之，要教育之科学化，打倒那为贵族及资本

---

① 陈百龄：《新闻教育的传教士——马星野》，载《教育·爱：台湾教育人物志Ⅴ》，台北：教育资料馆，2011年，第98页；叶芃生：《我的舅父马星野》，《温州都市报》2010年12月2日等。

② 马允伦：《马星野传略》，《温州师范学院学报(哲学社会科学版)》，1997年第1期，第87页；蒋海斐：《马星野的新闻活动与新闻思想》，http://blog.sina.com.cn/s/blog_51525a350100n3oo.html，2010年12月等。

③ 马星野读大学的时间段为1926年至1933年，这期间包括了厦门大学、国民党“中央党务学校”、清华大学、密苏里大学，这个范畴显然过于宽泛；马星野出国留学的登船时间应为1931年8月18日，而在此之前马星野应该仍然在国内单位服务。

④ 谢瀛洲演讲，马伟笔记：《中国土地问题》(续)(1929年4月5日)，载《“国立清华大学”校刊》1929年第55卷，第2－3页。关于《清华校刊》时期的文章，笔者查阅了该刊1928—1930年的近600篇文章，发现只上述一篇文章署名的记录人，是用的“马伟”的名字，可能这一时期，马星野主要负责的是校刊的编辑工作，因此在“校闻”等栏目中并未署名。此外，还有一篇是罗家伦的遗著《蔡元培时代的北京大学与五四运动》，刊载在《传记文学》第54卷第5期上，发表于1990年前后，上面用的记录人的署名是“马星野(伟)”，因为这篇文章当时没有发表，而在近60年后发表时，估计后人为了说明“马伟”即是“马星野”而后加的注释。因此，这篇文章的记录人原始署名似乎也应该是“马伟”。当时罗家伦是清华大学校长，马星野是校长室秘书，马星野为罗家伦演讲做记录也是顺理成章的事情。因此，《蔡元培时代的北京大学与五四运动》一文也应该是清华大学时期马星野所作的记录稿，其署名依然应是“马伟”。

家装饰品的教育，打倒非社会所需要之教育。……其次，是要确定了考试制度，使有材力者无向隅之欺，这又是解决智识阶级失业问题的一个积极办法。

所谓“消极方面”，马星野认为这是“治标”的办法，主要是在“切实保障各机关工作人员的稳定”和“设置职业介绍所”两个方面，并强调：

“失业问题，是现在智识阶级身上，最大的毛病，而这毛病，可以使中国社会秩序不安定，中国文化精神动摇的，我们希望大家能切切实实的设法根本解决。”①

我们认为，《中国智识阶级的失业问题》的作者就是马星野；同时该文也是目前能够见到的以“马星野”为作者署名的最早的一篇文章。理由如下：

首先，从刊物性质上看，《白血轮》月刊的出版发行者为汉口中国国民党湖北省党部临时整理委员会宣传部，出版发行时间为 1929—1931 年。而马星野之前在国民党“中央训练部”做编审的经历使得他应该对由国民党地方党部主办的这一类刊物比较熟悉。

第二，从成文时间和地点上看，据原文第 9 页记载，该文的写作时间为 1929 年 2 月 15 日，写作地点为“清华园”。而马星野抵达清华的时间也正是 1929 年新春除夕(2 月 9 日)前后。

第三，从文章的细节推断来看，据原文第 4 页记载，该文作者曾经在南京国民党“中央党部”听过戴季陶所做的“总理纪念周演讲”。而 1928 年，马星野正在南京国民党“中央党部训练部”任职，有机会听到这个演讲。而文章在第 7 至 8 页批评了国民党内的“小组织”问题：

这是最不好的风气，每一个机关，换一个部长，则全部的人都要更动，……所以无论政治工作党务工作的人，生活都没有保障了。②

事实上，当时的马星野也正是由于这个原因从国民党“中央训练部”离职。因此我们认为该文中这些细节的描述与马星野本人的经历是相符的。

第四，以“马星野”署名的文章在《中国智识阶级的失业问题》后开始陆

① 马星野：《中国智识阶级的失业问题》，《白血轮》1929 年第 1 卷第 4 期，第 1 - 9 页。

② 马星野：《中国智识阶级的失业问题》，《白血轮》1929 年第 1 卷第 4 期，第 7 - 8 页。

续出现。1929 年马星野回到政校做校刊主编，对于这一段经历他晚年回忆道：

> 每期用“星野”笔名为小评。同年，……办党军日报，写社论及副刊文字，也用“星野”。①

1930 年《新湖北》杂志发表的《中国人口政策论》②系列文章也是署名为“马星野”。这些都是明确的马星野的著述。同时，我们目前未见有其他人对此笔名有“重名”的异议。因此可以肯定，马星野在出国留学之前就已使用“星野”笔名发表著述了。这一时期“马伟”之名与“马星野”之名是并用的，③而后他以“星野”字行，名随文传，应该是在 1934 年 5 月留学回国之后了。④

以上四个理由基本形成了较为完整的逻辑链，笔者由此大体可以判断，该文作者为本文研究对象马星野，而且可以推断马星野以“星野”笔名著述的时间至迟是在“清华大学任职时期”，即至迟在 1929 年 2 月前后。⑤

笔者在此根据目前已掌握的资料对马星野之“星野”笔名最初使用的时间作出这一推断，旨在为今后马星野研究的深入提供一个新的线索和思路。随着新文献、史料的持续发现和研究的不断进展，相信对于“星野”笔名的探讨还会有更多、更准确的新发现、新成果出现。

---

① 马星野:《五十年前的政大青年》(1977 年),《马星野档案》099 - 01 - 02 - 02 - 037,台北“中研院”近史所档案馆藏。

② 马星野:《中国人口政策论》,《新湖北》1930 年第 2 卷第 2 期,第 20 - 28 页;第 2 卷第 4 期,第 15 - 33 页;第 2 卷第 5 期,第 29 - 38 页;第 2 卷第 8 期,第 37 - 62 页。根据国家图书馆数字资源记载,《新湖北》出版发行时间为 1930—1931 年,出版发行者为汉口中国国民党湖北省党部临时整理委员会宣传部。

③ 马星野在华盛顿国会图书馆研究期间,于 1934 年 2 月 21 日撰写的《美国通讯社事业之现状》一文,也是使用“马伟”的署名。参见马伟:《美国通讯社事业之现状》,《政治季刊》(南京)1934 年第 1 卷第 2 期,第 255 - 276 页。

④ 《留美新闻学家马星野回国抵沪》,《申报》1934 年 5 月 25 日。

⑤ 目前笔者能够见到的最早署名“马星野”的公开发表的著述就是《中国智识阶级的失业问题》一文,不排除今后随着研究的进一步深入,还有可能发现更早的署名“马星野”的著述,因此本文在对这个概念进行时间界定时使用了“至迟”作为定语。

第三节　新闻人马星野：从南京到台北

马星野的新闻人道路起步很早，并且是与他中学以后的求学、任职道路相重合的。

一、短暂的国民党体制外新闻人生涯

马星野涉足新闻事业是从他在浙江第十中学习时期开始的。在成为国民党体制内新闻人之前，他主要从事学校或单位内部报刊的编辑（编审）工作和社会刊物的撰稿工作。马星野晚年回忆：

> “我在中学时代，最有兴趣的是办刊物，在初中，办壁报名曰《春雨报》，在高中办杂志名曰《秋籁》，又办校刊，[①]我做主编又写了很多文章……”[②]“余自进中学始，即主编学校之刊物，此或为余对新闻事业发生兴趣之原因。”[③]“我对新闻事业之兴趣，那时已开始了。”[④]

1928年5月，在学校经常做“文字工作”[⑤]的马星野，由丁惟汾带入国民党

① 在浙江十中的高一时期，马星野还主编过《十中自治会会刊》，并给各报寄投文章。参见孔珞撰，邵余安整理：《介绍平阳马星野先生》，《温州图书馆学刊》2013年第1期，http://www.wzlib.cn/tsgxk/ydsk/201307/t20130726_155003.htm。

② 马星野：《回首少年时》，台北《新生报》1978年9月22日，《马星野档案》099-01-02-02-073，台北“中研院”近史所档案馆藏。

③ 马星野：《自述》（1952年4月12日），手稿，《马星野档案》099-01-01-01-001，台北“中研院”近史所档案馆藏。

④ 马星野：《青灯有味似儿时》，台北《“中华日报”》1978年5月18日，《马星野档案》099-01-02-02-066，台北“中研院”近史所档案馆藏。

⑤ 据马星野回忆，1928年春，蒋介石与宋美龄结婚后，第一次到国民党中央党务学校讲话，即是安排马星野在演讲台边做的速记工作。马星野对此事一直引以为荣。参见马星野：《回首少年时》，台北《新生报》1978年9月22日，《马星野档案》099-01-02-02-073，台北“中研院”近史所档案馆藏；马星野：《自述》（1952年4月12日），手稿，《马星野档案》099-01-01-01-001，台北“中研院”近史所档案馆藏。

"中央训练部"任助理,[①]从事编审工作。[②] 这是马星野第一个国民党体制内工作。半年之后,这个初试体制内新闻人角色的经历即告失败,这也预示着他在今后的人生道路中要坚持扮演这个角色,就必须面对诸多艰难,付出巨大努力。

1929 年马星野在清华大学最主要的工作仍然是编辑校刊。在此期间,他也保持了笔耕不辍的习惯,间或也在《白血轮》等杂志上发表政论性文章。

1929 年 6 月,国民党"中央党务学校"改名为"中央政治学校"。马星野于此时回到政校。在其后两年的工作中,他还是从事政校校刊的编辑,并"主持毕业同学会(当时名为'通讯处')之事",[③]"兼任国民党中央陆军军官学校《"党军日报"》主编"。[④] 而办《"党军日报"》几乎是他一个人在"唱独角戏"。尽管如此,有报可办的马星野倒也"好不痛快"。[⑤] 这段经历对马星野以后的国民党体制内新闻人生涯是非常重要的。他晚年回忆:

> "那时候的南京,真是青年人的世界,像我才十九岁,就包办了报纸的大部分重头工作:写社论,做标题,还编报。这许多工作充实了我办报的经验,也提高了我对新闻事业的兴趣。"[⑥]"以后学校的校刊由我担任主编好几年,这同我以后学新闻系及从事新闻事业都有点关系。"[⑦]

---

① 马星野:《自述》(1952 年 4 月 12 日),手稿,《马星野档案》099 - 01- 01 - 01 - 001,台北"中研院"近史所档案馆藏。

② 马星野:《生平简记》(上)(四十岁以前),手稿,《马星野档案》099 - 01- 01 - 01 - 002,台北"中研院"近史所档案馆藏。

③ 马星野:《五十年前的政大青年》(1977 年),《马星野档案》099 - 01- 02 - 02 - 037,台北"中研院"近史所档案馆藏。

④ 马星野:《生平简记》(上)(四十岁以前),手稿,《马星野档案》099 - 01- 01 - 01 - 002,台北"中研院"近史所档案馆藏。

⑤ "军校新闻"是钟焕臻编辑,周慧君是马星野的助手,左曙萍、萧作霖等经常为副刊投稿。参见马星野:《我在南京办报的回忆——为"中华日报"创刊二十周年而作》,台北"中华日报"1966 年 2 月 21 日,载吉人编:《马星野先生纪念集》,台北:"中央日报"出版部,1992 年,第 272 页。

⑥ 马星野:《我从事新闻教育经过》,载《政大校友通讯》(庆祝母校卅八周年纪念专刊),1965 年 5 月 20 日,第 20 页,《马星野档案》099 - 01- 02 - 02 - 010,台北"中研院"近史所档案馆藏。

⑦ 马星野:《回首少年时》,台北《新生报》1978 年 9 月 22 日,《马星野档案》099 - 01- 02 - 02 - 073,台北"中研院"近史所档案馆藏。

此时的马星野也获得了政校"党义教师"的资格。[①] 1931年5月前后，马星野"与陶希圣、萨孟武先生等编《政治与民意》杂志"，[②]并以"星野"为笔名在该杂志上发表了《从"总理"北上到国民会议开幕（上、下）》[③]、《雪耻与废约——国耻纪念日吾人之所望于国民会议者》[④]以及《到统一之路》[⑤]等一系列政论文章。在1931年7月的《申报》和《大公报》上，马星野也为政校撰写了《教育的一个新方面——南京"中央政治学校"概况》[⑥]、《中国教育的一个新方面——"中央政治学校"》[⑦]等介绍性文章。然而这次经历也是非常短暂的。

1931年8月赴美后，马星野依然笔耕不辍，除为《密苏里人报》撰写社论稿外，还担任了《东方杂志》《申报月刊》《新中华》《世界知识》《国闻周报》等的"驻美特派员"，[⑧]为各杂志写时事评论。因此这一时期他的著述主要是结合自己在美学习、观察和思考而在国内各大刊物发表的大量时事通讯、政治评论，数量多达百篇以上。

1934年回国后，马星野"为《申报》主人史量才所延揽，在《申报》工作三个月。"[⑨]这三个月马星野主要是为《申报·自由谈》撰写专栏稿件，其中最有名的就是三篇连载的《南行小纪》[⑩]与十九篇连载的《我来自东》[⑪]等散文。前者

---

① 1930年9月5日，国民党中央检定党义教师委员会检定合格16位教师，并发给证书。这其中第六位为雷震，第十六位为马伟（星野）。参见《申报》1930年9月6日。

② 马星野：《生平简记》（上）（四十岁以前），手稿，《马星野档案》099-01-01-01-002，台北"中研院"近史所档案馆藏。

③ 星野：《从"总理"北上到国民会议开幕》（上），《政治与民意》1931年创刊号，第15-20页；《从"总理"北上到国民会议开幕》（下），《政治与民意》1931年第3期，第5-12页。

④ 星野：《雪耻与废约——国耻纪念日吾人之所望于国民会议者》，《政治与民意》1931年第5期，第15-21页。

⑤ 星野：《到统一之路》，《政治与民意》1931年第13期，第4-9页。

⑥ 星野：《教育的一个新方面——南京"中央政治学校"概况》，天津《大公报》1931年7月9日—10日。

⑦ 星野：《中国教育的一个新方面——中央政治学校》，《申报》1931年7月27日。

⑧ 马星野：《生平简记》（上）（四十岁以前），手稿，《马星野档案》099-01-01-01-002，台北"中研院"近史所档案馆藏。

⑨ 马星野：《生平简记》（上）（四十岁以前），手稿，《马星野档案》099-01-01-01-002，台北"中研院"近史所档案馆藏。

⑩ 星野：《南行小纪》，《申报·自由谈》1934年7月13—14日、16日。

⑪ 星野：《我来自东》，《申报·自由谈》1934年7月17日、19日—21日、23日、25—28日、30—31日，8月1日、3—4日、6—10日。

述的是马星野从美国归来，在回乡旅途中的观感；后者描述的是马星野对美国社会的观感。在回到政校以后，马星野间或也还为《申报·自由谈》撰写过一些类似的文章，比如《寂寥时》[①]《卖糕声》[②]等。他在《申报》工作的经历与前两次一样短暂，同样是以放弃告终。

从1922年到1934年，马星野从编辑中学的壁报到主编大学的校刊，从为社会刊物零星投稿到与他人合办政论刊物，最后成为诸多知名刊物的特约撰稿人，走过了一条曲折的道路。在这个过程中，他一直在思考着自己的人生方向，并在自己的人生道路上摸索前行。尽管在国民党"中央训练部"、《政治与民意》杂志和《申报》三次做新闻人的尝试均以无果而告终，但他并没有放弃这个理想，而这段曲折的经历也是他以后成为一个真正的新闻人的铺垫。

二、漫长的国民党体制内新闻人生涯

1934年7月前后，马星野被政校聘为"外交系讲师，授'新闻学概论'及'新闻事业经营及管理'两课"；[③]1935年5月，国民党政府决议政校办新闻系，培植新闻人才；9月，新闻系成立。新闻系初办之时，曾先后由程天放和刘振东兼任系主任，而实际系务一直由马星野负责。从1934年到1942年，马星野"没有离开过新闻教育的园地，整天与学生在一起播种、灌溉。"[④]

1942年至1945年，在政校原教育长张道藩的邀请下，马星野出任国民党"中宣部新闻事业处"处长。这是他第一次做新闻行政工作。三年期间，他虽不再负责新闻学系系务，但仍然兼任新闻学系教授。1945年夏，马星野重新兼任新闻学系主任，直至1948年。因此他在政校新闻学系前后"达十四年之久"。[⑤] 这期间马星野还与学生一起组织了政校新闻研究会，创办了《中外月刊》，参与筹办了"中国新闻学会"及《"中国新闻学会年刊"》，撰写了《中国新闻

① 马星野：《寂寥时》，《申报·自由谈》1935年1月11日。

② 马星野：《卖糕声》，《申报·自由谈》1935年1月18日。

③ 马星野：《生平简记》(上)(四十岁以前)，手稿，《马星野档案》099-01-01-01-002，台北"中研院"近史所档案馆藏。

④ 马星野：《我从事新闻教育经过》，载《政大校友通讯》(庆祝母校卅八周年纪念专刊)1965年5月20日，第20页，《马星野档案》099-01-02-02-010，台北"中研院"近史所档案馆藏。

⑤ 马星野：《中国国民党干部个人档案登记表与自传》(1973年5月)，手稿，《马星野档案》099-01-01-01-003，台北"中研院"近史所档案馆藏。

记者信条》(草案)等。

抗战胜利后,马星野担任国民党“中宣部”南京特派员,并于1945年11月就职南京“中央日报”社社长。在主持南京《中央日报》的七年中,马星野“集中力量,改革进步,使此报成为最有内容、最为进步之现代化报纸。”①这也是他作为国民党体制内新闻人在新闻事业上最为辉煌的时期。期间,他还参与组织了南京新闻记者公会,创办了《报学杂志》,参加了在日内瓦召开的联合国新闻自由会议。这一时期,在他的带领和经营下,以南京《“中央日报”》为发源地的“政校(政大)新闻帮”开始初具雏形。1952年8月11日马星野辞去台北“中央日报”社社长职务,但继续担任台北“中央日报”常务董事、“中央社”管理委员、国民党“中央设计考核委员会”副主任委员(教育文化组召集人)等职务。

1954年8月,马星野担任国民党“中央第四组”主任,1959年8月离职。1964年12月21日,马星野接替曾虚白担任“中央社”社长,1972年6月9日任“中央社”管委会主委,1973年4月2日改任“中央社”董事长,直至1985年退休。期间,马星野还担任了国民党“中央新闻党部委员会”(以下简称“新闻党部”)主委、“中国新闻学会”理事长、“大众传播教育协会”理事长等职务。1973年2月,马星野接受韩国汉阳大学荣誉法学博士学位;1984年4月,获美国密苏里大学新闻学院“杰出新闻事业终生服务最高荣誉奖章”。1991年3月11日,马星野病逝于台北,终年83岁。

小　结

少年时代的马星野既受到了中国传统文化的熏陶,也受到了新文化运动思想的浸染;既养成了中国儒家士大夫“以天下为已任”的豪情与平淡冲和的性格,也树立了“新青年”的远大理想和“民主”“科学”的精神。从表象上看,祖父马莲屏和恩师朱自清似乎分别代表了中国传统文化与“五四”新文化这两种不同的文化理念和范式,但是马莲屏支持长子马筱屏赴日留学,朱自清国学功底深厚这样的事实,充分说明了他们两人在精神实质上同样是属于既坚守中国传统儒家文化价值观,又能够认同“西学东渐”现实的中国近代知识分子群

① 马星野:《生平简记》(上)(四十岁以前),手稿,《马星野档案》099-01-01-01-002,台北“中研院”近史所档案馆藏。

体。这个群体既与“独尊儒术”的保守知识分子不同，也与完全西化了的知识分子不同。正是因为这种深层次精神上的矛盾性、协调性和统一性，才使得他们能在马星野的成长历程中留下了“中体西用”“矛盾协调”的深刻影响，并将糅合了中国传统儒家精神和现代“民主”“科学”意识的价值取向、人生态度、处世哲学和行为方式根植于马星野的思想的最深处，既为马星野自然和顺畅地成为一个具有时代特点的中国知识分子奠定了基础，也开启了马星野在思想上兼容并蓄的大门，使之跟上了中国近代知识分子思想转变的潮流。

青年时代的马星野开始步入社会，真正有了自己独立的思考。同时，他思想中另外两个重要方面，即“三民主义”和西方新闻专业主义在这一阶段开始形成并融合。这一时期马星野的思想尚处于一个由模糊转向明朗的过程之中，这也是个矛盾与协调的过程。初入社会的马星野更多思考的还是如何做好一个“读书人”。随着阅历和经历的丰富，在政校学习期间依然“偏重于读书而较不积极参加政治[①]活动的”[②]的马星野在经过一系列的坎坷后开始明白，理想的实现是需要合适的途径和平台加以展示的，因此开始萌生做一个“国民党体制内人”的理想。[③] 政校和密苏里的教育经历恰恰给了他一个将自己在新闻事业上的兴趣、特长与国家的需要相结合的机会。从本质上说，这还是传

---

① 这里所说的“政治”观念，并不包括马星野自小养成的浓厚的民族情绪和民族观念。对于这一点，马星野是十分看重的。比如，他自幼喜好史地，民族观念强烈。在浙江十中的高一时期，他给各报寄投文章，“鼓吹民族革命甚力，颇收成效，又参加反日救国会工作”。又如，在1928年5月3日“济南惨案”爆发后，各地学生运动蜂起，国民党中央党务学校亦群情激奋，展开大规模反日运动，成立“对日暴行委员会”，“连日工作甚为紧张”。5月7日，马星野被加派为该委员会委员，参与到“组织演讲队，扩大宣传”、“起草散发对日中英文宣言，要求‘中央’提出最后通牒，‘国府’通电全国，扩大抗日运动，争取国际正义力量同情与支持”等活动中。参见孔珞撰，邵余安整理：《介绍平阳马星野先生》，《温州图书馆学刊》，2013年第1期，http://www.wzlib.cn/tsgxk/ydsk/201307/t20130726_155003.htm，以及《申报》1928年5月8日。

② 马星野：《回首少年时》，台北《新生报》1978年9月22日，《马星野档案》099-01-02-02-073，台北“中研院”近史所档案馆藏。

③ 1929年11月5日，马星野当选国民党“中央党部直属中央政治学校区党部”候补执行委员。同时当选的还有执委刘振东、方东美、曾广棻，候补执委彭善春，监委吴挹峰，候补监委赵兰坪等人。参见《申报》1929年11月6日。1930年6月5日，马星野出席国民党浙江省第三次全省代表大会，被选举为监委候选人，同时被选为监委候选人的还有陈布雷、陈果夫、张人杰、李超英、邓文礼、周觉、陈诚、周至柔等人。参见《申报》1930年6月6日。

统儒家士大夫“学而优则仕”的人生观和价值观的体现。

马星野之所以选择了走国民党体制内新闻人这条道路，是有着必然性的。种种因素，诸如家世的熏染，导师的影响，时代环境的局限以及个人的理想抱负和对社会现实尤其是国民党统治地位的理解，都使得马星野必然走上这条道路。新闻人道路上的马星野首先经历了由国民党体制外向国民党体制内的一个转变，也就是从以兴趣为主导到以职业和人生理想的实现为主导的转变。这个转变完成后，马星野所面对的矛盾实质上就是“新闻理想”与“从政现实”的关系处理问题，以及在处理好这两个问题的协调时衍生出来的人生观、价值观理想与环境现实之间的问题。“新闻”与“从政”恰恰是所有体制内新闻人理想中必备的两个要素，他们的区别只是在于是“主修新闻选修政治”，还是“主修政治选修新闻”而已。在此之后，马星野一直在努力解决的就是如何努力在“三民主义”、西方新闻专业主义和儒家传统的理想主义人生观和价值观之间以自己的方式和方法不断进行“恰到好处”的平衡，并将三者融合内化为国民党体制内新闻人所特有的思想和行为方式的问题。

第二章 马星野新闻教育实践研究

发明经过静悄悄的模仿而得到传播之后,我们还是可以称之为社会进化——这就是社会的基本事实。

——塔尔德[①]

近代中国的新闻高等教育是从模仿西方尤其是美国的理念、模式、内容等开始的。李金铨认为:“现代的新闻教育直到 20 世纪二三十年代才从美国移植到中国。”[②]在采用模仿方式构建中国新闻学研究和教育框架体系之始,中国新闻研究者和教育者就在学习模仿的基础上,结合近代中国新闻事业发展实际和特有的价值观、道德观,将西方的新闻高等教育理念内化为具有中国社会特色和时代特征的新闻教育理念、模式和内容,并努力在某些方面进行创新和跨越。就在这种氛围中,马星野走出了一条自己的新闻教育实践之路。

第一节 马星野的新闻教育实践经历

马星野是最早把现代化的新闻教育制度与方法比较成套地引进中国来的新闻教育者之一。从 1934 年开始从事新闻学教育算起,到 1948 年基本离开政校新闻学系讲台为止,马星野在政校(政大)从事新闻教育实践前后长达“达十四年之久”。[③] 他曾感慨:

① [法]加布里埃尔·塔尔德著,[美]特里·N. 克拉克编:《传播与社会影响》,何道宽译,北京:中国人民大学出版社,2005 年,第 147 - 151 页。

② 李金铨:《民国知识人办报以图重回政治中心》,上海《东方早报》2013 年 8 月 7 日。

③ 马星野:《中国国民党干部个人档案登记表与自传》(1973 年 5 月),手稿,《马星野档案》099 - 01- 01 - 01 - 003,台北“中研院”近史所档案馆藏。

我由“外交界”转回到新闻界，有如回到我的家里。每当我接近新闻教育的环境，我就像回到我自己的书房和寝室一般地亲切。①

一、新闻教育实践的“试验新兵”(1934—1935)

马星野作为国民党体制内新闻人的生涯是从成为政校专职教师开始的。1934年7月，马星野回到政校即受到蒋介石召见。对于这段经历，马星野回忆道：

政校蒋校长召我去，他问我：新闻学好了，回国做什么事？我说：办报。他老先生笑笑说：办报很重要，但是办报没有人帮忙是不行的，现在中国好的记者太少，应先训练一批新闻记者，以后帮你办报。我非常赞同这个指示，……我决心办新闻系训练学生，也就从这时候开始。②

这次会见对于马星野而言是人生的一大转折。在蒋介石的要求和安排下，马星野将自己的职业理想由“办报”转为“培养办报人才”，并以此开始了他国民党体制内新闻人生涯。此后十四年，无论是主持系务还是兼职授课，他都认真实施了蒋介石为他拟定的人生规划。

1934年9月马星野在政校第一次讲授新闻课程是在外交系，讲授课程是“新闻学概论”和“新闻事业经营及管理”，授课对象是政校四年级学生。时任政校教务主任的罗家伦为马星野特意做此安排，一是因为当时政校没有新闻学系；二是因为担心他太年轻，而“四年级学生快毕业了，是不会轰老师的。”③然而罗家伦低估了马星野的教学能力和新闻学的魅力。马星野的学生彭河清回忆，由于新闻学“是一门新鲜学问，相当吸引人，一、二年级同学选修这门课

---

① 马星野：《我从事新闻教育经过》，载《政大校友通讯》(庆祝母校卅八周年纪念专刊)1965年5月20日，第20页，《马星野档案》099-01-02-02-010，台北“中研院”近史所档案馆藏。

② 马星野：《我从事新闻教育经过》，载《政大校友通讯》(庆祝母校卅八周年纪念专刊)1965年5月20日，第20页，《马星野档案》099-01-02-02-010，台北“中研院”近史所档案馆藏。

③ 马星野：《我从事新闻教育经过》，载《政大校友通讯》(庆祝母校卅八周年纪念专刊)1965年5月20日，第20页，《马星野档案》099-01-02-02-010，台北“中研院”近史所档案馆藏。

的不少”，[①]这个人数大约有三、四十位。马星野也回忆：“‘新闻学’在母校是第一次开课，大家觉得很新鲜，半年教下来，同学不但不轰我，而且对这门功课发生了兴趣。”[②]正因如此，政校的新闻学教育在第二学期就扩大范围，“改为外交、政治、法律和经济四个系的共同选修。”[③]同时，经过这一年的试验，政校新闻学系的创办已有了很好的基础。

二、新闻教育实践的“全职园丁”(1935—1942)

马星野被称作“新闻系的灵魂”是因为1935年政校新闻学系成立伊始，实际负责系务的就是马星野。[④] 1965年马星野将自己从事新闻教育的原因做了总结：

> 追溯我热衷新闻教育，培植新的新闻记者人才的因素，可从三个方面来说明：(一)民主政治的需要，……造就一批优秀的新闻记者，是当前国家实施民主政治最迫切最重要的事。这是我从事新闻教育的第一个理由。(二)新闻事业现状的需要，……那时候的中国新闻事业，是一片沙漠、荒地，需要新的新闻记者去开辟、耕耘。这是我从事新闻事业的第二个理由。(三)个人的兴趣与责任感：我是第一个由“国立大学”公费派往密大学新闻的，国家的培植，使我感到有为国家主办新闻教育的责任……，我认为影响最普及，时间上奏效最快的，莫过于新闻事业。……在当时报纸是传达思想的最快也最普遍的工具。而在民主政治中，建议政府，监督政府，收效最大，影响最巨的也莫过于报纸。所以，我认为培植新闻记者是一件对国家贡献最大的事。[⑤]

---

① 彭河清：《新闻系和马老师：追忆新闻系创办情形》，《新闻学人》，台北：政治大学新闻学会，1968年，第1页。

② 马星野：《我从事新闻教育经过》，载《政大校友通讯》(庆祝母校卅八周年纪念专刊)1965年5月20日，第20页，《马星野档案》099-01-02-02-010，台北“中研院”近史所档案馆藏。

③ 马星野：《自述》(1952年4月12日)，手稿，《马星野档案》099-01-01-01-001，台北“中研院”近史所档案馆藏。

④ 彭河清：《新闻系和马老师：追忆新闻系创办情形》，《新闻学人》，台北：政治大学新闻学会，1968年，第1页。

⑤ 马星野：《我从事新闻教育经过》，载《政大校友通讯》(庆祝母校卅八周年纪念专刊)1965年5月20日，第22页，《马星野档案》099-01-02-02-010，台北“中研院”近史所档案馆藏。

当时新闻学系面临的困难很多，主要的问题是不容易找到好教授。因此马星野除自己亲自授课外，还想方设法延请当时各界专家名人兼任教授。这其中最早的就有上海《申报》的钱华（教新闻采访）、上海《新闻报》的沈颂芳（教编辑）、“中央社”的汤德臣（教新闻英语）、南京市政府王人麟（教新闻写作）等。

政校新闻学系第一期（大学部第六期）和第二期（大学部第七期）都在南京红纸廊。这一时期马星野缜密设置课程，带领学生创办了《中外月刊》作为实习刊物，组织了政校新闻研究会，将“做中学”的密苏里新闻教育模式移植并贯彻到政校的新闻教育实践中。抗战全面爆发后，新闻学系的师生人数大受影响，因此第三期的最终毕业生只有三人。此后几期，历经江西牯岭、湖南芷江、贵州贵阳而至重庆，最终在南温泉安顿下来。期间，第四期曾经在芷江复课，并创办了《芷江民报》作为实习刊物。

1939 年，在到达重庆南温泉仙女洞之后，马星野主持下的新闻学系一度停止招生，转而与国民党“中宣部”合作举办新闻专修班。新闻专修班分甲、乙两组，甲组修业学期为半年，办了两期；乙组修业学期为一年，办了一期。个中原因，一是落实国民党订立的“新闻事业改进方案草案”之“设立短期的新闻人才养成所，以迎合当前之需要”①的要求；二是解决“新闻学系同学较少，在校四年，质量虽高，而数量不足”的问题。② 1939 年，政校新闻学研究会在马星野的带领下组织“新闻学季刊社”，“以研究新闻学术为目的，由学生编译”出版《新闻学季刊》，“成为当时新闻界唯一的新闻学术刊物，每期约 12 万字。”③ 1941 年，为解决专修班教育日益显现的“重量轻质”的问题，马星野采取折中的办法，将专修班改为专修科，学制为两年，也办了两期。1943 年，新闻专修科还创办了《南泉新闻》，④仍由学生自办自营，并与《芷江民报》一样“成为地

① 马星野：《新闻记者之训练问题》，《新民族》1938 年第 2 卷第 19 期，第 5 页。

② 马星野：《政大新闻教育之创始与发展》（1975 年），手稿，《马星野档案》099-01-02-02-050，台北“中研院”近史所档案馆藏。

③ 林元辉主编：《一步一脚印：政大新闻教育六十年大事纪》，台北：政治大学新闻系，1995 年，第 60 页。

④ 《南泉新闻》为周刊，主要报道南泉地方级学校新闻，是当时南泉地区唯一的一份新闻性刊物。其于 1944 年易名为《学生新闻》，正式成为政校新闻学系学生的实习报刊。参见李郁怡、赖佳宁：《与时代脉搏一起跃动：新闻系刊物变迁史》，载王慧美主编：《薪传：政大传播学院落成纪念特刊》，台北：政治大学传播学院，1990 年，第 96 页；林元辉：《一步一脚印：政大新闻教育六十年大事纪》，台北：政治大学新闻系，1995 年，第 44 页。

方报纸的示范”。①

1941 年，作为中国新闻学会发起人之一，马星野（前排右一）与学会部分会员同到访的美国新闻学者在重庆中国新闻学会大门前合影。（台北“中研院”近史所档案馆授权使用，照片提供者为马大安女士）

1941 年，马星野与萧同兹、张季鸾、胡健中、成舍我等人在重庆创建了“中国新闻学会”，创办了《“中国新闻学会年刊”》。同年，在重庆南温泉，马星野撰写了其著名的《中国新闻记者信条》（草案）十二则，②“作为新闻记者道德、修养和行为标准”。③

从 1935 年到 1942 年，马星野“没有离开过新闻教育的园地，整天与学生

① 杨倩蓉：《马星野老师：新闻教育拓荒者》，《提灯照路的人：政大新闻系 75 年典范人物》，台北：政治大学传播学院，2010 年，第 3 页。

② 马星野：《敬向全国新闻界提出：新闻记者信条之拟定问题》，《新闻战线》1941 年第 1 卷第 2 期，第 2－3 页。

③ 马星野：《我从事新闻教育经过》，载《政大校友通讯》（庆祝母校卅八周年纪念专刊）1965 年 5 月 20 日，第 23 页，《马星野档案》099－01－02－02－010，台北“中研院”近史所档案馆藏。

在一起播种、灌溉。”①在八年的时间里，马星野将政校新闻学系从无到有地建立起来，并使之得到长足发展。他聘请实践经验丰富的教师为襁褓中的新闻学系授课，既暂时解决了师资问题，也凸显了他与新闻业学各界良好的合作关系和出色的联络协调能力；在他的带领下，新闻学系的师生努力克服环境的困窘，始终没有放弃“边教、边学、边做”的教育理念和方式。政校举办新闻专修班是为了满足战时新闻人才培养数量要求而采取的一个临时培训措施。但即便如此，马星野也没有放弃专业的教育理念，认真保留了新闻学系严格自主招考的一贯传统和“做中学”的方式。

三、新闻教育实践的“兼职导师”(1942—1948)

1942 年，马星野出任国民党“中宣部新闻事业处”处长，直到 1945 年。这是马星野第一次“出仕”做新闻行政工作。在这期间，他虽然短暂卸任新闻学系主任之职，②但仍然兼任新闻学系教授，“以一半时间，从事新报业人才之作育。”③比如 1943 年他作为政校重庆新闻学院仅有的三个中国教授之一，负责讲授“新闻学概论”和“新闻事业史”二课；④1945 年后，马星野虽身负繁重的南京“中央日报”社社务，但仍坚持处理新闻学系的系务和教务。⑤ 他回忆：“期

① 马星野：《我从事新闻教育经过》，载《政大校友通讯》(庆祝母校卅八周年纪念专刊)1965 年 5 月 20 日，第 20 页，《马星野档案》099 - 01- 02 - 02 - 010，台北“中研院”近史所档案馆藏。

② 1943 年新闻学系恢复招生后，由詹文浒担任系主任；1944 年，马星野回任系主任。

③ 原文如此。马星野：《自述》(1952 年 4 月 12 日)，手稿，《马星野档案》099 - 01- 01 - 01 - 001，台北“中研院”近史所档案馆藏。

④ 1943 年，在美国哥伦比亚大学新闻学院的援助下，政校在重庆创办新闻学院，“其系统比较特殊，其目标是训练国际宣传之新闻人才”。该学院仅办两期，由时任国民党“中宣部”副部长董显光及国际宣传处处长曾虚白负责。政校新闻学院由哥大新闻学院指派一位教授兼任教务主任，指派四位教师为助教。当时另外两位中国教授分别为潘公展(讲授“三民主义”)和甘乃光(讲授“中国政府组织”)。参见马星野：《政大新闻教育之创始与发展》(1975 年)，手稿，《马星野档案》099 - 01- 02 - 02 - 050，台北“中研院”近史所档案馆藏。

⑤ 1945 年后，马星野任南京“中央日报”社社长，兼任政校(政大)新闻系主任，直至 1948 年政大迁往广州，由袁啸景代理系主任为止。1954 年，政大在台湾设立新闻研究所，还曾聘马星野讲授过“报业经营与管理”课程。参见林元辉主编：《一步一脚印：政大新闻教育六十年大事纪》，台北：政治大学新闻系，1995 年，第 3 页。

间，很多同事、教授，离开学校，或经商，或从政，唯有我仍留在学校。”①

第二节　马星野与新闻教育的“政校模式”

尽管民国早期的新闻教育模式基本上都有着欧美或日本模式的影子，但政校新闻教育的模式却不仅仅是单纯模仿“密苏里模式”那样简单。在新闻教育方面，马星野“非常赞同威廉博士的见解，学新闻的一方面要有实际经验，一方面要有社会科学知识，一方面要有新闻道德。”②而新闻教育的重点“应放在社会科学根基之培养与青年道德品格之训练，不必专着力于纯粹狭义之新闻技术如采访编辑等课程。”新闻教育“以有无可供实习之报社为条件。学习与工作，打成一片最为必要。”尤其重要的是学校与新闻界团体之合作，这样可以“免新闻教育与实际要求相脱节。……使人得尽其才，用得尽其人，最为切要。”③马星野在模仿和移植密苏里新闻教育模式的基础上，结合自身对于政校新闻教育目标、理念、方法的理解，依据当时中国社会、时代的客观条件以及新闻教育事业，尤其是国民党体制内新闻教育事业发展需求，精心打造了具有政校特征的新闻教育模式，我们在此暂且称之为新闻教育的“政校模式”。通过“渐进的慎重的步骤”，④马星野从四个方面入手构建了民国新闻教育的“政校模式”。

一、强调国民党体制内新闻人的“价值观”培养

政校是国民党的最高学府。政校受命开办新闻学系的原因和动机主要有

① 马星野:《我从事新闻教育的经过》(1965 年 5 月 20 日)，载《政大校友通讯》(庆祝母校卅八周年纪念专刊)，第 21 页，《马星野档案》099 - 01- 02 - 02 - 010，台北“中研院”近史所档案馆藏。

② 马星野:《五十年前新闻学生的回顾》(1984 年)，手稿，《马星野档案》099 - 01- 02 - 02 - 050，台北“中研院”近史所档案馆藏。

③ 马星野:《美国新闻教育》(1953 年 5 月 23 日)，《马星野档案》099 - 01- 02 - 02 - 008，台北“中研院”近史所档案馆藏。

④ 马星野:《政大新闻教育之创始与发展》(1975 年)，手稿，《马星野档案》099 - 01- 02 - 02 - 050，台北“中研院”近史所档案馆藏。

两个:“第一是蒋介石对于新闻事业有崇高的理想与期望;另一方面,是他鉴于当时新闻界情形有无可否认的‘不合理想’。”①究竟是什么方面“不合理想”？无非一是当时的私营报纸在思想、形式和内容上不受国民党控制；二是当时的国民党党办报纸“并未能完全达成党给予之任务”,“党办报纸,依赖党的津贴,奄无生气。”②因此,国民党政府决议要办政校新闻学系的“基本原因”和“动机”就是因为“本党(国民党)没有注意到培植有理想有志节有能力的新闻记者,来澄清新闻界之恶浊空气”,而意图“培养三民主义的青年新闻记者,来负起改革全国新闻事业,建树民族主义的民权主义的民生主义的大众传播事业。”③

政校新闻教育的宗旨和目标集中体现在1940年蒋介石对政校新闻专修班学生所作的两个毕业讲话中。政校新闻学系第五期毕业生张学远认为:“中央政治学校是本党(国民党)的最高学府,他的使命,在为党国培植政治干部,所以他办理的新闻教育,也不与一般大学的新闻系相同。这一点,校长曾有明白指示……‘我们的宗旨,在于阐扬主义,宣传国策,来完成我们抗战建国的使命’,‘我们要抱定宗旨,始终贯彻,来改良中国的新闻事业,树立三民主义的文化基础’。这就是中央政治学校办理新闻教育的特殊使命,也就是中央政治学校新闻教育的特殊精神。”④而马星野则更加明确地指出:

> “这篇训词,确定了本党对新闻事业的指导总原则,及对新闻教育的总方针。”⑤“中国需要有知识有道德有能力的新闻人才,比任何国家为急迫,而尤其是在目前的环境里。……要由全国新闻界与新闻教育界积极合作,以达到报业之职业标准。”⑥

---

① 马星野:《政大新闻教育之创始与发展》(1975年),手稿,《马星野档案》099-01-02 02-050,台北“中研院”近史所档案馆藏。

② 马星野:《政大新闻教育之创始与发展》(1975年),手稿,《马星野档案》099-01-02-02-050,台北“中研院”近史所档案馆藏。

③ 马星野:《政大新闻教育之创始与发展》(1975年),手稿,《马星野档案》099-01-02-02-050,台北“中研院”近史所档案馆藏。

④ 张学远:《“中央政治学校”的新闻教育》,《“中国新闻学会年刊”》1942年第1期,第105页。

⑤ 马星野:《蒋校长与政治大学》(1974年10月14日),手稿,《马星野档案》099-01-02-02-018,台北“中研院”近史所档案馆藏。

⑥ 马星野:《新闻职业与大学教育》,《报展》1936年纪念刊,第61页。

正因如此，政校新闻学系所施行的新闻教育是“党化”的“新闻即宣传”的新闻教育，培养的是国民党体制内新闻人；作为国民党体制内新闻教育者的马星野所倡导的新闻道德培养，自然无法脱开这种“党化”教育的模式。事实上，他所提倡和践行的新闻道德就是以“三民主义”为核心的。但是作为一个深受中国传统文化熏染并接受了西方新闻专业主义教育影响的新闻人，马星野试图在这种“党化”新闻教育中，融入中国传统文化特点以及西方新闻自由和社会责任等专业主义理念，并始终在为形成这种类型的国民党体制内新闻人所追求的“三民主义”的、中国的、专业的理想化新闻道德的实现而努力。

（一）“三民主义”与蒋介石新闻价值观

这是与蒋介石对政校新闻学系学生的培养目标和新闻记者的价值期许一脉相承的。蒋介石认为：“我们要做一个现代的新闻记者，首先要确定立场，抱定宗旨，……尤其是我们做了本党（国民党）的新闻记者……要时刻注意充实本身的学力，依照党员守则来增进我们的德性，更要抱定宗旨，始终贯彻，来改良中国的新闻事业，树立‘三民主义’文化的基础。”①

而马星野在草拟《中国新闻记者信条》时，一再强调是“根据‘国父’与‘领袖’之教训”而作；认为新闻记者重要的使命和任务是“于‘国策’作透彻之宣扬，为政府尽积极之言责”。② 培养“三民主义”的价值观是马星野对政校新闻系学生道德品质的第一个要求。这个要求指向的是一个国民党体制内新闻人的价值观素养。

（二）中国传统文化尤其是儒家精神和价值观

这是马星野心目中一个中国新闻人应具有的道德素质。他认为：

> （《中国新闻记者信条》）尤其是关于“新闻要求真”、“言论要求公正”、“写作要求美”、“记者要有高尚品格”等，是威廉博士同样强调的。如中国的圣人孔子孟子等所说“富贵不能淫，贫贱不能移，威武

① 蒋介石：《怎样作一个现代新闻记者——对新闻专修班一二期学生毕业训词》，《新闻学季刊》1941 年第 1 卷第 3 期，第 3－6 页。

② 马星野：《敬向全国新闻界提出：新闻记者信条之拟定问题》，《新闻战线》1941 年第 1 卷第 2 期，第 2 页。

不能屈"的良好教训，这十二条信条，已为全中国各新闻记者团体，定为信奉的原则、职业的方针了。①

1939年前后，由马星野作词，李抱忱作曲的政校新闻学系《系歌》正式诞生。② 这首系歌在第一句便开宗明义地指出了新闻记者有着"立德立言又立功"的"三不朽"的责任，不仅在当时被看作新闻学系师生的"入门誓约"，③时至今日其依然是政大新闻系的系歌。这首系歌深刻反映出马星野期望通过教育塑造新闻专业学生和新闻记者对社会、对时代的责任感、使命感的要求。姚朋回忆，马星野在政校主持新闻学系期间，总是"心平气和，令生徒们'如坐春风'"，唯有一次在与全系学生的谈话中，因有即将毕业的同学问他"我们毕业之后，到何处就业"的问题，导致他发了脾气：

> 我们新闻系要培植的是胸怀开阔、眼光远大，以天下国家为己任的专业人才，不是斤斤计较个人功名利禄的庸物。如果你关心的只是自己的出路，最好转系改行，免得将来失望。④

培养"以天下为己任"的价值追求和精神皈依是马星野对政校新闻系学生道德品质的第二个要求。这个要求指向的一个中国新闻人的道德素养。

（三）以密苏里新闻道德观为主体的专业主义新闻价值观

在政校的新闻教育实践中，马星野既将密苏里道德信条视之为教育教学的重要目标，也奉之为自己和全体师生努力追求的理想期许。他在总结密苏里新闻教育特色时，始终强调密苏里"特别重视新闻道德"。他指出：

---

① 马星野：《密苏里教育对中国新闻事业之贡献》(1984年)，手稿，《马星野档案》099-01-02-02-051，台北"中研院"近史所档案馆藏。

② 马星野所拟政校新闻学系《系歌》歌词如下："新闻记者责任重，立德立言更立功，燃起人心正义火，高鸣世界自由钟；微言大义春秋笔，亲爱精诚政校风，我有笔枪与纸弹，誓为民族最前锋。"载王慧美主编：《薪传：政大传播学院落成纪念特刊》，台北：政治大学传播学院，1990年，第10页。

③ 薛心镕：《从几篇文稿看马先生的志业》，访问纪要(未刊稿)，2013年7月。

④ 姚朋：《马星野先生与"中央日报"》，访问纪要(未刊稿)，2010年9月1日。

威廉的记者信条便是我们最好的教科书，教我们如何做事，还教我们如何做人，做个有益国家社会及人类的纯洁报人。①

马星野对于政校新闻教育所应达成的道德目标，还充分体现于其在1941年应中国新闻学会之邀草拟的《中国新闻记者信条》十二则中。② 这一时期的

---

① 马星野：《五十年前新闻学生的回顾》（1984年），手稿，《马星野档案》099－01－02－02－050，台北"中研院"近史所档案馆藏。

② 马星野1941年所拟《中国新闻记者信条》（草案）内容如下："际此国族危急存亡之日，正吾报界奋起报国之时。言可兴邦，笔能扫敌。同人等为无负于邦国之期望，公众之信托，与职业之使命，特根据'国父'与'领袖'之训示，及抗战建国纲领与精神总动员纲领等，制为中国新闻记者信条十二则。凡我同业，一德一心，共信共守。一、吾人深信：民族利益，高于一切。决不为个人利益，阶级利益，派别利益，地域利益作宣传。不作任何有妨抗战建国之言论与记载。二、吾人深信：民权政治，务求贯彻。决为增进民智、培养民德、领导民意、发扬民气而努力。于'国策'作透彻之宣扬，为政府尽积极之言责。三、吾人深信：民生福利，急待促进。决深入民间，勤求民瘼，宣传生产建设，发动社会服务。并使精神食粮，普及于农村、工厂、前线及边疆一带。四、吾人深信：新闻纪述，正确第一。凡一字不真，一语失实，不问为有意之造谣夸大，或无意之失检致误，均无可恕。明晰之观察，迅速之报导，通俗简明之叙述，均缺一不可。五、吾人深信：评论时事，公正第一。凡是是非非，善善恶恶，一本于善良纯洁之动机，冷静精密之思考，确凿充分之证据而判定。忠恕宽厚，以与人为善；勇敢独立，以坚守立场。六、吾人深信：副刊文艺、图画照片，应发挥健全之教育作用。提高读者之艺术兴趣，排除一切诲淫诲盗、惊世骇俗之读材，与淫靡颓废、冷酷残暴之作品。七、吾人深信：报纸对于广告之真伪良莠，读者是否受欺受害，应负全责。决不因金钱之收入，而出卖读者之利益，社会之风化，与报纸之信誉。八、吾人深信：新闻事业为最神圣之事业，参加此业者，应有高尚之品格。誓不受贿！誓不敲诈！誓不谄媚权势！誓不落井下石！誓不挟私报仇！誓不揭人阴私！凡良心未安，誓不下笔！九、吾人深信：养成严谨而有纪律之生活习惯，将物质享受减至最低限度，除绝一切不良嗜好，剪断一切私利私营之关系，乃做到贫贱不移、富贵不淫、威武不屈之先决条件。十、吾人深信：新闻事业为领导公众之事业，参加此事业者对于公众问题，应有深刻之了解与广博之知识。当随时学习，不断求知。以期日新又新，免为时代落伍。十一、吾人深信：新闻事业为最艰苦之事业，参加此业者应有健全之身心。故吃苦耐劳之习惯，乐观向上之态度，强烈勇敢之意志力，热烈伟大之同情心，必须锻炼与养成。十二、吾人深信：新闻事业为吾人终身之职业，誓以毕生精力与时间，牢守岗位，不见异思迁，不畏难而退，黾勉从事，必信必忠。以期改进中国之新闻事业，作福于国家与人类。"参见马星野：《敬向全国新闻界提出：新闻记者信条之拟定问题》，《新闻战线》1941年第1卷第2期，第2－3页。

马星野正在重庆主持政校新闻学系。其后多年，该《信条》的个别内容虽随时代变化而作微调，但其主要内容和核心理念并未改变。该《信条》的一个重要来源就是密苏里《新闻记者信条》。马星野认为：

我自入密苏里大学后，即敬佩威廉博士的精神，尤其他手著的“新闻记者信条”。这是密苏里新闻教育之灵魂。……我为中国新闻学会起草了“中国新闻记者信条”十二条。虽然在形式上与威廉博士十二条的信条不同，但是精神与原则是一致的。①

培养西方专业主义价值追求和密苏里精神是马星野对政校新闻系学生道德品质的第三个要求。这个要求指向的是一个专业新闻人的道德素养。

对学生道德品格的培养，马星野强调：

“道德问题，那才是基础问题。这里指的是规范性的道德，也就是‘我应该做什么’，而非‘我能够做什么’。”②“作为一个新闻记者，他的操守与道德远较智识来得重要。……我办新闻教育，已十四年，深深感到培养一个新闻人才，非常的不易，我以为新的新闻人才，知识倒在其次，道德最需注重。”③

直到1952年，已基本离开新闻教育领域的马星野还曾回忆：

余办政治学校新闻学系十年间，造就新闻人材数在五百左右，其在新闻界已有可称之贡献者，亦不乏人，且此辈青年报人，大体能了解主义……与燕京大学复旦大学出身之青年记者，显有不同。④

---

① 马星野：《密苏里教育对中国新闻事业之贡献》（1984年），手稿，《马星野档案》099-01-02-02-051，台北“中研院”近史所档案馆藏。

② 张咏：《密苏里新闻教育模式在现代中国的移植》，载李金铨主编：《文人论政：知识分子与报刊》，桂林：广西师范大学出版社，2008年，第308页。

③ 马星野：《欧美报业考察观感》，《大众新闻》1948年第1卷第2期，第5页。

④ 马星野：《自述》（1952年4月12日），手稿，《马星野档案》099-01-01-01-001，台北“中研院”近史所档案馆藏。

这种以"三民主义"为核心，糅合了中国传统文化与西方专业主义精神的道德教育模式就是新闻教育"政校模式"的重要特征之一。

二、严格师资及生源的选拔标准

优秀的师资和优质的生源是保证高质量教育教学的关键。在当时的环境和条件下，这是马星野面临的最大难题。

（一）选择优秀的教师

马星野"对老师人选的物色非常重视，尤其对当时战时首都的名报人，都请来讲课"。① 仅就政校新闻学系当时的师资队伍而言，据其毕业生彭河清、曹圣芬、吴俊才、袁尘影、葛思恩等人的回忆以及政治大学传播学院有关资料记载，大体情况如下：

在新闻专业课程方面，有马星野讲授"新闻学概论""新闻事业史""新闻写作""社论写作"；刘觉民、黄天鹏讲授"报业组织与经营"（"报业经营与管理"）；汤德臣讲授"采访与编辑"（新闻采访）；沈颂芳、钱华、谢然之讲授"新闻采访""新闻编辑"；钱沧硕等讲授"编辑学"；俞颂华讲授"编辑学""杂志文"；王人麟讲授"新闻写作"；赵敏恒、顾执中讲授"采访学"；王芸生讲授"评论"；戴公亮讲授"摄影"等。

在社会科学课程方面，有左舜生讲授"中国近代史""中国通史"；陈石孚讲授"西洋外交史""政治学"；崔书琴讲授"国际公法"；寿勉成讲授"现代经济问题"；赵兰坪等讲授"经济学"；萧孝嵘讲授"心理学"；孙本文讲授"社会问题"；胡贯一、詹文浒讲授"哲学"；沈刚伯讲授"西洋文化思想史"；方东美讲授"人生哲学"等，使政校新闻系学生"受益颇多"。②

在语言文字课程方面，有戴德华（Edward G. Taylor）及其妻子怀娣（Roberta White）、周其勋、高植等分别讲授"新闻英语""英文写作""英文"；有张才讲授"速记学"等。③

---

① 吴俊才：《无尽追思 不尽怀念——永怀马老师星野先生》，载吉人编：《马星野先生纪念集》，台北："中央日报"出版部，1992 年，第 19 页。

② 姚朋：《马星野先生与"中央日报"》，台北：访问纪要（未刊稿），2010 年 9 月 1 日。

③ 葛思恩：《记早期的政治大学新闻系》，《新闻研究资料》1989 年第 1 期。

此外，还有诸如陶希圣、董显光、曾虚白、潘公展、刘光炎、王平陵、萧同兹、许孝炎、陈博生、王芃生等，[①]以及储安平、戈宝权、彭乐善、甘乃光等“富有写作、编辑、采访经验的名记者、国际问题专家和其他专家学者”和新闻事业管理者也被请来“讲授专业课或做专题报告和学术演讲”。[②]

政校新闻学系也非常重视外籍教师的延聘。如美籍教授克罗斯（Harold L. Cross）、甘露德（Rodney Gilbert）、贝克（Richard T. Baker）、庄同礼（Anthony Drall）、罗杰斯（Floyd D. Rogers）、艾克曼（Carl Ackerman, Jr.）等人教授各门课程，[③]使得中外专业理论与业务实践得以在新闻教育中相互印证和补充。

以上这些教师构成了新闻学系强大的师资队伍。他们或为专任教师，或受聘兼课，或受邀进行专题报告和学术演讲；他们中既有国民党体制内的报人、学人和官员，也有身处国民党体制外但并不反对国民党的报人和学者；既有中国教师，也有外国教师。尽管授课的身份和方式不尽相同，但他们都是在自己所从事的实际工作或学术研究领域著名的人物。然而马星野在师资选择范围上有一个非常明确的标准，即与国民党不在同一政治“道路”上的师资是被排除在外的。“老师们要以身作则，以人格感化，确定三民主义新闻工作者之志向。”[④]因此，国民党党校教育的性质使马星野在延揽师资时，一方面有了召集体制内外政、业、学三界名人的便利，另一方面也在客观上限制了他选择教师的方向和范围。他选择的标准只能是在一个政治方向上的“不拘一格”和“兼容并包”。这是政校和国民党体制内新闻教育必然的要求和选择。

---

① 林元辉：《一步一脚印：政大新闻教育六十年大事纪》，台北：政治大学新闻系，1995年，第2-3页。

② 袁尘影：《悼念星野师》，载吉人编：《马星野先生纪念集》，台北：“中央日报”出版部，1992年，第139页。

③ 林元辉：《一步一脚印：政大新闻教育六十年大事纪》，台北：政治大学新闻系，1995年，第2-3页。

④ 马星野：《在“中国文化学院新闻学会”第三次新闻学术座谈会致辞》，手稿，《马星野档案》099-01-02-01-037，台北“中研院”近史所档案馆藏。

（二）慎重严格地选拔优质生源

马星野认为："培植新闻记者是一件对国家贡献最大的事。"[①]因此，他十分注重新闻学系的生源质量问题，力求通过严格的入学选拔，挑选优质生源。

1935年新闻学系正式成立之后，由于政校要求是读完二年级的学生才有资格转入新闻学系，所以这一批学生是由"三年级的同学（大学部第六期）转入"的。[②] 而这批同学"均经过政大严格的入学考试"，[③]在当时的政校都是各系的佼佼者，"不但一般成绩要好，中英文根底尤为重要"[④]。

即使是在抗战时期，马星野也没有放松对于学生的入学要求。1939年政校办新闻专修班时，"甲组由各报社派遣优秀青年到重庆南温泉本校受教育，乙组则由本校办理严格考试录取。"[⑤]具体要求为：甲组由"国民党党报中级以上人员，经保送、审查合格"，乙组由"大学毕业或肄业三年以上或具有同等学力、曾任编辑、记者三年以上者，经考试录取"[⑥]。1941年，政校在录取新闻专修科学员时也是经过严格的考试，使得这批学员"入学程度全与大学部它系相同"，有些同学的入学考试成绩甚至高于政校行政、外交各系的入学分数。[⑦]

由此可见，在新闻学系和新闻专业学生的选拔上，政校和马星野都是非常慎重的。严格挑选好的生源的做法为政校新闻学系的专业化教育打下了良好的基础，从源头上为高质量的专业人才培养提供了保证。但在部分学生的选拔上，我们也看到了如教师选拔一样的"党化"特征。

这一时期，尽管政校新闻教育处于起步阶段，但马星野已能够有意识地

---

① 马星野：《我从事新闻教育经过》，载《政大校友通讯》（庆祝母校卅八周年纪念专刊）1965年5月20日，第22页，《马星野档案》099-01-02-02-010，台北"中研院"近史所档案馆藏。

② 曹圣芬：《开创时期的政大新闻系》，载《感恩怀旧录》，台北："中央日报"社，1981年，第139页。

③ 马星野：《政大新闻教育之创始与发展》（1975年），手稿，《马星野档案》099-01-02-02-050，台北"中研院"近史所档案馆藏。

④ 彭河清：《新闻系和马老师：追忆新闻系创办情形》，载《新闻学人》，台北：政治大学新闻学会，1968年，第1页。

⑤ 马星野：《政大新闻教育之创始与发展》（1975年），手稿，《马星野档案》099-01-02-02-050，台北"中研院"近史所档案馆藏。

⑥ 陆铿：《陆铿回忆与忏悔录》，台北：时报文化出版企业有限公司，1997年，第37页。

⑦ 马星野：《政大新闻教育之创始与发展》（1975年），手稿，《马星野档案》099-01-02-02-050，台北"中研院"近史所档案馆藏。

以专业的做法为其配备高素质的教师队伍，严格选拔优质的生源，使其教育教学水准得到充分的保证。然而，在政校这个具有浓厚国民党色彩的“党校”内，马星野必须首先服从“三民主义”的意识形态指导，服从国民党体制内新闻教育的政治需要，这不仅是新闻教育“政校模式”的显著特征之一，也是其不可避免的局限。

三、坚持课程设置的“四分法比例”

马星野认为注重人文社会科学的基础知识培训是密苏里新闻教育的特色之一。在密苏里期间，马星野非常注重自身的社会科学知识的学习：

> “（密苏里）新闻学院前两年全是一般科学功课，后两年才是专门职业学科。所以造就出来的人才，都是有足够的人生知识的。”①“对于社会科学，我读的很多。……所以三年过去，我对一般社会科学知识日增。”②

回国后，马星野将这种理念带入政校新闻教育中。他认为：

> 新闻学需要许多其他社会科学、人文科学和语文学科来陪衬。……一般而论，新闻记者所需要的社会科学方面的知识，要远比专业技术来得重要，所以当我主持政校新闻系时，特别注重社会科学的比重。③

因此，他将社会科学课程提升到课程设置最重要的位置上。当时政校“新闻系课程的分配比例是：社会科学占百分之五十，人文和语文学科占百分之二

---

① 马星野：《五十年前新闻学生的回顾》（1984年），手稿，《马星野档案》099-01-02-02-050，台北“中研院”近史所档案馆藏。

② 马星野：《五十年前新闻学生的回顾》（1984年），手稿，《马星野档案》099-01-02-02-050，台北“中研院”近史所档案馆藏。

③ 马星野：《我从事新闻教育经过》，载《政大校友通讯》（庆祝母校卅八周年纪念专刊）1965年5月20日，第21页，《马星野档案》099-01-02-02-010，台北“中研院”近史所档案馆藏。

十五，新闻专业科目占百分之二十五。”[1]马星野是这样阐述当时政校新闻学系的“四分法比例”课程设置的：

“中央政治学校新闻系的课程，六十个学分(二年级到四年级)之中，有三十二个属于一般社会科学类，有十六个属于新闻学类，有十二个属于语言文字类。”[2]“新闻记者主要的要有历史、地理、政治、经济、法律、社会等知识，及中文英文的表达能力。这个四分法比例，以后十几年，都是继续不变。”[3]

事实也是如此。即便是在抗战最困难时期，这个“四分法比例”仍然被坚持着。速成班性质的专修班的课程安排比较特殊。“新闻专修班的学生，多曾做过报馆工作，而在校的时间又只有六个月或一年，所以他们的训练，只得注重下列三方面：即(一)本党宣传方针与新闻政策的认识。(二)新闻学的重要原理原则的学习。(三)有关报业的实际问题的探讨。第一部分是请党国先进，新闻界前辈，指定题目，特约演讲；第二部分是聘请教师，分别教授；第三部分，则由学生组织讨论会，以相互批评，相互探讨。……新闻系的修业期间，共有四年，所开的课，自也两样。”[4]1941年，针对新闻专修班的学生“经验虽丰富，然教育时间过短(仅半年)，不能对社会科学等学科，深入研究”的情况，[5]马星野果断将专修班改办成时间更长、授课内容更加丰富的专修科。

为了更加直观地展现“四分法比例”的具体情况，我们以1942年政校新闻学系四个年级课程表为例加以分析。

---

① 马星野：《我从事新闻教育的经过》(1965年5月20日)，载《政大校友通讯》(庆祝母校卅八周年纪念专刊)，第21页，《马星野档案》099-01-02-02-010，台北“中研院”近史所档案馆藏。

② 马星野：《新闻记者之训练问题》，《新民族》1938年第2卷第19期，第6页。

③ 马星野：《政大新闻教育之创始与发展》(1975年)，手稿，《马星野档案》099-01-02-02-050，台北“中研院”近史所档案馆藏。

④ 张学远：《“中央政治学校”的新闻教育》，《“中国新闻学会年刊”》1942年第1期，第104页。

⑤ 马星野：《政大新闻教育之创始与发展》(1975年)，手稿，《马星野档案》099-01-02-02-050，台北“中研院”近史所档案馆藏。

1942年"中央政治学校"新闻学系四个年级课程表

一年级		二年级		三年级		四年级	
课程	钟点	课程	钟点	课程	钟点	课程	钟点
党义	2	国文	3	编辑与采访	2	新闻事业史	2
国文	4	中国政治家传记	2	社论研究	2	杂志文	1
英文	4	中国政治史	3	英文(上、下)	3	中国外交史	3
中国通史	3	国际问题论文选读	3	中国经济问题(上)	2	英文叙述文(上)	3
西洋史	2	新闻学概论	3	中国财政问题(上)	2	英文评论文(下)	3
政治学	3	新闻写作	原文不详	国际公法(下)	3	英文练习	2
经济学	3	无线电学	原文不详	西洋外交史	3	社会学(上)	3
哲学概论	2	各国政府	原文不详	日本问题(上)	1	中国社会问题	2
		民法概论	3	新闻法令(上)	1	中国经济地理(上)	3
		速记	1	报业管理与组织	1	专题研究	2
				新闻画(上)	3	工商管理	2
				英文朗诵及会话	1	社会心理	2
				应用文(上)	1		
				人文地理(下)	3		

注：表中"上"、"下"为学期，"钟点"类似于周课时。①

① 该表格为笔者整理，资料数据来源于张学远：《"中央政治学校"的新闻教育》，《"中国新闻学会年刊"》1942年第1期，第104－105页。

（一）课程内容分析

该课程表显示，1942 年政校新闻学系四个年级一共开设 42 门课程，总钟点数在 100 个以上。[①] 这些课程主要包括四大类：一是“社会科学课程”，包括中国通史、西洋史、政治学、经济学、哲学概论、中国政治家传记、中国政治史、国际问题论文选读、各国政府、民法概论、中国经济问题、中国财政问题、国际公法、西洋外交史、日本问题、人文地理、中国外交史、社会学、中国社会问题、中国经济地理、工商管理、社会心理；二是“语言文字课程”，包括国文、英文、速记、应用文、杂志文、英文朗读与会话、英文叙述文、英文评论文、英文练习；三是“新闻专业课程”，包括新闻学概论、新闻写作、无线电学、编辑与采访、社论研究、新闻法令、报业管理与组织、新闻画、新闻事业史；四是“特殊的课程”，包括“党义”、专题研究等。

（二）课程数据分析

从课程量上来看，“社会科学课程”共有 22 门，占全部课程的 52.4%；“语言文字课程”有 9 门，占全部课程的 21.4%；“新闻专业课程”有 9 门，占全部课程的 21.4%；“特殊的课程”共有 2 门，占全部课程的 4.8%。

从钟点量上来看，“社会科学课程”的合计钟点数为 54 个以上，约占总钟点数的 54%以上；“语言文字课程”的合计钟点数为 26 个钟点，约占总钟点数的 26%；“新闻专业课程”的合计钟点数为 16 个钟点以上，约占总钟点数的 16%以上；“特殊的课程”的合计钟点数为 4 个钟点，约占总钟点数的 4%。

从开课年级分配来看，一年级开课 8 门，“社会科学课程”7 门（占 87.5%）、“党义课程”1 门（占 12.5%）；二年级开课 10 门，“社会科学课程”5 门（占 50%）、“语言文字课程”2 门（占 20%）、“新闻专业课程”3 门（占 30%）；三年级开课 14 门，“社会科学课程”6 门（占 42.9%）、“语言文字课程”3 门（占 21.4%）、“新闻专业课程”5 门（占 35.7%）；四年级开课 12 门，“社会科学课程”6 门（占 50%）、“语言文字课程”4 门（占 33.4%）、“新闻专业课程”1 门（占 8.3%）、“专题研究课程”1 门（占 8.3%）。[②]

---

① 其中，“新闻写作”“无线电学”“各国政府”三门课的钟点数原文不详，为便于统计，本文均采用一个钟点的基数，而这三门课的实际钟点数应高于或等于这个基数。

② 这其中，由于“国文”课在一年级、二年级重复开设，英文课在一年级、三年级重复开设，因此，按年度开课总量计算，总课程数为 44 门。

通过以上数据分析可以看到四个特点：

第一，无论是课程的门数安排，还是课程的课时安排，或是年级课程数的安排，始终遵循了马星野所制订的“四分法比例”原则，使得“社会科学课程”的重要性得以充分体现。

第二，课程的安排体现了“宽基础”与“重实用”相结合的原则。之所以这样做，正是由于马星野坚持认为：

> 训练新闻记者，除德行与体格两项外，最重要者是培植其广泛的社会科学知识及敏捷清晰的发表能力。……关于作报知识与技能，只能与前二者并重。……所以文字技能的训练，也是新闻教育的必要部分。①

第三，“新闻专业课程”的安排既有新闻学理论，也有偏重于实用的新闻采编及经营管理实践。同时，还加入了新闻法、新闻画和无线电学等课程内容，既培养了学生对新闻学领域内交叉学科的最新成果与动态的全面了解，也在最大程度上为学生能够具有应付今后从事新闻工作所必需的综合技能打下基础。马星野认为：

> 在专业课程方面，我觉得“新闻学原理”、“新闻事业史”及“比较新闻学”三科非常重要。“新闻学原理”确定了青年加入新闻这一专业的志向。“新闻事业史”激发青年在新闻史上要扮演的角色的决心，“比较新闻学”使青年了解自己要走哪一条路线。②

第四，对“特殊课程”的重视是其特色。“党义课程”安排在一年级课程的最前端，是作为国民党最高学府的政校必然的选择和要求，其目的自然是为了贯彻其教育的特殊使命和特殊精神。而“专题研究”则是通过特别讲座与学生讨论，启发和培养学生对重大问题进行自主研究的能力。这也是政校对于学生独立学习和思考能力培养的重要举措。同时，政校不仅将“党义”课程安排在新生刚入学的一年级，而且“马星野在中央政治学校引进更多政治课程，包

① 马星野：《新闻记者之训练问题》，《新民族》1938年第2卷第19期，第6页。

② 马星野：《在“中国文化学院新闻学会”第三次新闻学术座谈会致辞》，手稿，《马星野档案》099-01-02-01-037，台北“中研院”近史所档案馆藏。

括国民党政策、民意和宣传、报纸法规、国际新闻和时事。”[①]这是政校新闻教育在课程安排上与燕京、复旦等校新闻系重要的区别。

马星野对政校新闻学系的课程作如此安排有三个理由：

> （一）文字是新闻记者的基本工具，……所以“国文”英文，在别的学系，只第一年开课教授，而新闻系却四年内都有这两门功课的教授和练习。（二）……一个成功的新闻记者，必然是既博且约，有常识也有专长的，……所以新闻系四年的课程中，社会科学的分量最多，计占全课程的百分之五十以上。（三）新闻记者不单应当是学问家，还应当是事业家，所以对他们的课外活动，特别注重，活动的中心，就是“新闻学研究会”。[②]

总之，马星野以专业的眼光和宽阔的思路为政校新闻学系建立了一个较为完整、科学和开放的课程体系。此时马星野已经充分认识到，一个专业的新闻记者不仅应具有渊博的新闻学知识和娴熟的专门技巧，更应具有广博的学识和全面的综合素养。这也是新闻教育的“政校模式”始终坚守并刻意追求的特点。

然而，政校新闻学系在课程设置上仍然是有遗憾的。在同时期的复旦大学新闻学系和燕京大学新闻学系在课程中都安排了自然科学的课程，或是选修，或是必修。而政校新闻教育中没有这类课程。这既体现了政校和马星野对于新闻教育中社会科学、语言文字课程的高度重视，也反映出了政校和马星野在新闻教育课程设置上对于学生有关自然科学素质方面培养的缺失。

四、贯彻“做中学”的教育教学方法

作为政校“新闻系的保姆”，[③]马星野深受沃尔特·威廉教育哲学的影响，

---

① 张咏：《密苏里新闻教育模式在现代中国的移植》，载李金铨主编：《文人论政：知识分子与报刊》，桂林：广西师范大学出版社，2008 年，第 304 - 305 页。

② 张学远：《“中央政治学校”的新闻教育》，《“中国新闻学会年刊”》1942 年第 1 期，第 105 页。

③ 曹圣芬：《开创时期的政大新闻系》，载《感恩怀旧录》，台北：“中央日报”社，1981 年，第 144 页。

强调通过实践学习技能来掌握知识，构建理论体系。他认为：

> “有一个专作教学用的日刊报纸，是完完全全一个实习报纸，在报纸工作，与课堂上课，完全打成一片”是密苏里新闻教育“教学做一致”的特色。[①]

因此他在政校新闻学系始终坚持“新闻是离不开实际”的观点，[②]提出“新闻理论同经验并重，比较完备的新闻学系都办有实习的刊物，使学生一边上课，一边实习”。[③]“成功的新闻教育机关，必须有完备的报纸，专门供学生实习”。[④]他甚至将这种理论教学与业务实践相结合的教育理念和方式提升到事关新闻教育成败的高度，不遗余力地推动密苏里“教学做一致”模式在政校新闻教育教学实践中的再现，并使之成为政校新闻学系一以贯之的教育模式和教学风格。

马星野“除了教学之外，最重视同学的研究与写作，并专办刊物，发表同学们分门别类的时事研究成果，借以提高同学们的研究兴趣”。[⑤] 1935年《中外月刊》的创办便是他着力践行这一理念的实证。

政校新闻学系建立之初，马星野决定仿效《密苏里人报》模式，在系内办一份可供学生实习的刊物，培养学生的实际动手能力。当时新闻学系并没有足够经济能力去办一张《密苏里人报》那样的日报，于是就办了一份月刊杂志——《中外月刊》(Sino - Foreign Monthly)。

《中外月刊》这样一个小小的新闻机构，由马星野任发行人，内分编辑、经理两部。编辑部由马星野任总编辑，曹圣芬负责国内部，储玉坤负责国外部；经理部先由朱沛人负责，后由曹圣芬、彭河清、马志铄、赵炳烺四人承担；印务

---

① 马星野：《五十年前新闻学生的回顾》(1984年)，手稿，《马星野档案》099 - 01- 02 - 02 - 050，台北“中研院”近史所档案馆藏。

② 马星野：《我从事新闻教育的经过》(1965年5月20日)，载《政大校友通讯》(庆祝母校卅八周年纪念专刊)，第21页，《马星野档案》099 - 01- 02 - 02 - 010，台北“中研院”近史所档案馆藏。

③ 马星野：《介绍一种年青的科学——新闻学》，《学识》1947年第1卷第5—6期，第19页。

④ 马星野：《新闻记者之训练问题》，《新民族》1938年第2卷第19期，第5 - 6页。

⑤ 钱震：《忆星野老师》，载吉人编：《马星野先生纪念集》，台北：“中央日报”出版部，1992年，第90页。

由政校印刷所承接。政校只负责每月拨款300元,其余从采访、写稿、编辑、校对、印刷、发行、会计等方面工作完全由新闻系同学自行打理。

这份杂志的宗旨和性质由马星野确定,刊名由新闻系第一届学生钱震提出,由曹圣芬集孙中山手迹勾描书写,在形式和内容上模仿了当时在美国风行的《现代史料》和《时代周刊》的风格。每期杂志的封面以巨幅新闻照片主打,封面内页印目录,“中外论坛”栏目排在前面。“有三四篇短评,占一面地位。其后就是十几篇主要的文章对于一个月来国内外发生的重要事件作有系统报道研析。每期都刊载文艺小说诗歌作品,有些是外稿。……它最大的特色是图片多,几乎每篇文章都配合有图片。”具体的编写工作是由“十一人各自认定研究范围,分别负责政治、经济、法律、文教、军事、交通等类,国际问题则按地区自行认定,每期的题目由大家商拟,每人必须写一篇文章。”①正因如此,这份杂志“不比当时南京最高水准的《时事月报》逊色,而且活泼的多。”②从经营上看,杂志每期定价一角,全年定价一元,最高曾达到3000份的销量,“成为南京销路最大的杂志”。③ 鉴于发行很广,杂志社甚至还建立了一套完整的订户卡片和会计制度,招来了一些广告,“并有一家书店函请分销”。④ 因此,在比较充足的人力、财力支持下,《中外月刊》的创办和运营是比较成功的。这份由新闻系同学“自写自编,自营自销”的实习刊物是政校新闻学系的第一个学生实习刊物,它的创办加深了学生“研究新闻学的兴趣和实际从事新闻工作的经验”,⑤同时,“让同学们自己负责经营,使同学们在经理方面,能得初步的经验。”⑥

1935年创系之初,马星野为使学生有社团活动的机会,组成了政校新闻

---

① 彭河清:《新闻系和马老师:追忆新闻系创办情形》,载《新闻学人》,台北:政治大学新闻学会,1968年,第3页。

② 马星野:《政大新闻教育之创始与发展》(1975年),手稿,《马星野档案》099-01-02-02-050,台北“中研院”近史所档案馆藏。

③ 马星野:《我从事新闻教育的经过》(1965年5月20日),载《政大校友通讯》(庆祝母校卅八周年纪念专刊),第21页,《马星野档案》099-01-02-02-010,台北“中研院”近史所档案馆藏。

④ 彭河清:《新闻系和马老师:追忆新闻系创办情形》,载《新闻学人》,台北:政治大学新闻学会,1968年,第3页。

⑤ 曹圣芬:《开创时期的政大新闻系》,载《感恩怀旧录》,台北:“中央日报”社,1981年,第140页。

⑥ 曹圣芬:《开创时期的政大新闻系》,载《感恩怀旧录》,台北:“中央日报”社,1981年,第144页。

学会，并逐步使之成为吸纳政校所有新闻专业师生为基本会员的学术交流与研究团体。“‘新闻学研究会’，……在本校学生研究会中，算是组织最大，成绩也较好的一个，无论系、班、科的同学，都是研究会的成员。会的经常工作，就是收集资料，集体研究，发行书报等，他们在南京曾创办《中外月刊》，在芷江曾接办《芷江民报》，到重庆曾举行‘世界报纸杂志展览会’。编辑学校的校刊（旬刊），在目前，他们编有《新闻学季刊》，为国内有数的新闻学术刊物；为了联络校内外会员的感情，与交换情报，他们又编有《会务通讯》月刊。”①

在马星野的带领下，政校（政大）新闻学会坚持进行学术研讨、收集资料、办理刊物等工作，并不断加强与燕京、复旦等大学新闻系的交流，成为当时政校最活跃的学生社团，被吴挹峰誉为“政校的骑兵”②。

抗战爆发，政校西迁，《中外月刊》停刊，但新闻学系重视培养学生动手能力的“做中学”传统没有变。从江西牯岭到湘西芷江再到重庆南温泉（小温泉），无论是新闻学系、班、科、院，马星野和他的同事、学生们克服重重困难，先后创办了《战训壁报》《芷江民报》《南泉新闻》《新闻战线》《新闻学季刊》以及英文《重庆新闻》等刊物作为实习的阵地。徐佳士曾感慨：“也许那时年轻，大家对办报都有一股热忱，所以也不觉辛苦。”王洪钧则形容：“（大家）对报纸就好像对自已的小孩一样。”③这也是这些实习刊物能够取得如此成就，并发扬光大的主要原因。

此外，马星野还非常重视教育实习活动。1937 年 3 月，政校新闻学系第一届同学的学习课程全部结束；4 月，马星野亲自带领全体学生去上海实习。在上海，马星野首先在八仙桥青年会举行记者会，隆重介绍这批毕业生，随后又带领大家参访复旦大学新闻系、沪江大学新闻系和《“中华日报”》。其后为期一个月的学生实习则是在上海的《申报》和《新闻报》进行的。回到南京后，这批学生又被派往国民党“中宣部新闻事业处”、国际宣传处等部门实习。

---

① 张学远：《“中央政治学校”的新闻教育》，《“中国新闻学会年刊”》1942 年第 1 期，第 105 页。

② 吴挹峰当时是政校军事学教师，他认为，在军事学校，骑兵科的学生是最为冲动灵活与最争先的学生，而政校新闻学系的学生正如军事院校骑兵科的学生一样，充满活力。参见马星野：《政大新闻教育之创始与发展》（1975 年），手稿，《马星野档案》099－01－02－02－050，台北“中研院”近史所档案馆藏。

③ 李郁怡、赖佳宁：《与时代脉搏一起跃动：新闻系刊物变迁史》，载王慧美主编：《薪传：政大传播学院落成纪念特刊》，台北：政治大学传播学院，1990 年，第 96 页。

在政校的新闻教育实践中，马星野通过创办《中外月刊》等学生实习刊物，建立政校新闻学会，以及安排充实而有效的实习活动，将“即教、即学、即做”的“三合一”学习法融入专业教育中，着力探索民国新闻教育理论与实践相结合的专业教育模式，培养了学生研究新闻学的兴趣、从事实际新闻工作的经验与能力以及新闻记者应具有的追求真实与担当社会责任的专业主义精神。

对于“政校模式”的新闻教育所应达成的专业目标，马星野认为：

> 要做一个现代中国新闻记者，必须具备多方面的条件：（一）学识、技能、敏锐的新闻感和辨别是非的能力。……（二）良好的语文基础。……（三）新闻事业的专门技巧，……此外，做一个优秀的新闻记者，还得有健康的身体，高度的智慧，应对的能力，易与人相处合作的性格，以及求正确的习惯。①

对于“政校模式”新闻教育所应达成的道德目标，马星野认为：

> 我们学新闻不是因为新闻事业可以带给我们名与利，也不是因为传播事业可给我们势力与地位，……这些都不是新闻事业动人的理由。我们永远要记住的是写新闻要求真，写社论要求公，写副刊要求美，为广大的群众求知，为艰难的祖国求复兴，为公是公非，为辨奸伪良莠，我们不惜任何牺牲，要做勇敢的奋斗守护着我们神圣之职责。②

综上所述，政校新闻教育的模式不仅仅是单纯地模仿“密苏里模式”，而是在其中又叠加和融合了中国传统文化精神和“三民主义”思想这两个重要内容，从而形成了特有的“具有中国传统文化精神的国民党体制内‘三民主义’新闻教育的密苏里模式”——“政校模式”。马星野主持下的新闻教育“政校模式”是以“三民主义”的、中国化的、专业主义的新闻道德培养为核心，以严格的入学选拔、优良的师资配备与合理的课程设置为基础，以“做中学”的教育教学

① 马星野：《我从事新闻教育的经过》（1965年5月20日），载《政大校友通讯》（庆祝母校卅八周年纪念专刊），第23页，《马星野档案》099-01-02-02-010，台北“中研院”近史所档案馆藏。

② 马星野：《政治大学新闻学奖金颁奖致辞》，手稿，《马星野档案》099-01-02-01-040，台北“中研院”近史所档案馆藏。

理念与方式为手段的国民党体制内新闻教育模式。这就是在民国新闻教育职业化、专业化的大背景下，政校新闻学系、班、科、院作为国民党体制内的新闻教育机构以及马星野作为国民党体制内新闻教育者的新闻教育理念、方式和实践所展现出的与时代共有的特性和自身独有的特色。在深刻体现密苏里新闻专业教育模式和中国传统儒家文化影响双重特征的同时，"政校模式"的新闻教育也不可避免地受到国民党体制内"党校"的"党化"背景和要求的影响，"三民主义"导向和国民党体制内要求在其道德养成、师资选拔、生源录取、课程设置、教学实践等方面也都有着明显的体现。相较于新闻的社会化特征和新闻人应为全社会人（而不是为特定政党的"社会化"）服务特征，这种排斥不同政治信仰、不同政治派别的国民党体制内"党化色彩"不仅是"政校模式"新闻教育的第三个重要特征，也应当是其缺憾之一。①

第三节　马星野与"政校（政大）新闻帮"

"密苏里新闻帮"（Missouri Mafia）是美国新闻史中一个重要概念。在20世纪中国新闻事业发展史上也有着一个类似于"密苏里新闻帮"的新闻人群体，笔者将其称为"政校（政大）新闻帮"。

一、"政校（政大）新闻帮"概念的缘起

"政校（政大）新闻帮"这一概念源于"密苏里新闻帮"。"密苏里新闻帮"是美国新闻史学家对20世纪初一群出没于远东、具有密苏里背景的新闻记者的总称。② 而之所以将这个群体称为"帮"，有着三个因素：(1)这个群体中的个人，都是密苏里新闻学院的毕业生，并以此为纽带，联系紧密；(2)他们每个人

① 本节部分内容曾发表于《新闻大学》2017年第5期。

② 美国路易斯安那大学的汉密尔顿（John Maxwell Hamilton）教授称这群人为"密苏里新闻垄断者"（Missouri News monopoly），瑞德大学（Rider University）的校长罗赞斯基（Mordechai Razanski）称他们为"密苏里黑手党"（Missouri Mafia）。当然，这种称呼并不带有任何侮辱或是贬义。参见林牧茵：《移植与流变——密苏里大学新闻教育模式在中国(1921—1952)》，上海：复旦大学出版社，2013年，第183-184页。

都深受沃尔特·威廉和密苏里新闻教育伦理、新闻专业理念的影响，以相同或相似的新闻价值观、道德观和行为方式努力实现个人事业理想，并在当时中美两国新闻界具有很大影响；(3)这个"帮"的创始灵魂人物就是他们共同的老师——沃尔特·威廉。①

与此相类似，"政校(政大)新闻帮"同样具有上述三个因素：(1)他们都是政校(政大)新闻教育机构的毕业生，无论在工作、生活或是纯粹的私人交往上，他们之间的联系非常紧密；(2)他们对于"新闻"这个概念的了解、阐扬以及在新闻实践中所表现出的风格，同样带有深刻的"政校模式"新闻教育的印记；他们对于20世纪中国新闻事业，尤其是台湾地区新闻事业的影响同样深远而广泛，对于国民党体制内新闻事业的建立、完善和发展起到了重要作用；(3)这个群体的创始灵魂人物是他们共同的老师——威廉和蒋介石共同的学生——马星野。

做为20世纪中国新闻事业"密苏里帮"重要代表人物之一的马星野，不仅自身深受密苏里新闻教育的影响，也通过"政校模式"新闻教育在身边形成了一个以师生、同事关系为纽带的类似"密苏里新闻帮"的"政校(政大)新闻帮"。他认为：

> 我完全接受了密苏里大学的方法与原则，五十年来，在中国办新闻学校，培养新闻人才，与实际做新闻事业，直到现在，还在依照此理想辛勤工作着。……当年我开始在政大教书时，即应用密苏里新闻学院的课程编制、实习方式、教导原则，尤其是"新闻道德信条"来培育新中国的新闻记者。现在毕业学生，直接间接由我教育过的，负责着中国大众传播事业领导者或其他工作者，非常众多，……他们对新

---

① 2008年，"A Journalism of Humanity: A Candid History of the World's First Journalism School" (University of Missouri Press, 2008)的作者，密苏里新闻学院的温伯格(Stève Weinberg)对"密苏里新闻帮"有这样的描述："the trial-by-fire curriculum not only makes good journalists but also creates a bond among graduates that lasts well beyond graduation. He is talking about the Mizzou Mafia, an informal network of graduates who teach journalism, and work in news and advertising around the world. Through a listserve, Web sites, professional relationships and chance meetings, members of the Mizzou Mafia keep in touch about jobs, issues, ethics and whatever is controversial at the moment. "参见 http://mizzoumagarchives. missouri. edu/2008-summer/features/Weinberg% 20J-school/index. php。

闻事业的看法与信心，与密苏里是相同的。[①]

这就是“政校（政大）新闻帮”概念的缘起。

尽管“政校（政大）新闻帮”由“密苏里新闻帮”的影响而产生，也是“密苏里新闻帮”在中国延续和扩散的重要推手，但其无论从形成的纽带基础、人员组成，还是新闻实践范围和群体所遵循的新闻理念与规则等方面来看，又与“密苏里新闻帮”有很大的不同。因此“政校（政大）新闻帮”在实质上是“政校模式”新闻教育理念和实践的成果，是对国民党体制内的新闻事业产生重大影响，并为国民党体制所认可和接纳的一个重要而特殊的新闻人群体概念。

二、“政校（政大）新闻帮”的基本状况

“共同的学缘纽带与紧密的联系”“共同的新闻理念与其所起的作用”以及“共同的核心灵魂人物”是一个新闻人群体可以被称为“新闻帮”的三个重要因素。自 1935 年开始，马星野主持政校新闻学系，并致力构建和经营国民党体制内新闻教育的“政校模式”，经过漫长的新闻教育与新闻实践历程，他最终促成了这三个因素的形成。

从 1935 年到 1948 年，政校（政大）的新闻教育“以新闻学系为主流，共办了 11 期”[②]。这 11 期学生是马星野的亲授弟子，也是后来“政校（政大）新闻帮”的雏形和核心。这个过程的起始阶段从 1935 年政校新闻学系第一期 11 名学生入学开始到 1937 年他们毕业为止，历时两年。作为新闻系首批学生，这批“半路出家者”全部从政校大学部第六期三年级的 108 人中选出，分别为：来自法律系的邵德润、曹圣芬，来自教育系的王汉中、钱震，来自外交系的马志铄，来自财政系的彭河清、吕渭祯、朱沛人，来自行政系的赵炳烺、黄寿鹏、储玉坤。在 1937 年毕业时，除黄寿鹏提前离校以外，其余 10 人都由政校分派工作：王汉中进《汉口正报》，邵德润进南京《“中央日报”》，马志铄进西安《西京日报》，钱震进《杭州正报》，储玉坤进上海《申报》，曹圣芬、彭河清、赵炳烺进南京

① 马星野：《密苏里教育对中国新闻事业之贡献》（1984 年），手稿，《马星野档案》099－01－02－02－051，台北“中研院”近史所档案馆藏。

② 马星野：《政大新闻教育之创始与发展》（1975 年），手稿，《马星野档案》099－01－02－02－050，台北“中研院”近史所档案馆藏。

“中央社”总社，吕渭祯进“中央社”上海分社，朱沛人进南昌《“国民日报”》。“加入‘中央社’的四人，都是试用外勤记者，其余六人大抵为助理编辑之类。”[①]这10人中除储玉坤是进到民营新闻机构以外，其余9人最初都被安排在国民党体制内新闻机构中工作。1949年前，这批人大多数都在新闻界工作；1949年后，这10人中有8人随国民党政权去台。[②] 而去台后，这8人中有的继续在新闻业学两界服务，如钱震、彭河清、马志铄等；有的则完全转入其他领域，如转入经济界的邵德润；也有人一直在政治圈与新闻圈内外转圈，如曹圣芬等。但无论他们是在新闻界、政界还是其他各界，都始终身处国民党体制内，没有改变。

政校新闻学系第一期正式毕业的10个人只是“政校（政大）新闻帮”的一个缩影。就前11期政校新闻专业毕业生的去向而言，尽管他们中很多人的新闻人生涯都是“跨界”而成，但主要还是从事国民党体制内新闻业务、新闻教育和新闻行政管理等工作。这个群体的人数可观，1952年马星野回忆，他在从事新闻教育的十年间“造就新闻人才数在五百左右，其在新闻界已有可称之贡献者，亦不乏人。”[③]而1991年彭河清回忆，“半世纪来毕业于新闻系、所、专修科、班及学院之学友凡三千人，分布于海内外为新闻事业及新闻教育发光。”[④]

“政校（政大）新闻帮”的影响，仅以《“中央日报”》为例即可见一斑。自马星野1945年上任南京“中央日报”社社长开始至1987年的42年间，“中央日报”社董事长任期最长的是曹圣芬（13年），总主笔任期时间最长的是姚朋（15年），他们都是马星野的嫡系学生。而这42年间，“中央日报”社社长、副社长、

① 彭河清：《新闻系和马老师：追忆新闻系创办情形》，载《新闻学人》，台北：政治大学新闻学会，1968年，第4页。实际上，因为1937年前后，《汉口正报》是“一人班”，王汉中在《汉口正报》是一个人编辑这份四开报纸，亦即担任总编辑一职。此时王汉中刚刚毕业不久，可见政校新闻系教育之成功。参见徐咏平：《老师、长官、同学》，台北：台湾商务印书馆，1980年，第110－111页。

② 留在大陆的另外两人为朱沛人和储玉坤。朱沛人后在《“中央日报”》工作，任职副总编辑，1948年宣布脱离《“中央日报”》，脱离国民党，其后至北平《世界日报》南京任总编辑，1950年后，进天津《进步日报》工作，后又调至北京参加贸易合作组的编辑工作，1977年去世。储玉坤后进入上海《文汇报》，任主笔、总主笔，法国新闻社中文部主任。1949年以后转行国际经济与贸易研究领域，曾在对外贸易部国际经济研究所工作。

③ 马星野：《自述》（1952年4月12日），手稿，《马星野档案》099－01－01－01－001，台北“中研院”近史所档案馆藏。

④ 彭河清：《并世风华一报人》，载吉人编：《马星野先生纪念集》，台北：“中央日报”出版部，1992年，第159页。

总编辑职务的分布情况如下：[①]

	总人数	政校(政大)帮人数	主持总时长
社　长	11	6[②]	28 年
副社长	11	7	25 年
总编辑	13	9	38 年
合　计	35	22	平均为 30 年

三、"政校(政大)新闻帮"的分析

如"密苏里新闻帮"一样，"政校(政大)新闻帮"的形成需要有三个条件：(一) 纽带的存在；(二) 理念和力量的相合；(三) 核心灵魂人物的出现。而这三个条件的形成，既有时代的需求，也有政校新闻教育特色的使然，更是离不开马星野个人的促成。

1. 国民党新闻事业发展的客观需要

1927 年后，国民党体制内新闻事业的发展经历过一段"散漫分歧"的无序时期，也就是马星野所述的"不合理想"的时期。[③] 这个时期的国民党体制内新闻事业，并不能够完全达成以蒋介石为代表的国民党统治集团之要求，即不能彻底贯彻和宣扬其要求与主张。国民党党内派别之争、利益之争、权力之争使得国民党体制内新闻事业在组织上过于松散，在目标上过于随意，在理念上过于落后，在实践上过于消极。

与此同时，国民党和蒋介石对于新闻事业在维持其统治中的作用是高度重视的："新闻事业——宣传工作的主要部门——所负的责任是特别重大"，"要实行主义，尤先要阐扬主义；要建设国家，就先要阐扬国策。"[④]他们非常清

① 该表格为笔者整理，资料数据来源于"中央日报"社编：《本报历任重要人事一览表》，载胡有瑞主编：《六十年来的"中央日报"》，台北："中央日报"社，1988 年，第 268 页。

② 黄天才为政大新闻学系在台复校后的毕业生，已不是马星野直接教过的学生，而是"第二代"学生了。

③ 蒋介石：《今日新闻界之责任——对新闻专修班首期学员毕业训词》，《新闻学季刊》1941 年第 1 卷第 3 期，第 1 页。

④ 蒋介石：《怎样做一个现代新闻记者——对新闻专修班一二期学生毕业训词》，《新闻学季刊》1941 年第 1 卷第 3 期，第 3 页。

楚，把握和统一了新闻界，就能把握和统一国民党内外的言论；把握和统一了国民党内外的言论，就有了巩固其统治的重要思想基础。而在这其中，对国民党体制内新闻事业的完全把控则是首要、必须和关键的。要达成这个目标，就必须将一批具有坚定的"三民主义"信念、服从于国民党蒋介石集团统治秩序、具有较高现代新闻素养和技巧的国民党体制内新闻人充实到体制内新闻事业中，"宣扬国策、统一国论"，充当"国家意志所由表现之喉舌"①。而在客观上，要能够扭转、主导和覆盖这样一个庞大的体制内新闻事业体系，使之从"混乱无序"走向"清澈有序"，最终达成"理想和期望"的状态，当然不是一个人或是几个人一时半刻就能做到的。因此，从入学开始就"站好队"，在教育期间被强化了政治和业务素质的一批又一批政校新闻专业毕业生被源源不断地送到国民党体制内新闻事业之中，逐渐形成"一帮人"力量，并壮大为一种"骨干势力"，从而在某种程度上起到影响国民党体制内新闻事业走向，并满足国民党统治需要的作用。

2. 政校独特的地位和新闻教育宗旨使然

政校是国民党中央直属的最高学府，由蒋介石亲兼校长，以培养国民党干部为使命，与黄埔军校享有同等地位。因此该校学生在当时颇有"天子门生"的意味。他们毕业后，基本是由政校在国民党体制内分配，不需要自己寻找工作。这个"近水楼台先得月"的条件使得他们中很多佼佼者能够通过进入国民党体制内发展这一途径而得到比其他大学毕业生更高的平台、更多的便利和更丰富的资源。作为"政校模式"新闻教育的成果，这批新闻学子享有国民党体制内教育和就业的优势，使他们能够以群体方式进入国民党体制内新闻事业和其它体制内领域，得到更大的发展，产生更大的影响。

政校新闻教育的宗旨首先是要培养国民党的忠实党员和宣传干部，"在于阐扬主义，宣扬国策，……树立三民主义的文化基础。"②这样的新闻教育宗旨和目标切合了国民党对体制内新闻事业人才的培养需求；而政校新闻学系又是民国"国立大学"中首家开设新闻学专业的教育机构；在马星野的谋划下，它的新闻专业教育理念和模式又是当时较为先进和科学的，因此从教育教学效果来看，政校新闻教育模式下培养出来的学生，就其从事新闻事业的专业素养

① 蒋介石：《今日新闻界之责任——对新闻专修班首期学员毕业训词》，《新闻学季刊》1941 年第 1 卷第 3 期，第 1 页。

② 张学远：《"中央政治学校"的新闻教育》，《"中国新闻学会年刊"》1942 年第 1 期，第 105 页。

而言，是合格甚至是优秀的。这种具有国民党所要求的政治素质和较高新闻专业素质的学生自然也是国民党体制内新闻事业所认同和欢迎的。

当时政校新闻学系所培养的学生在既接受了比较先进的美国新闻专业理念和技能，又拥有优势的社会政治资源的情况下，无论从“政治素质”还是从业务素质上都满足了国民党体制内新闻事业的要求。因此他们大量进入国民党体制内新闻事业机构，并进而形成一个庞大的“高端”群体，也不是偶然的。

3. 缔造者马星野的促成

马星野是“政校（政大）新闻帮”的“妈妈”。① 他是政校新闻学教育的创始人，是“政校（政大）新闻帮”这个特殊群体的“共同的老师”，是这个“帮”的缔造者和灵魂人物。徐钟珮说：“学生的成就，或多或少有他的影子。”②尽管“政校（政大）新闻帮”是历史和时代的产物，是国民党体制内新闻事业发展的必然要求，尽管我们不能说没有马星野就不会有类似于“政校（政大）新闻帮”这样的新闻人群体的产生，但如果没有马星野，我们在这里提到和见到的这个“政校（政大）新闻帮”就不会是现在这个模样，就不会有马星野的“影子”。

马星野是这个大家庭的“兄长”。马星野与学生之间建立起来的亲密关系，正如新闻学系第一期的钱震总结的那样直接、准确和动情：“亲如家人”。③而马星野回忆：

> “他们年龄与我相若，兴趣与我相同，与其说是师生关系，不如说是兄弟关系。”④“十四年间，我同这些青年们相处，我了解他们的理想与兴趣，我还同情他们的困难与问题，当他们在事业上有成功，我高兴得如自己成功；他们在人生与事业上如遭遇波折与打击，我也同样觉得自己受到打击。我从没有以‘老师’自居，我只是政大研究新

① 这里称马星野为“政校（政大）新闻帮”的“妈妈”，既是源于“马”与“妈”同音，也反映出马星野之于“政校（政大）新闻帮”的缔造者作用。

② 徐钟珮：《平野星落》，载吉人编：《马星野先生纪念集》，台北：“中央日报”出版部，1992年，第103页。

③ 钱震：《忆星野老师》，载吉人编：《马星野先生纪念集》，台北：“中央日报”出版部，1992年，第90页。

④ 马星野：《政大新闻教育之创始与发展》（1975年），手稿，《马星野档案》099-01-02-02-050，台北“中研院”近史所档案馆藏。

闻学术一群人中共甘同苦的一分子而已。”[①]“上课时,我们是师生;下课了,我们就是朋友,感情融洽,无所不谈。”[②]

无论是“师长”,还是“家人”,马星野对他的学生付出的,都是深深的关爱和眷顾;而绝大多数学生回馈给他的,则是真诚的感谢与敬仰。马星野将这种师生之间亲密的关系归结为政校“亲爱精诚”校训精神的体现:

> 政大的校训是“亲爱精诚”,我认为师生之间的亲爱关系,新闻学系、科、班、院的同学,有着最丰富的一份感情。新闻学系一开始,便是师生打成一片的。[③]

而从他这样的言行中,我们似乎又看到了朱自清的“影子”。

马星野是这个大家庭的“保姆”。只要他先走过的地方,总是可以看到在他的召集和呵护下聚集起来的他的众多学生的身影。1942 年,在新闻事业处,他第一次出任行政职务就带去了陈裕清、凌遇选以及吴俊才等人;[④]1945 年接掌南京《“中央日报”》之初,他把一大批意气风发、志趣相投的得力门生带进了《“中央日报”》,扎扎实实地实践了他“办一张真正的报纸”的理想[⑤]。尽管他在 1952 年卸任“中央日报”社社长职务,但是此后的 35 年间,《“中央日报”》一直有着“马老师”的影子:任董事长一职时间最长的是他的学生曹圣芬(13 年);任总主笔一职时间最长的也是他的学生姚朋(15 年);10 位社长中

① 马星野:《政大新闻教育之创始与发展》(1975 年),手稿,《马星野档案》099-01-02-02-050,台北“中研院”近史所档案馆藏。

② 马星野:《我从事新闻教育的经过》(1965 年 5 月 20 日),载《政大校友通讯》(庆祝母校卅八周年纪念专刊),第 21 页,《马星野档案》099-01-02-02-010,台北“中研院”近史所档案馆藏。

③ 马星野:《政大新闻教育之创始与发展》(1975 年),手稿,《马星野档案》099-01-02-02-050,台北“中研院”近史所档案馆藏。

④ 据陆铿回忆,这两个人是李荆荪和凌遇选。参见陆铿:《陆铿回忆与忏悔录》,台北:时报文化出版企业有限公司,1997 年,第 113 页。

⑤ 1949 年迁台后的《“中央日报”》,主任秘书周天固,总编辑李荆荪,副总编辑耿修业、钱震,采访主任王洪钧,驻广州特派员宋仰高,资料组主任林家琦,编译主任潘焕昆,编辑徐佳士、孙如陵、何凤池、赵廷俊、薛心镕,记者潘霨、张力耕,总经理黎世芬,发行课长毛凤楼等都是“政校新闻帮”成员。参见马之骕:《新闻界三老兵:曾虚白、成舍我、马星野奋斗历程》,台北:经世书局股份有限公司,1986 年,第 412 页。

有5位是他的学生（曹圣芬、吴俊才、潘焕昆、姚朋、黄天才）；10位副社长中有7位是他的学生（曹圣芬、钱震、潘焕昆、姚朋、薛心镕、赵廷俊、黄天才）；10位总编辑中有6位是他的学生（钱震、邵德润、林家琦、赵廷俊、薛心镕、任熙雍）。这种情形并不是唯一的：在他所任职过的国民党"中四组"、"中央通讯社"、"中国新闻学会"以及"大众传播教育学会"等组织中也不同程度地出现了他的影子。而亦步亦趋，与他所有任职经历几乎相仿的他的学生，则包括了曹圣芬、吴俊才、潘焕昆等人。

1968年，马星野（前排中）与政治大学新闻系"书卷奖"获奖学生合影于政大新闻馆台阶前。（政治大学新闻系授权使用，拍摄者为政治大学新闻系前助教张惟亮先生，照片提供者为政治大学新闻系系友、香港城市大学媒体与传播学系李金铨教授）

不可否认，马星野作为"老师"启用"学生"的因素，有着"人情"的关系，有着"熟知"的便利，有着"可靠"的把握。这不仅是他个人出于打造"营盘"谋划，也是他做好工作的一种方法。而实际上，他的学生绝大多数也是能够胜任自己工作岗位要求的。但公允地说，除了早期在"中央日报"社社长任期内，马星野通过延揽自己的弟子而形成一个单位内部的事业网络是他可以直接办到的以外，上述其他国民党体制内重要岗位的人事安排应该是国民党中央的决策，而他本人在这个决策过程中最多只能提名或推荐，而没有直接左右这种决策的能力。因此这种人事的安排，在后来更多的是业已成型并能够持续发挥重要影响的"政校（政大）新闻帮"这个群体的惯性合力使然。但即使是这样，马星野依然不忘以自己的经历、经验继续提携和关照他的学生们。姚朋回忆，1981年5月，他与潘焕昆几乎同时分任台北"中央日报"社社长和"中央社"社长。而当时身为“中央社”董事长的马星野将他们分别请到自己的办公室促膝长谈，把自己在这两个单位工作的“切身独得之密”，以一位师长、朋友和“过来人”的身份和盘托出，让“接承衣钵的弟子”少走弯路。[①]

正是在马星野的促成下，“政校(政大)新闻帮”这个在国民党体制内新闻事业，乃至20世纪中国新闻史上具有重要影响和特殊作用的新闻人群体才得以出现和发展。因此有学者在与笔者探讨“政校(政大)新闻帮”问题的过程中，认为这实际上也就是一个“新闻马家帮”。[②]

随着政校向政大的转变，尤其是政大新闻学系去台后，其纯粹的“党校色彩”不断弱化，专业性不断增强，其新闻学教育机构所培养的新闻人才也逐渐摆脱上述三个特点而呈现出更为广泛的学术代表性和业务实践性特征，影响更加广泛和深远。这是“政校(政大)新闻帮”在时代和社会进步推动下不断发展的必然结果。

小　结

马星野以模仿的方式将“密苏里模式”的新闻教育带到政校，并结合中国传统儒家文化精神和“三民主义”要求形成了独特的“政校模式”的新闻教育——也就是“‘三民主义’的专业的中国的新闻教育”。通过模仿“密苏里新闻帮”，马星野借助“政校模式”的新闻教育培养了民国新闻事业的“政校(政大)新闻帮”，对20世纪中国新闻事业尤其是国民党体制内新闻事业产生了深远影响。

加布里埃尔·塔尔德(Jean Gabriel Tarde)认为：“每一个模仿行为都在创造条件，使新的模仿行为成为可能，使之越来越自由与合理，同时又使之具有更加精确的性质。”[③]中国近现代的新闻教育所具有的移植性是自“模仿”西方开始，但这不仅仅是对密苏里新闻教育模式单纯的模仿，更多的还是模仿之后的创造和进化。就近现代中国新闻教育与密苏里新闻教育之间的关系而

① 姚朋：《马星野先生与“中央日报”》，访问纪要(未刊稿)，2010年9月1日。

② 笔者与李金铨先生电子邮件，2014年7月17日。

③ [法]加布里埃尔·塔尔德著，[美]特里·N.克拉克编：《传播与社会影响》，何道宽译，北京：中国人民大学出版社，2005年，第147-151页。

言，密苏里新闻教育恰好是当时中国新闻教育可以模仿的一个实际“典范”。①就马星野而言，他无疑受到了密苏里专业主义新闻教育的深刻影响，并对密苏里的新闻教育理念、教育方式、教育内容乃至新闻伦理和价值观产生了内心的认同。因此我们可以在政校新闻学系的教育教学理念和实践中比较清晰地看到一种外表上的“模仿”的痕迹。然而这只是个发端。在以后的政校新闻教育实践中，马星野在此基础上更加深刻地思考专业化、中国化、“三民主义”化的新闻教育在伦理道德和核心价值观层面的问题，更多地将其对密苏里专业主义核心内容的理解与其所处的时代特征、国民党体制内要求以及中国社会现实的需求相融合，在“模仿”中走向创造，最终形成了具有“马氏风格”的新闻教育思想和实践方式。

① 科学史家库恩(Thomas Kuhn)认为，建立一个新的“范式”(paradigm，亦即“典范”)，需要有三个要素：一是一组抽象思想；二是一套成功的例证；三是能够解决实际问题。因此密苏里在理念上非常强调规范性的新闻自由、新闻责任和新闻道德，说明什么是对的，什么是错的，不作艰深抽象的哲学或学理探讨；鉴于当时中国报业道德低，水准差，缺乏社会责任，知识界和报界普遍不满，他们认为密苏里这套理念对症下药，切中中国时弊。在操作上，密苏里不唱高调，格外注重动手做，实际又易学，移植起来不难。前者符合库恩“范式”的理念部分，而后者又提供“范式”的实例，从课程、实习到课外活动似乎都可以直接移植。参见张咏：《密苏里新闻教育模式在现代中国的移植》，载李金铨主编：《文人论政：知识分子与报刊》，桂林：广西师范大学出版社，2008年，第300页。

第三章　马星野新闻业务和管理实践研究

> 决心把“中央日报”做成更有益的言论机关；决心把“中央日报”做成更进步的新闻报；决心使我们成为比较接近于理想的报人。
>
> ——马星野[①]

从1942年至1985年，马星野的新闻业务实践经历了中国大陆时期和台湾地区时期两个重要阶段，在时间上前后相连，在立场上均属国民党体制内同一阵营，在时代社会背景和新闻事业发展状况上却又截然不同。这就使得马星野近44年的新闻业务实践既体现出一以贯之的坚持，也表现出应时应事的转变。

第一节　马星野与《“中央日报”》(1945—1952)

《“中央日报”》于1928年2月1日在上海创刊，同月迁南京；1932年3月1日改行社长制，程沧波为第一任社长；1937年6月出庐山版，为其地方版嚆矢；1938年9月在重庆复刊，1945年9月迁回南京；1947年5月实现企业化，成立“中央日报”股份有限公司，陈立夫为首任董事长，陈诚为首任常务监察人，马星野为常务董事、社长；1948年11月迁台，1949年3月12日台北版正式出版；2006年6月1日纸质版停刊，同年9月13日以网络报形式重新发行。[②]

---

① 马星野:《我们的自省》，台北《“中央日报”》1952年2月1日，载黄肇珩、吴德里、马大安编:《星垂平野阔·我的一生》(电子书)，台北:义美联合商务有限公司，2014年，第206页。

② 1927年3月22日，国民党汪精卫派在武汉创办《“中央日报”》，由时任国民党中宣部部长的顾孟余任社长。但其后国民党蒋介石集团和《“中央日报”》一直不承认这份报纸为《“中央日报”》的开始。参见“中央日报”社编:《“中央日报”丰盈的一甲子》，载胡有瑞主编:《六十年来的“中央日报”》，台北:“中央日报”社，1988年，第22页。

一、马星野任职前的《“中央日报”》

马星野就任社长时，《“中央日报”》已经过了17年的发展。在上海创刊时，《“中央日报”》的主持人是丁维汾、潘宜之、彭学沛等，均非蒋介石嫡系。[1] 1928年6月，国民党中央第144次常务会议通过并颁布了《“设置党报条例”》《“指导党报条例”》《“补助党报条例”》，意图以党内文件形式和党的纪律来加强对党报的控制；10月，国民党中央第176次常务会议以落实《“设置党报条例”为由，决定将《“中央日报”》迁到国民党中央所在地南京出版，并由蒋介石指定时任国民党“中宣部”部长叶楚伧兼任社长。由此《“中央日报”》成为国民党蒋介石集团控制下的以“拥护中央，消除反侧，巩固党基，维护国本”为职责的最大报纸。[2] 在1928年2月1日的“创刊祝词”中，吴稚晖即提出“世界最优良之主义，为孙文主义。愿贵报主张而实行之。”[3]这个祝词“乃根据先‘总统’蒋公当时的谋国苦心而发的，‘中央日报’且亦属源自先‘总统’当时的革命主张之所创办。”[4]因此，对于国民党而言，《“中央日报”》从成立之始就是“本党的喉舌，亦为政府博采舆论制订政策之南针”。[5]

《“中央日报”》最初是总编辑制，“社长名义是由‘中宣部’部长兼领”，[6]“内分编辑部与经理部，总编辑与总经理权位相等，直隶于社长，而社长对社务绝不过问。所以总编辑与总经理，一管编辑，一管经理，各不相谋。”[7]这种“分而治之”的状况并不利于报纸的统一管理和宣传功效的发挥。1931年国民党

① 丁维汾为国民党元老；潘宜之早年在保定军校与白崇禧是同学，第一次国共合作期间，曾任孙中山侍从秘书，后入桂系；彭学沛当时为汪精卫派，汪精卫集团叛国后，彭学沛改投CC系。

② 赖光临：《七十年中国报业史》，台北：“中央日报”社，1981年，第124页。

③ 吴稚晖：《祝词》，《“中央日报”》1928年2月1日创刊号，载胡有瑞主编：《六十年来的“中央日报”》，台北：“中央日报”社，1988年，第29页。

④ 秦孝仪：《国民革命的脉动，志士仁人的心声——略记先“总统”蒋公之于“中央日报”》，载胡有瑞主编：《六十年来的中央日报》，台北：“中央日报”社，1988年，第19页。

⑤ 陈立夫：《创造在艰困之中》(1987年10月)，载胡有瑞主编：《六十年来的“中央日报”》，台北：“中央日报”社，1988年，第28页。

⑥ “中央日报”社：《“中央日报”丰盈的一甲子》，载胡有瑞主编：《六十年来的“中央日报”》，台北：“中央日报”社，1988年，第22页。

⑦ 程沧波：《半世纪的回顾》，载胡有瑞主编：《六十年来的“中央日报”》，台北：“中央日报”社，1988年，第30页。

第三届中央第二次临时全会提出“改进宣传方略案”，[①]对宣传的内容、策略、效果和领导体制等进行改革，以扩大舆论影响，提高党报声誉，减轻党内财政负担，强化国民党中央和蒋介石对新闻事业的直接控制。1932 年 4 月，程沧波向蒋介石“郑重提出‘中央日报’必须改为名实相符的社长制”并得到蒋介石首肯。[②] 5 月，南京《“中央日报”》率先改行社长制，直属国民党中常会，言论报道直接对其负责，行政上独立，内部管理实行社长领导下的总编辑、总经理负责制。这是《“中央日报”》第一次重大改制。

程沧波是这次改制后的首任南京“中央日报”社社长。他按照经理部营业化、编辑部学术化、整个事业制度化效率化的思路调整报纸的发展。1932 年 9 月创办《“中央夜报”》，11 月创办《“中央时事周报”》；1935 年 10 月建成南京“中央日报”大楼，引进新式设备和技术，使报纸日销 3 万份，成为国民党实力最雄厚的党报。1937 年 6 月，南京《“中央日报”》配合蒋介石庐山训练营工作发行庐山版。

从 1940 年 10 月程沧波卸任社长到 1945 年 11 月马星野接任社长这 5 年间，何浩若、陈博生、陶百川、胡健中先后担任南京“中央日报”社社长。他们中干得长的不过两年左右，如陈博生、胡健中；干得短的不到一年，如陶百川；而何浩若仅仅干了两个月。这种社长岗位“换人如流水”的状况可以说是《“中央日报”》的常态。[③] 造成这种状况的原因，与《“中央日报”》本身的定位与蒋介石对其的高度重视有关。

《“中央日报”》老报人龚选舞对此分析得鞭辟入里：“老蒋……早年每晨所阅亦以《‘中央日报’》为主，也就由于有着这么一位天字第一号读者，便给央报同仁带来各种不同的荣誉与麻烦。……报纸日蒙御览，却也为央报老板惹来不少麻烦，往往报纸上出点差错，‘中宣部’部长先吃排头，‘中央日报’社社长

① 荣孟源主编：《中国国民党历次代表大会及中央全会资料》（下册），北京：光明日报出版社，1985 年，第 5－7 页。

② 程沧波：《半世纪的回顾》，载胡有瑞主编：《六十年来的“中央日报”》，台北：“中央日报”社，1988 年，第 30 页。

③ 这种状况，在马星野之后，依然没有多少改变。从 1952 年至 1986 年的 34 年间，“中央日报”社社长更换了 9 人 11 次。其中，萧自诚 4 个月，胡健中（两任）5 年半，陈训畬 11 个月，阮毅成 2 年多，曹圣芬（两任）近 12 年，楚崧秋 5 年，吴俊才 1 年，潘焕昆 2 年多，姚朋 5 年多。而且，不仅社长更换频繁，总主笔和总编辑也是如此。从 1932 年到 1986 年的 54 年间，总主笔换了 14 人次，总编辑换了 16 人次。无论社长、总主笔还是总编辑，平均任期都仅在 3 年左右。

随即撤换。……论其原因，不外两端，第一，做报是专业，不容也无法随意挟带班底；第二，报老板其实不是真老板，上面还有一位掌握党国大权的大老板，不论是新闻或是广告，只要他认为是该刊未刊，或者不该登的登了，他便会怪罪央报社长，甚至‘中央’宣传主管。”①

曾任台北“中央日报”社社长的楚崧秋则更加直接地点出了《“中央日报”》“烫手”的缘由：“何以说《‘中央日报’》是国民党烫手的喉舌报呢？原因是在当时威权体制之下，新闻自由还谈不到；由于该报不仅是代表党与政府发言，且被认为是最高当局每天的书面发言人，其动见观瞻固为人所瞩目，而其立言论事，更不免授人以柄。此所以过去好几位社长不过数月就被调换……”②

“办党报不独是苦事，而且是难事”③。国民党对于主持宣传的各级人员的选拔“以对主义有研究，对政治有认同，对宣传有经验者为合格。”④在这种特殊地位和极高“被关注度”下，《“中央日报”》这份“‘代表政府及其个人’发言的报纸”的社长位置，对于国民党体制内新闻人来说压力尤其巨大：首先这是一个近乎苛刻的“政治重任”，所以绝不可能由国民党体制外新闻人来干；其次他毕竟还是一张专业报纸的主持人。然而，报人出身的“社长”往往“多从新闻事业角度着眼，很难面面俱到，考虑周全”；⑤再次，作为国民党和蒋介石的最高代言人，《“中央日报”》的立场及言论高度“体制化”，必然成为当时舆论斗争的最大焦点，因此这个“社长”还必须要是一个善于折中调和的人。综上所述，担任“中央日报”社社长的人选必须满足三个条件：一是要有坚定的国民党党性和对蒋介石的高度忠诚；二是要有丰富的新闻业务能力和经验；三是要有敏锐的政治感知力和高超的行事技巧。面对这样一个“烫手的山芋”，大多数国民党体制内新闻人权衡利弊，明哲保身，因此导致1945年国民党“中宣部”居

---

① 龚选舞：《龚选舞回忆录：一九四九国府垮台前夕》，新北：卫城出版社，2011年，第94-95页。

② 楚崧秋口述，吕芳上、黄克武访问，王景玲记录：《览尽沧桑八十年：楚崧秋先生访问纪要》，《“中研院”近史所口述历史丛书》(78)，台北：“中研院”近史所，2002年，第104页。

③ 陶百川：《最长的一年》，载胡有瑞主编：《六十年来的“中央日报”》，台北：“中央日报”社，1988年，第36页。

④ 《现阶段的党务方针：改革的工作》(1947年3月23日国民党第六届中央执行委员会第三次全体会议通过)，载荣孟源主编：《中国国民党历次代表大会及中央全会资料》(下册)，北京：光明日报出版社，1985年，第1112页。

⑤ 马之骕：《新闻界三老兵：曾虚白、成舍我、马星野奋斗历程》，台北：经世书局股份有限公司，1986年，第388页。

然找不到一个合适的“三全其美”的人选来填充这个空缺，只能报请蒋介石亲自裁决。而马星野就在此时被蒋介石赋予了这个“烫手”的任务。

1949年，在台北《“中央日报”》时期的马星野。（台北“中研院”近史所档案馆授权使用，照片提供者为马大安女士）

马星野接受这个任务是“喜忧参半”。“喜”的是他一直就有办报的理想，《“中央日报”》平台很高，这次安排应该是“学以致用，得偿所愿”，而且这是蒋介石对他的信任，“校长派我去做，机会难得”；[①]“忧”的是《“中央日报”》是“出名难办的”，[②]而在此之前他并没有太多的报业从业经历，[③]办报的一点经验

---

① 马之骕：《新闻界三老兵：曾虚白、成舍我、马星野奋斗历程》，台北：经世书局股份有限公司，1986年，第389页。

② 马星野：《我在南京办报的回忆——为“中华日报”创刊二十周年而作》，台北《“中华日报”》1966年2月21日，载吉人编：《马星野先生纪念集》，台北：“中央日报”出版部，1992年，第273页。

③ 马星野在此之前的报业从业经历，主要有四个方面：一是编辑政校、清华校报校刊；二是主持《“党军日报”》、参与《政治与民意》编辑及留学回国后在《申报》的短暂经历；三是在美留学期间为国内各大刊物、报纸所作的大量的时事通讯；四是在政校新闻学系办实习刊物，如《中外月刊》等。

“是在党军日报得到的”[①]。所以“当时有很多自命为老报人者背地里称他为outline(‘外行’的直译)，认为他只会教书，办报就完全是外行”，[②]“是‘书生办报’”[③]，而“后方的亲友们，都很为他担忧，认为职务是好的，一旦遭遇困难，恐怕也难以长久”[④]。而此时他自己的心情则是：“十五年我没有办过报了。如今卷土重来，带着无限的愉快与兴奋。”[⑤]这就是马星野1945年就任社长前《“中央日报”》的基本状态。而无论如何马星野必须接受这个安排，并全力以赴，不能有所差池。因此，看上去“三全其美”，是1945年“马来”的原因；实际上“不能三全其美”，也是1952年“马走”的原因。

1945年5月21日，马星野当选为国民党候补中央执行委员；[⑥]11月，以国民党“中宣部”南京特派员兼南京“中央日报”社社长的身份回到南京。自此到1952年8月的近7年间，马星野“中央日报”社社长生涯可以分为南京和台北两个阶段。

二、在南京的四年(1945—1949)

马星野在南京《“中央日报”》的经历长达四年，这一阶段也是马星野新闻人生涯中最为重要的部分。此时只有36岁的马星野不仅有着热情和勇气，也有来自于密苏里的新闻知识、技能、理念和政校丰富的新闻教育经历。这些都是马星野的“优势”。任职伊始，他就将这些“优势”发挥得淋漓尽致，“很快就

---

① 马星野：《我在南京办报的回忆——为“中华日报”创刊二十周年而作》，台北《“中华日报”》1966年2月21日，载吉人编：《马星野先生纪念集》，台北：“中央日报”出版部，1992年，第273页。

② 汉客(潘焕昆)：《永怀星野先生》，台北《“中央日报”·笔阵》1991年3月17日，载吉人编：《马星野先生纪念集》，台北：“中央日报”出版部，1992年，第97页。

③ 耿修业：《星野师与大华晚报》，载吉人编：《马星野先生纪念集》，台北：“中央日报”出版部，1992年，第79页。

④ 马之骕：《新闻界三老兵：曾虚白、成舍我、马星野奋斗历程》，台北：经世书局股份有限公司，1986年，第389-390页。

⑤ 马星野：《我在南京办报的回忆——为中华日报创刊二十周年而作》，台北《“中华日报”》1966年2月21日，载吉人编：《马星野先生纪念集》，台北：“中央日报”出版部，1992年，第274页。

⑥ 《第六届中央执监委员名单》，载荣孟源主编：《中国国民党历次代表大会及中央全会资料》(下册)，北京：光明日报出版社，1985年，第980页。

把中央日报办得有声有色”，[①]以事实回应了先前那些“怀疑”和“担忧”。纵观在马星野南京阶段办报的主要特点，可以用“四化”加以概括：

（一）报社人员“政校化”

马星野擅长新闻教育，因此他一接手南京《“中央日报”》就将政校新闻学系“搬了过来”，把《“中央日报”》办成了政校新闻学系最大的“实习刊物”。马星野曾坦言，1945年起的南京《“中央日报”》是“报社新闻系合一”，“上上下下除主笔外，都是由新闻系同学负责。”[②]而且五位主笔都在政校新闻系授课。他的学生，也曾是他在《“中央日报”》的下属徐佳士这样描述“政校化”的《“中央日报”》：“这家报纸在很多方面，对它的工作人员，具备有一所学校的特色，一个有学习动机的人，不能在‘中央日报’受到充沛的教育，几乎是不可能的一件事。我既然已在重庆小温泉和南京红纸廊被马老师培养出学习新闻的动机，一进入‘中央日报’——一个有更多‘教室’，更多老师，更多窗友，出一份更大更真实的‘实习’报纸的新闻学校——我便学习得更加起劲了。”[③]

报社人员“政校化”是马星野接手南京《“中央日报”》后做的第一件大事。马星野始终认为：

> 办报的重要条件，是得人。如果有一队生龙活虎的青年人，不计较名利，不辞劳苦而为真理想去共同奋斗，办报真是乐事。[④]

在政校新闻学系十年辛勤耕耘而培育的近500名毕业生成为马星野办好《“中央日报”》的一个丰沛的“人才库”。同时，作为南京“中央日报”社社长的马星野仍兼政校（政大）新闻学系的系务和教务，这也为他能够源源不断地挑选和补充新的人才提供了便利。

---

① 汉客（潘焕昆）：《永怀星野先生》，台北《“中央日报”·笔阵》1991年3月17日，载吉人编：《马星野先生纪念集》，台北：“中央日报”出版部，1992年，第98页。

② 马星野：《新闻教育的回忆》（1965年3月），载黄肇珩、吴德里、马大安编：《星垂平野阔·我的一生》（电子书），台北：义美联合商务有限公司，2014年，第104页。

③ 徐佳士：《不颁文凭的学府》（1976年12月），载胡有瑞主编：《六十年来的“中央日报”》，台北：“中央日报”社，1988年，第162页。

④ 马星野：《我在南京办报的回忆——为“中华日报”创刊二十周年而作》，台北《“中华日报”》1966年2月21日，载吉人编：《马星野先生纪念集》，台北：“中央日报”出版部，1992年，第275页。

对于报社人员“政校化”的好处，以后历任台北《“中央日报”》总主笔、副社长、社长的姚朋说得非常透彻：“由于有这批‘子弟兵’为班底，师生有共同的理想和信念，在工作中乃能‘如臂使指’，贯彻一心。这个有利的因素，大概别的社长不容易享有。”①

师生之间的长期共处使得马星野与学生们之间在学识、人品、能力、志向等各方面更加相互了解和信任。正因如此，马星野才能够延续政校新闻学系的“师生模式”，大胆起用这批“子弟兵”作为自己主掌《“中央日报”》的班底，并敢于采取放任的政策放手让学生干而不过多干涉。当然，这也是马星野面对《“中央日报”》这个“烫手山芋”不得不出的“高招”。当时的南京《“中央日报”》，社长马星野 36 岁，总编辑李荆荪、总经理黎世芬都是 30 岁左右，副总编辑兼采访部主任陆铿才 26 岁，很多记者更是年轻。年轻人最大的特点就是思想灵活，动作迅猛，“初生牛犊不怕虎”。这也成为当时《“中央日报”》很多改革得以成功实现的重要原因。

而对于这批国民党体制内青年新闻人而言，在马星野主持的《“中央日报”》平台上，他们能够在不触及“体制”核心利益的前提下，有更大的空间去按照自己的理解去做“新闻”，并努力实现一个“体制内新闻人”的理想。徐佳士曾回忆：“‘中央日报’的年轻的采访组，经过半年多些的严格训练，就变成了当时全国新闻重心南京的最强悍的记者圈。上海和平津大报驻京记者，把‘中央日报’的采访组列为每日必须去‘走动走动’的地方。”②

“报社政校化”使得“政校（政大）新闻帮”牢牢扎入南京《“中央日报”》，并由此向整个国民党体制内新闻事业圈扩展，绵延数十年。然而《“中央日报”》的国民党党报立场始终没有改变，仍然是一张“一元的代表党”、“党的领袖所领导及党的从政同志所主持或参加之政府”的报纸。③“报社政校化”所带给《“中央日报”》的，除了使“马记”《“中央日报”》在当时出现一种短暂的“清新局面”以外，没有使其发生本质的转变。而因为这种短暂的“清新局面”本就是为了更好地体现其原有立场和宗旨而生，所以一旦与国民党党报的立场产生摩擦就必然终结。这是形式和本质的辩证关系。

---

① 姚朋：《马星野先生与“中央日报”》，访问纪要（未刊稿），2010 年 9 月 1 日。

② 徐佳十：《不颁文凭的学府》（1976 年 12 月），载胡有瑞主编：《六十年来的“中央日报”》，台北：“中央日报”社，1988 年，第 162 页。

③ 胡健中：《历任三界社长》（1987 年 11 月），载胡有瑞主编：《六十年来的“中央日报”》，台北：“中央日报”社，1988 年，第 39 页。

实际上，马星野在用人中并不是只看“政校新闻学系”这块牌子，而且也不是只重用年轻人。他采取的是“以老带新”和“广纳人才”的方法。比如他对王新命的重用就是一例。早在《“党军日报”》期间，马星野就了解王新命以及他和胡春兵办的《“国民革命军报”》，并对这位老报人颇为认可和敬佩。而王新命对于马星野也同样认可。① 所以马星野甫一执掌《“中央日报”》即以王新命为总编辑。陶希圣虽是胡健中时代的总主笔，且为时任国民党“中宣部”副部长，但人还在重庆，所以马星野又以王新命兼任副总主笔，让这位富有经验的老报人带领一班年轻的“政校子弟兵”撑住《“中央日报”》的局面。同时，马星野对于诸如龚选舞、漆敬尧等不是新闻专业毕业，但有志于投身新闻事业的政校年轻人，以及殷海光那样具有“自由主义”思想，但其时并不反对国民党的年轻人不仅敢用，而且赞赏有加。② 这两个特点其实与马星野在政校时期的教师选用原则是一脉相承的。

对于当时“马记”《“中央日报”》的人事阵营及其影响，马星野曾有一段非常精辟的概括：

> 当时我们有五位主笔，我称他们为“中央日报的五老峰”，全是我最敬佩的前辈。陶希圣先生是总主笔，王新命先生是副总主笔，卢冀野（文学家兼主编泱泱周刊）、方豪、钱纳水，这五枝大笔，在当时京沪各报，谁也比不上的。……我想，这应该是中央日报主笔室之黄金时代了。还有一位张文伯先生，曾为中央日报言论，费了很多的力。最后，殷海光先生也来了。海光特立独行，无疑的，他有一枝犀利之笔。……我们有一大群青年人，全是朝气蓬勃，说做就做，……如生龙活虎，鱼跃鸢飞，活泼泼地。我出一个主意，他们立刻去做，我热心，他们比我更热心，兴趣来时，他们兴趣比我更高，因此轰轰烈烈地，把一个南京中央日报，干的十二分有劲，销路广告，蒸蒸日

---

① 1950年11月，时为“中央日报”社社长的马星野在王新命回忆录《新闻圈里十四年》后，致王新命长诗《读“新闻圈里四十年”简王新翁》中前四句如是说：“新闻圈里四十年，新命先生得名早。文章憎命信有之，尊前且慢忧心捣。”可见其对王新命的推崇。而王新命在自己的回忆录《新闻圈里四十年》的开篇即将马星野的这首长诗全文列出，甚至放在了序言之前，可见其对于马星野的重视。参见王新命：《新闻圈里四十年》，台北：龙文出版社股份有限公司，1993年，第1页。

② 殷海光于1919年出生，在南京《“中央日报”》担任主笔时也不过三十岁上下。

上，……这是得力于这批青年人之干劲。[①]

总之，马星野以政校新闻专业毕业生为班底，辅以经验丰富的老报人以及其他青年报人，在《“中央日报”》形成了一个年轻有活力的专业新闻人队伍。这既是他不得已之举，也为他在《“中央日报”》的影响奠定了基础。当然“报社政校化”也在日后给他人留下了“政校的《‘中央日报’》”，以及“门户现象”的评价。[②]

（二）报纸编辑杂志化

通过搭建“如臂使指”的组织模式，马星野有了实现自己办报理想的最重要的人才基础。同时，“报纸杂志化”也成为《“中央日报”》寻求“新气象”的最重要和最可能实现的切入口和着力点之一。这是马星野在南京办报的第二个特点。

给报纸办副刊是马星野一直坚持的观念和做法。早在1929年做《“党军日报”》主编之时，他就尝试着“调剂读者口味，增出一个副刊”[③]。1935年11月22日，时为政校教师的马星野发表了《报纸之杂志化问题》，详细阐述了“报纸杂志文”与“新闻”、“社论”的区别以及“杂志文”的重要性。他指出：

> “报纸杂志化是迎合社会需要的现象。”“杂志文乃是解释着，描写着，详细叙述，具体说明那些重要的有味的，合时的新鲜的事情的文章，他同新闻不同和社论有别。……新闻是片段的，只给我们一个断面的报告，而其原原本本，前因后果，却有待于杂志文之解释。社论是一种意见之发表，是严肃的，有权威的，然而读报者大率于工作疲劳以后，再去翻翻当天报纸，他不大愿意多用思想，他要轻松的，带

---

① 马星野：《我在南京办报的回忆——为“中华日报”创刊二十周年而作》，台北《“中华日报”》1966年2月21日，载吉人编：《马星野先生纪念集》，台北：“中央日报”出版部，1992年，第274－275页。

② 楚崧秋口述，吕芳上、黄克武访问，王景玲记录：《览尽沧桑八十年：楚崧秋先生访问纪要》，《“中研院”近史所口述历史丛书》(78)，台北：“中研院”近史所，2002年，第103－104页。

③ 马星野：《我在南京办报的回忆——为“中华日报”创刊二十周年而作》，台北《“中华日报”》1966年2月21日，载吉人编：《马星野先生纪念集》，台北：“中央日报”出版部，1992年，第272页。

趣味的文字。……所以中国报纸之杂志化，并不是如何可悲可叹的现象，乃是健全的，合于社会要求的现象。”①

而对于“杂志化”的价值、特性和写法，他认为：

杂志文存在价值有三，第一，他是有用的，第二，他是有味的，第三，他是新鲜的。……总之，杂志文之特性，第一，他是有味的，轻巧易读的。第二，他是有系统的，不是断片的，是完满无缺的，不是仅仅的事实记载。第三，他是短巧的，一读可了的，不是连篇累牍的。他的写法，第一是简单，短的句，浅近的字，具体的思想，第二，是清明新雅，是有清新之味，是新的事件之解释，新的人物之介绍，不是毫无时间性的。②

马星野将“报纸杂志化”确定为南京《“中央日报”》编辑方针后，尝试“通过系列的探讨和叙述，给予读者最正确的时事讲解及最丰富的现代知识”，③从而实现“报纸杂志化”的理想，并使之发挥在整个报纸信息传播中的“积极作用”：

杂志文在报纸上，有他重要的地位，然而……趣味文字及解释文字，只能为佐副品，不能用为主体。我们希望中国报纸能相当的杂志化，很聪明的杂志化，而不可以低级趣味化，或笨重地“学术文”化，或绝对的杂志化。④

在力促“报纸杂志化”的过程中，马星野仍然坚持密苏里的“做中学”模式，“边实践、边试验，边总结、边调整”，取得了成功。徐佳士回忆：“对于马老师来说，……他的新闻观念或理想必然要在这家报纸上面显现出来。……他似乎要出版一本‘每日百科全书’，他把他在‘中宣部’所创造的即时性的‘地图周

① 马星野：《报纸之杂志化问题》，《中外月刊》1935年第1卷第1期，第97-98页。

② 马星野：《报纸之杂志化问题》，《中外月刊》1935年第1卷第1期，第98页。

③ 马之骕：《新闻界三老兵：曾虚白、成舍我、马星野奋斗历程》，台北：经世书局股份有限公司，1986年，第393页。

④ 马星野：《报纸之杂志化问题》，《中外月刊》1935年第1卷第1期，第98页。

刊’迁移到了‘中央日报’，对于青年、妇女、儿童、学者……甚至喜欢古文学的人，‘中央日报’都出版了一个副刊，星期天还有一册杂志型的增刊。……这些试验都很成功，今天台湾报纸各类副刊纷然杂陈，重视介绍新知，乃是中央日报的实验成功所造成的影响。”①

尽管西方主要国家的报纸早已出版众多副刊性质的读物以实现读者导向和分众传播的办报方针和目标，但是“报纸杂志化”在当时的中国报界仍然是一个相对新颖的做法，也是大家关注的“热点”。1940 年，毛树清在《报纸杂志化问题》一文中即指出：“报纸杂志化，是近代报业的一大趋势”，②“七七以前，上海、北平、南京、杭州、广州、武汉诸都市间，各报均力求日新月异，相互竞进。附刊有艺术、文化、学苑、妇女、儿童……等各种类，分别见之于以上各地报纸。抗战军兴后，各地受环境影响，情景颇有变易，而港沪各大报，对‘趣味文’一项，反见增加，且多改进，是足证‘报纸杂志化’之新异风尚，已由欧美流入中土。”③

学生的思想或多或少总是受到老师的影响，毛树清也不例外。毛树清当时还是政校新闻学系学生，这篇文章也是发表在马星野主持的政校新闻学系“实习刊物”《新闻学季刊》上。由此可见，马星野以及政校新闻教育对于“报纸杂志化”的态度是积极和肯定的。在这种大环境下，有着密苏里新闻教育背景且对西方报业做过系统考察的马星野提出“报纸杂志化”改革的方针和思路，并以南京《“中央日报”》为“试验田”，将这一理念推入更加系统、广泛和深入的实践之中，也就毫不为怪了。

南京《“中央日报”》的“报纸杂志化”改革试验与实践总体上来说是成功的。1988 年，台北《“中央日报”》曾对马星野及南京《“中央日报”》的“报纸杂志化”予以高度评价：“马社长确立报纸杂志化方针，除予读者最新的新闻和最正确的时事见解外，并供给读者以丰富的知识；当时本报的定期专刊有十数个之多，……内容之丰富，一时无双。”④

在 1974 年发表的《论报纸之杂志化》中，马星野对“报纸杂志化”运动的理

① 徐佳士：《不颁文凭的学府》（1976 年 12 月），载胡有瑞主编：《六十年来的“中央日报”》，台北：“中央日报”社，1988 年，第 163 页。

② 毛树清：《报纸杂志化问题》，《新闻学季刊》1941 年第 1 卷第 3 期，第 10 页。

③ 毛树清：《报纸杂志化问题》，《新闻学季刊》1941 年第 1 卷第 3 期，第 14 - 15 页。

④ 上官美博辑：《六十年大事记》，载胡有瑞主编：《六十年来的“中央日报”》，台北：“中央日报”社，1988 年，第 250 页。

念及《"中央日报"》"报纸杂志化"改革试验与实践的成效做了最为全面和直接的阐述：

> 青年战士报……是台湾三十多家报纸中唯一出有星期杂志的。我对于这个星期杂志特别注意，这同我三十年前即提倡的"报纸杂志化"运动，有同样的意义。现代的新闻纸，必须杂志化。……现代是一个知识爆炸的时代，旧式的新闻报道，已不能满足这个时代人的要求。……一个报纸能够作深入之报道，立体的描写，正确的分析，这个报纸才是现代人所需求的。何况这也是大众传播百花齐放的时代，过去报纸垄断了新闻供应的市场，现在有电视，有电影，有新闻性杂志，有无线电广播，在争取人民的视听，在争取公众的爱好。新闻要在这些传播媒体中争生存，则非要发挥报纸的特性不可。……因此报纸为在许多媒体中争取读者，也非走"报纸杂志化"一条大路不可。我鼓吹这个口号很久，到了抗战胜利那一年，我便在南京"中央日报"试验起来，首先是出一个地图周刊，用地图来解释当前大新闻的地理背景，……我又试一个"文史周刊"注意历史之来龙去脉。为满足不同年龄不同阶层读者之兴趣，我又试一个儿童周刊、妇女周刊、青年周刊，及专为新闻记者办的"报学周刊"。为使爱白话与爱文言的人，都有东西看，我们每天有"中央副刊"。每星期有"泱泱副刊"（专刊诗词歌赋，是文学家卢冀野主编的）。为满足读者对图画之兴趣，以后又出了"图画周刊"及"漫画周刊"，同时在每星期出"中央周刊"，每晚出"中央晚报"。……报纸杂志化可以增加报纸读者的知识与兴趣，也因此可以增加报纸之销路与广告之之效果，……那时，这个报纸，在空前之繁荣中，也可以说受"报纸杂志化"之赐。①

马星野在离开《"中央日报"》20余年后仍然发出了"报纸杂志化"的呼声。如果说1945年开始的《中央日报》"报纸杂志化"是马星野对自己办报理念和理想的一系列试验实践的话，那么1974年的这个呼声则是他对"报纸杂志化"更加客观、系统和深入的总结。1981年，马星野在评价《"中央日

① 马星野：《论报纸之杂志化》（1974年11月29日），《马星野档案》099-01-02-02-073，台北"中研院"近史所档案馆藏。

报"》时依然认为：

> "中央日报"向以"报纸杂志化"为号召，……将知识通俗化、系统化以各类周刊的方式，带给读者，我以为时间是金钱，要使每个周刊，也即每个杂志有时宜性，不可真的像一本杂志或一本书，也不可迷住偶像作者，这有赖于编者之精心设计，与作者之诚意配合，及读者之不断批评。……只要不枯燥，合于时宜，会有益于读者的。①

台湾新闻界资深报人马之骕认为："这种有教育性的专刊，不下十余种，配合不同阶层的读者，编辑不同性质的'专刊'。现在《"中央日报"》的编辑方式，虽逐渐进步，但在基本上，仍以'马首是瞻'，可见马先生对《"中央日报"》的发展有远程的影响。"②

马星野念兹在兹并大力推动的"报纸杂志化"运动实质就是一种基于"读者导向"和"分众传播"专业理念的报纸专业化实践。报纸必须根据自己的信息传播特点和优势准确定位自身的受众群，并以"清晰的编辑方针"，即"深入之报道，立体的描写，正确的分析"来吸引读者。这在今天看来并不是十分新颖，但这是在七十年前的中国，由一位国民党体制内新闻人所倡导和坚持，并着力在《"中央日报"》这个作为国民党及其领导个人"喉舌"的"最高党报"③内进行的专业化改革试验和实践。就时代和社会的大环境而言，这在当时实属不易；就今天的报业发展而言，这种前瞻和勇气也发人深省，令人深思。

（三）"党营"报纸企业化

《"中央日报"》在1932年5月之前由国民党"中宣部"直接控制，其社长由国民党"中宣部"部长兼任，体制上并不独立；1932年5月《"中央日报"》改行社长制后，其成为直属国民党中央的行政上独立的报纸。在这两个阶段，《"中

---

① 马星野：《四大使命与四个方向》(1981年1月20日)，《马星野档案》099-01-02-02-073，台北"中研院"近史所档案馆藏。

② 马之骕：《新闻界三老兵：曾虚白、成舍我、马星野奋斗历程》，台北：经世书局股份有限公司，1986年，第393页。

③ 程沧波：《半世纪的回顾》(1973年8月1日)，载胡有瑞主编：《六十年来的"中央日报"》，台北："中央日报"社，1988年，第30页。

央日报"》的经营均由国民党中央财政统收统支，不计盈亏。[①] 1947 年 5 月，《"中央日报"》进行企业化经营改革，成立股份有限公司，成为国民党"党营"报刊，直至 2006 年停刊。

南京《"中央日报"》的企业化经营改革对该报乃至整个国民党体制内新闻事业的发展影响深远，马星野就是着力推动并具体实施这一改革的关键人物之一。1978 年，陈立夫对此事回忆道："(1947)年初'中央'举行全会时，星野同志建议南京'中央日报'首先实施企业化，并率先自动停领津贴，期以破釜沉舟之决心，迈向'党营'事业之健全独立。'党报'赚钱，盖未之前闻。星野同志建议，为'党报'辟一新途径。余不仅首然其说，并与当时果夫家兄、布雷先生磋商，为使'中央日报'企业化基础得以永久奠立，乃竭力促成'中央银行'批准'中央日报'购结外汇三十万美元之事，以便'中央日报'更新设备，预储用纸。其后，星野同志即以此笔外汇之半，向美订购高斯轮转印报机乙部，为复员后中国报纸向国外购得新式印报机之第一家。……'中央日报'改组为股份有限公司，余并于是日被诸同志推为第一任董事长，与右任先生、布雷先生同主董事会会务。陈故'副总统'辞修先生并被推为常驻监察人。马星野同志为社长，黎世芬同志为总经理。公司之规模初具。而余引为快者，即为'中央日报'之发行网，盖已普及全国。星野同志并于是年有国外之行，参与联合国倡组之'新闻自由宪章'创立大会，并为'中央日报'部署进军世界，期以'现代化、杂志化、大众化、世界化'四点为发展目标。"[②]

1.《"中央日报"》企业化经营改革的动因

(1) 要求民主、反对独裁的时代潮流为《"中央日报"》企业化经营改革创造了契机。

1945 年 5 月法西斯德国无条件投降，世界反法西斯斗争取得伟大胜利。同年 10 月"双十协定"签订，次年 1 月政治协商会议召开，国内民众和各党派要求民主自由、反对独裁统治的呼声日益高涨。在这种国际国内大环境下，国民党蒋介石集团为迎合时代潮流不得不调整自己的统治策略，将"结束训政、实行宪政"提上议程，并试图以此粉饰"民主"，保持和维护其在战后中国的统

---

① 例如，1932 年程沧波接手《"中央日报"》时，国民党中央给其的拨款为每月 8000 元。参见程沧波：《半世纪的回顾》(1973 年 8 月 1 日)，载胡有瑞主编：《六十年来的"中央日报"》，台北："中央日报"社，1988 年，第 30 页。

② 陈立夫：《创造在艰困之中》(1978 年)，载陈立夫等著：《"中央日报"与我——"中央日报"创刊五十周年纪念丛书之二》，台北："中央日报"社，1978 年，第 1－2 页。

治地位和统治秩序。因此，国民党认为“党须随时确定宣传政策、新闻政策、文化政策，采取领导方式，造成舆论运动……”①在这种要求下，《“中央日报”》必须以“独立”的名义尽量消除国民党的“色彩”和“影子”，转以“民营”的面目融入社会舆论之中，通过展现其所谓“民众立场”和“公正态度”，以“为民喉舌”的面目确保其“党的喉舌”的宣传效果。1945年5月19日和1946年3月15日，国民党第六次全国代表大会和六届二中全会两次通过决议，要求对“党的新闻事业”作“企业化改革”，即“如何加强全国宣传工作之联系，并谋党之新闻事业之企业化，应由下届中央执行委员会切实规划实施。”②“有关宣传之党营机构，如各党报、通讯社、各书局及中央电影、摄影场等，应迅速改组为民营公司。”③国际国内要求民主、反对法西斯独裁的大环境影响，以及国民党为延续自身统治而不得不进行的“迎合形势、“粉饰民主”的政策调整为《“中央日报”》企业化经营改革提供了契机。

(2) 战后国民党垄断资本迅速扩张要求《“中央日报”》必须走“股份制企业化”经营道路。

战后，国民党通过接收和掠夺敌伪、民营新闻事业迅速扩张党的新闻事业，实现和强化了对新闻事业资本的垄断和“党化”管控。在这一过程中，尤其是对民营新闻事业的掠夺，产生了一系列矛盾。而采取“股份合作制”的企业化方式改革，一方面可以将民营资本以“股份”的形式化作党营新闻“企业”的资本，从而化解矛盾，“合法”地占有民间资产；一方面可以通过“控股”的各种手段，将民营资本在党营新闻“企业”中的影响降到最低，从而维持办报方针、宗旨，亦即维持“党的喉舌”功能，控制舆论。

(3) 遵循专业化办报规律为《“中央日报”》企业化经营改革提供参照和方向。

《“中央日报”》毕竟是一张报纸，不是官方的“公报”和“文告”，因此必须遵

---

① 《现阶段的党务方针：改革的工作》(1947年3月23日国民党第六届中央执行委员会第三次全体会议通过)，载荣孟源主编：《中国国民党历次代表大会及中央全会资料》(下册)，北京：光明日报出版社，1985年，第1112页。

② 《对于党务报告之决议案：关于一般党务者》(1945年5月19日国民党第六次全国代表大会通过)，载荣孟源主编：《中国国民党历次代表大会及中央全会资料》(下册)，北京：光明日报出版社，1985年，第919－920页。

③ 《对于党务报告之决议案：改善宣传方法》(1946年3月15日国民党第六届中央执行委员会第二次全体会议通过)，载荣孟源主编：《中国国民党历次代表大会及中央全会资料》(下册)，北京：光明日报出版社，1985年，第1041－1042页。

循报业发展的一般规律。报纸既要有自己的思想、风格和立场，也要有自己的内容、形式和经营。自 1928 年至 1945 年，《“中央日报”》已经过了 17 年的发展，尽管从程沧波开始就已非常重视报纸的专业化运营，但由于“党报”色彩浓厚，导致立场过偏，官气过重，约束了其在报业专业性上的发展。1942 年 12 月 10 日陶百川在接任南京“中央日报”社社长的当晚即为《“中央周刊”》撰写了《办“中央日报”的信念》：“党报常被认为‘官报’，而官报的内容，常被认为只有官样文章，没有公论，因此党报的信用不及商报，声光和力量有时也在商报之下。”[①]1945 年 8 月 22 日，马星野在《“中央周刊”》座谈会上也就这个问题提出“官办报纸必须改变作风”的主张：

> 在抗战中，一般人都感觉到官办报纸不如商办报纸办得好，官办报纸从政府得到经费补助和平价物资，照理比商办报纸容易经营，可惜多半流于官僚化，衙门化，缺乏独立和创造的精神，以致不能与商办报纸竞争。抗战胜利了，新闻事业势将有更蓬勃的发展，官办报纸的这种作风，必须彻底改变，否则一定要在竞争中被淘汰。[②]

就在这一阶段，马星野开始倡导“新闻事业企业化”概念，他指出：

> “新闻事业”观念的确立与推广，至为重要，因为现在社会逐渐现代化，工商百业发达，“书生论政”的办报时代已成过去，新闻是事业，更是一种企业，以企业化的经营，才能促进新闻事业的发展。[③]

因此，汲取民办报纸优势，改革官办报纸作风，并努力使自身成为一个事业和企业是《“中央日报”》继续发展而不至于被淘汰的必然要求。

---

① 陶百川：《最长的一年》，载胡有瑞主编：《六十年来的“中央日报”》，台北：“中央日报”社，1988 年，第 36 页。

② 马星野：《胜利声中谈复员：官办报纸的作风必须改变》，《“中央周刊”》1945 年第 7 卷第 34－35 期，第 8 页。

③ 陈裕清：《既开风气又为师》，载吉人编：《马星野先生纪念集》，台北：“中央日报”出版部，1992 年，第 63 页。

（4）具有专业素养的国民党体制内新闻人为南京《“中央日报”》企业化经营改革提供了推力

在陶百川任“中央日报”社社长时，《“国民日报”》董事长吴铁城就曾建议其在营业方面注意“事业化、营业化”。[①] 1953年1月26日，时任社长胡健中也提出《“中央日报”》必须发展经营的目标：“今后本报经营拟以宣传为目地，不以盈利为目的。但必须在经济上有以自养，并在不妨害宣传目的之原则下，发展营业，自养养党。”[②]马星野对此早有同感：

> 一个报纸配做“报纸”，首先要经济独立，自足自给，而经济独立的唯一标准，是藉报纸内容之改进，以增加读者，以发行数量之增加使广告效力提高，因而使营业收入足以应付做报支出有余。我认此为做报的常经，没有任何理由可以跃出这常经的。[③]

就马星野个人而言，他敢于这样将自己的办报思想付诸实践，也是有着时代背景的。1947年3月23日国民党第六届“中央执行委员会”第三次全体会议通过的《现阶段的党务方针：改革的工作》提出：“任何工作，要以理想改造现实，勿以现实牺牲理想，要争取主动，积极领导，勿只照例办公，一味应付。”[④]国民党的这个指示，为当时的马星野在《“中央日报”》实现自己的改革理想提供了合适的政治氛围和环境。陶百川、吴铁城、胡健中、马星野都是具有一定专业素质的国民党体制内新闻人，专业素养和实践经验使他们对党报经营企业化有着一定共识。“想做、愿做、能做”是改革者必须具有的三个素质，也是任何改革能够得以实施的重要前提。以马星野为代表的一批国民党体制内新闻人，在时代大环境的要求下，试图遵循专业化的报业规律，大胆将自己对于国民党党报企业化经营改革的思考付诸行动，有力推动了南京《“中央日报”》企业化经营改革。

---

① 陶百川：《最长的一年》，载胡有瑞主编：《六十年来的“中央日报”》，台北：“中央日报”社，1988年，第37页。

② 胡健中：《历任三界社长》（1987年11月），载胡有瑞主编：《六十年来的“中央日报”》，台北：“中央日报”社，1988年，第39页。

③ 马星野：《其可告人无二三》，《报学杂志》1948年试刊号，第17页。

④ 《现阶段的党务方针：改革的工作》（1947年3月23日国民党第六届中央执行委员会第三次全体会议通过），载荣孟源主编：《中国国民党历次代表大会及中央全会资料》（下册），北京：光明日报出版社，1985年，第1110页。

在以上四个动因的基础上，时任社长的马星野于1947年5月30日“毅然停领中央补助费，组织中央日报股份有限公司完成了企业化。这是第一个党营文化事业。”[①]这标志着国民党党报企业化经营管理体制的确立。南京《中央日报》的企业化股份制经营改革取得了一定成效。[②] 在经济上，通过发行股票，其总资产达到法币12亿元以上，并在南京新建了办公楼、仓库、员工宿舍、印刷厂等一批基础工程，“而且同年即能给中央缴盈余”；[③]在业务上，经过改组整合，其规模不断扩大，分别在南京、上海、重庆、贵阳、昆明、桂林、长沙，福州、厦门、海口、沈阳、长春等12个城市设立分社并出版当地版。[④]

2.《“中央日报”》企业化股份制经营改革的特点

(1) 这是受到国民党高层支持的一次自上而下的改革。

南京《中央日报》企业化经营改革是国民党党报的一次“主动”转变。这个改革不是马星野一个人的改革，而是整个国民党在抗战后特殊的国际国内环境下寻求“自我转变”以适应统治需要的一次改革，是时代社会发展以及国民党统治阶层意志的体现和要求，有着深刻的历史背景。这也是马星野与南京《“中央日报”》企业化经营改革最强大的动因和最主要的制约因素。尽管马星野是南京“中央日报”社社长，但是单凭他自身的地位和影响是无法实现这种变革的。在这次变革中，国民党中央高层的作用是显而易见和至关重要的，其决定性的影响体现在人员安排、经费支持、政策优待等等之上。《“中央日报”》在改革前由“中央银行”批准购结外汇30万美元以便更新设备，预储用纸就是明证。而陈立夫亲任第一任董事长，陈诚任常驻监察人这个事实也很好地说明了这一点。然而，同样不可否认的，是马星野作为这次改革的重要推手之一，发挥了改革的重要参与者、执行者和拥护者的作用。因此马星野感慨：

---

① 马星野：《我在南京办报的回忆——为“中华日报”创刊二十周年而作》，台北《“中华日报”》1966年2月21日，载吉人编：《马星野先生纪念集》，台北：“中央日报”出版部，1992年，第274页。

② 《南京“中央日报”股份有限公司创立会纪录》(1947年5月30日)，《“中央日报”社档案》656.4/5612，南京中国第二历史档案馆藏。

③ 马星野：《我在南京办报的回忆——为“中华日报”创刊二十周年而作》，台北《“中华日报”》1966年2月21日，载吉人编：《马星野先生纪念集》，台北：“中央日报”出版部，1992年，第274页。

④ 蔡铭泽：《四十年代国民党党报企业化经营管理概述》，《新闻大学》1992年第2期，第61页。

我们公司经过三位董事长：陈立夫、黄少谷、董显光。他们是完全信任我，凡是社中之事，我都可以做主张，在困难时，他们助我解决，有这样好的董事长，是我能放手去做的基本原因。[①]

(2) 这是一次经营方面的改革，而不是全面的改革。

马星野所推动的南京《"中央日报"》企业化改革是一种符合现代报业专业发展规律的改革，但仅仅限于经营方面。通过经营改革，利用股份制公司这个科学的现代经济管理手段，将《"中央日报"》的财产权和经营权分离，强化利益机制，使得《"中央日报"》原有的"官僚衙门"习气在一定程度上得到改变，促使其从企业经营的角度进行管理，通过壮大业务和发行来发展自身经济力量。

(3) 这是一次并未改变国民党党报办报宗旨和目标的改革。

《中央日报》的办报宗旨和目标始终在于阐扬"三民主义"，"主义第一"的原则在改革之前就已被确定，是为红线，不得逾越。因此马星野主持下的《"中央日报"》企业化经营改革具有明显的不彻底性，但其就国民党党营新闻事业的长远发展而言，是一个经营体制转变的起点，具有深远影响；就《"中央日报"》自身发展而言，是第二次重大改制，"具有脱胎换骨的意义"；[②]就马星野本人而言，他所强调的"经济上能够独立，报纸才具有真正自由自主的条件"的想法能够实现，[③]是他在国民党体制内新闻人生涯中不可忽略的一次成功。

（四）"党报"新闻日报化

作为国民党党报，《"中央日报"》始终坚持"言论第一"的原则，陶希圣甚至提出"社论就是消息"的主张。[④] 这是国民党强调《"中央日报"》的"党性"的必然；但马星野的前任中的一些办报的行家则对此另有看法，如程沧波认为："要造成报纸的领导地位，不能依赖政治力量，而要靠报纸本身站得住站得出。我针对一个官报的弊病，确立办报要多登新闻的政策。……而当天的新闻不但

---

① 马星野：《我在南京办报的回忆——为"中华日报"创刊二十周年而作》，台北《"中华日报"》1966 年 2 月 21 日，载吉人编：《马星野先生纪念集》，台北："中央日报"出版部，1992 年，第 274 页。

② 姚朋：《马星野先生与"中央日报"》，访问纪要（未刊稿），2010 年 9 月 1 日。

③ 姚朋：《马星野先生与"中央日报"》，访问纪要（未刊稿），2010 年 9 月 1 日。

④ 陶希圣：《潮流与点滴》，北京：中国大百科全书出版社，2009 年，第 224 页。

不能较其他各报落后，且要超出。”[①]这是专业的报人强调《“中央日报”》的“报性”使然。马星野则糅合了上述两种主张，提出《“中央日报”》的“党性”与“报性”并重的观点：“报纸的两大使命，第一便是报道新闻，第二便是表达民意。”[②]

马星野之所以这样认为，是因为他看清楚了“中央日报”这四个字其实蕴含了两个鲜明的概念：一是“中央”二字代表所谓国民党“党性”；二是“日报”二字代表专业的“报性”。

《“中央日报”》内部“中央”与“日报”两派之间的矛盾其实始终存在，而实质就是国民党体制内“作为官僚的党人”与“作为报人的党人”就如何办好《“中央日报”》这张国民党党报的问题所提出的不同思路之间的矛盾。“作为官僚的党人”的代表，不仅有前面提到的陶希圣，还有陈布雷、曹圣芬、萧自诚等，他们都来自于蒋介石的“侍从官邸”；“作为报人的党人”的代表，不仅有前面提及的程沧波、马星野、陆铿，还有胡健中、阮毅成等，他们或是报人出身，或是受过系统的西方新闻教育。前者强调“配合政策务求稳重，新闻先后不必计较”，陈布雷就曾让时任南京《“中央日报”》主笔之一的蒋君章转告马星野：“对重要问题，‘中央’尚无决定性的政策之前，外间尽管有种种传说，或种种议论，中央日报决不可因为在新闻上有落后之感而抢着发布新闻，或发表言论。”[③]对于后者而言，则强调“报纸是新闻事业，是文化事业，也是工业与商业。”在马星野之后任台北“中央日报”社社长的阮毅成认为：“报纸固负有宣传的使命，但同时也要合乎工商企业的条件，使其能有广大的读者群，才能一方面扩大宣传的影响，一方面谋取更多的盈利。”[④]

实际上，《“中央日报”》这两条办报路线之间的“矛盾”并非不可调和。从本质上来说，两条路线的执行人都是“党人”，他们所具有的国民党体制内身份是一致的；他们对于《“中央日报”》的“党报”定位、宗旨和目标都是认同的。而他们的分歧只是在用何种方式办好《“中央日报”》，以期使其更好地发挥“喉

---

① 程沧波：《半世纪的回顾》，载胡有瑞主编：《六十年来的“中央日报”》，台北：“中央日报”社，1988 年，第 30－31 页。

② 马星野：《精神食粮问题》，《文风杂志》1943 年第 1 卷第 1 期，第 34 页。

③ 蒋君章：《布雷先生对“中央日报”社论的指示》(1976 年 2 月)，载陈立夫等著：《“中央日报”与我——“中央日报”创刊五十周年纪念丛书之二》，台北：“中央日报”社，1978 年，第 31 页。

④ 阮毅成：《我在“中央日报”》(1975 年 2 月)，载陈立夫等著：《“中央日报”与我——“中央日报”创刊五十周年纪念丛书之二》，台北：“中央日报”社，1978 年，第 27 页。

舌”作用上。也就是说，不管他们是“CC”还是“DD”，但大家都是“KMT”。因此这两条路线在大方向上是一致的，矛盾的焦点无非在于一方走的是“专业化”的国民党党报“新闻路线”，另一方走的是“党化”的国民党党报“言论路线”而已。这也就为马星野能够折冲协调这个“矛盾”提供了可能性。

因此，在处理《“中央日报”》内部“先‘中央’后‘日报’”，还是“先‘日报’后‘中央’”的争论时，马星野就采取了平衡“中央”与“日报”之间关系的方法，把“中央”的言论与“日报”的新闻相对分离，不分“谁先谁后”，只要大方向一致，“中央”和“日报”在各自的轨道上并进即可。也就是说，在不违反、不减弱《“中央日报”》的国民党“党性”宗旨和“喉舌”作用的前提下，尽可能使报纸新闻更加迅速和准确，使之更加符合一张“日报”所应具有的新闻专业水准。在国民党对于新闻事业不得不采取比较“宽松”的政策的大环境下，马星野对《“中央日报”》的“新闻”和“言论”采取了“各自发展，彼此并进”的策略，使得这一时期的南京《“中央日报”》在新闻报道方面，与以往相比，少了一些“禁忌”。在徐佳士看来，这就使《“中央日报”》有了一段“鲜有的新闻自由的时日”。[①] 这种“新闻自由”在1947年《“中央日报”》记者漆敬尧等揭露孔、宋家族“孚中扬子公司贪污事件”的新闻报道中达到高峰。

1947年7月29日，南京《“中央日报”》第四版独家登载揭露孔、宋家族控制下的孚中、扬子公司贪污国家外汇三亿多美元的新闻，[②]引起巨大反响。《大公报》、《新闻报》、新华社等各大媒体纷纷予以转载或报道，美国方面也予以密切关注，“几乎引起一次政潮”。[③] 这篇新闻报道触及到了当时处于国民党统治集团最上层的蒋、宋、孔、陈“四大家族”的核心利益：孔宋家族是被直接点名的揭露对象；蒋介石虽是名义上的仲裁者，实际上却是孔宋家族最大的后台；《“中央日报”》则被认为是“CC”的营盘。这其中关系错综复杂，牵一发而动全身。然而，作为国民党“喉舌”的《“中央日报”》率先独家揭露国民党最高层的腐败，却不能不说是一种充满勇气的行为。[④]

---

① 徐佳士：《龚选舞回忆·序》，载龚选舞：《龚选舞回忆》，台北：时报文化出版企业有限公司，1991年，第5页。

② 《孚中暨扬子等公司破坏进出口条例，财经两部奉令查明》，南京《中央日报》1947年7月29日。

③ 陆铿：《陆铿回忆与忏悔录》，台北：时报文化出版企业有限公司，1997年，第63页。

④ 当然，由于《“中央日报”》不可避免所具有的国民党“喉舌”本质，后来对于该新闻的所谓“善后”处理，也是由其进行的。

尤其难能可贵的是，当时南京《"中央日报"》从社长马星野开始，到总编辑李荆荪，副总编辑陆铿、朱沛人，直至普通记者漆敬尧，均本着新闻专业精神和职业道德操守，严守消息来源秘密长达50年。即使是在蒋介石的亲自询问下也无人说出是哪个官员透露了消息，是哪个记者撰写了新闻。[①] 南京《"中央日报"》的"孚中扬子公司贪污事件"报道被认为"在中国新闻史上留下极为光耀的纪录"，[②]"连言行一向谨慎的马星野师，时隔四十年在台北接受马之骕先生访问时，仍以之作为争取新闻自由的典型事例介绍。"[③]

其时，马星野主持下的南京《"中央日报"》能够如此坚守"新闻自由"理念和职业道德操守，主要有三个原因：

1. 国民党在内外交困中不得不放松新闻统制，粉饰"民主""自由"

1946年到1948年是《"中央日报"》新闻事业最为"自由"的时期。然而蒋介石内心里对此种"自由"是不满的，正如他在1948年11月4日的日记中所记载的："最近军事与经济形势皆濒险恶之境，于是一般知识分子，尤以左派教授及报章评论，对政府诋毁污蔑无所不至，即党报社论对余与经国，亦肆意攻讦，毫无顾忌，此全为孔令侃父子之所累，盖人心动摇怨恨，从来没有今日之甚者。"[④]

但他却在这种心境下暂时放过了对"孚中扬子公司贪污事件"新闻报道的追究。究其原因，这并非出自蒋介石的"积极开明"，而是当时世界民主潮流浩荡，国内民主力量高涨，国民党内部腐败、派系倾轧，中国社会凋敝，民怨沸腾的大环境使得国民党统治集团最高层在内外交困中被迫采取较为"容忍"的态度和"宽松"的新闻政策以粉饰"民主自由"，掩盖其专制独裁本质。龚选舞认为："在主观上，中国的记者们在传统上本有其书生论政报国的情怀，其时复值全球新闻自由运动正由学界报界普遍推动，这两股力量值此胜利突降、社会变

① 马星野直到1991年去世，也没有公开透露过当事人的姓名。直到1997年，陆铿才在回忆录中点名漆敬尧为当时的撰稿记者，时任经济部商业司司长的邓翰良为消息来源。而据政治大学传播学院陈百龄教授所言，漆敬尧也是在此前后才公开承认这件事情。

② 龚选舞：《龚选舞回忆录：一九四九国府垮台前夕》，新北：卫城出版社，2011年，第348页。

③ 陆铿：《陆铿回忆与忏悔录》，台北：时报文化出版企业有限公司，1997年，第63页。

④ 蒋介石：《蒋介石日记》(1948年11月4日)，转引自李金铨：《记者与时代相遇》，载李金铨主编：《报人报国——中国新闻史的另一种读法》，香港：香港中文大学出版社，2013年，第423页。

动之际乃能适时汇流。客观上也一样有利，国内，和谈的双方都在高谈民主自由，而来自首要盟邦美国的更是同样有力的催促。于是，主观客观合拍，……乃能有此千载难逢的际遇。”①

而李金铨也认为：“这个‘弱势独裁政权’有心无力，只能勉强做出局部的、不完全的而有特定对象的控制；只要不直接威胁到它的统治基础，报人尚有若干‘消极自由’的空间。”②“每当权力结构在铁的纪律下，只有一个主义，一个领袖，一个口径，那么言论界只能紧跟着权力当局，当工具、喉舌，做啦啦队；一旦派系斗争白热化，势均力敌，甚至群龙无首，以致杂说纷呈，浮现不同的口径，当局的统治力量减弱，这时言论可能纷乱，但喘息的空间反而扩大。”③

这种“自由”状况在本质上只是国民党的权宜之计。随着 1949 年后国民党败退台湾，其面临的最迫切的问题已不再是如何粉饰“民主自由”，而是如何通过威权来维持其残余的统治；加之 20 世纪 50 年代美国反共、反民主的“麦卡锡主义”泛滥，国际民主大环境逐步消失。这使得国民党蒋介石集团在 1949 年后不断缩紧新闻言论统制尺度，以至于以“刚性威权”来钳制新闻言论自由，使得《“中央日报”》和马星野失去了享受短暂的“新闻自由”的时代大环境。

2. 中国报纸和报人从早期的“文人论政”逐渐向专业的新闻纸和新闻人过渡，以跟上时代潮流

从 20 世纪二三十年代开始，随着西方新闻专业主义思想和报业专业运作模式的传入，中国报业的专业化观念得到树立和加强，开始试图在某种程度上摆脱单纯的“政治附庸”角色。这一点无论对于商业报（如《申报》）、政党报（如《中央日报》），或是专业报（如《大公报》）④而言都是如此。在报纸的专业化过程中，报纸“新闻”的专业化要比“言论”的专业化走得更快，更少受到“政治”的

---

① 龚选舞：《龚选舞回忆》，台北：时报文化出版企业有限公司，1991 年，第 27 - 28 页。

② 李金铨：《记者与时代相遇》，载李金铨主编：《报人报国——中国新闻史的另一种读法》，香港：香港中文大学出版社，2013 年，第 447 页。

③ 李金铨：《记者与时代相遇》，载李金铨主编：《报人报国——中国新闻史的另一种读法》，香港：香港中文大学出版社，2013 年，第 449 - 450 页。

④ 关于中国近代报业的发展模式，李金铨认为可以划分为“商业报”、“专业报”和“政党报”三种。其中“商业报”以《申报》《新闻报》为代表，“最有钱”；“专业报”以《大公报》为代表，“最受尊敬，是中国文人论政的典范，善于商业经营，却不以牟利为目的”；“政党报”以“党的喉舌”为代表，“最有权势”。参见李金铨：《记者与时代相遇》，载李金铨主编：《报人报国——中国新闻史的另一种读法》，香港：香港中文大学出版社，2013 年，第 404 页。

影响，显得更加“自然”和“安全”。也就是说，就报纸专业化的“新闻”与“言论”两者而言，“新闻客观”要比“言论独立”来得更加容易。因此，作为一个更加容易实现的专业化指标，“新闻”在报纸中的比重以及新闻报道是否客观，在当时不仅成为衡量一张报纸是否专业的重要标志，也成为具有专业精神的报纸在那个时代体现自己专业色彩的最主要途径。

与中国近代报业的专业化进程相一致，中国近代报人也在经历着一个职业化、专业化的过程，这两者之间是相辅相成的。随着中国近代报人与西方日益的接触频繁，直接受过西方专业新闻教育以及接受过具有西方特征的中国专业新闻教育的知识分子在报界的比例越来越高。当报纸力争以一种专业新闻纸的面目出现时，办报的责任就不仅仅是纯粹的“文人”所能应付，而必须由“半专业化”的“文人”，乃至专业化的“新闻人”担当了。马星野身处的时代正是从“‘文人论政’过渡到半专业化或党化的时代”。[①] 作为一个具有密苏里新闻教育背景的专业报人，争取新闻自由与时效是马星野留学密苏里所获得的专业新闻概念。因此，马星野能够也必须主动适应这个潮流。同时，这也是他体现专业精神和职业素质的一个主要途径。

3. 顺应报纸为社会大众提供准确信息的要求，以增强宣传效果

随着时代的发展和报业的兴盛，报纸不再是传统“士大夫”精英阶层所享有的“专利品”，普通社会大众开始成为其重要的读者群。这个受众群体在数量上远远多于精英阶层读者；在信息传递的需求上首先更加偏重于迅速、直接、准确获取自己感兴趣的消息，然后才是客观的观点和立场。面对这个变化，报纸就必须要以好的新闻吸引读者的眼光，藉此树立公信，然后才能更好地传达自己的观点，扩大自己的宣传影响。

以上三点就是马星野在《“中央日报”》采取“两条路线”并行策略的重要原因。他在新闻报道方面放手进行“日报化”改革，强调报纸的“专业性”；在言论方面坚持“中央化”立场，突出报纸的“喉舌性”。事实上，这种“中央”与“日报”平衡并重的策略使得南京《“中央日报”》的确有了一段短暂的“辉煌”：“《‘中央日报’》自一九二八年二月创办以来，一直都是赔本的，赔了十八年的本。到一九四六年马星野师接长才开始赚钱。内容充实，版面清新，新闻快而准；……有一个时期，刊登广告甚至排队，令人难以想象。……事实上，当时的《‘中央

① 李金铨：《记者与时代相遇》，载李金铨主编：《报人报国——中国新闻史的另一种读法》，香港：香港中文大学出版社，2013年，第445页。

日报’》，确已成为‘首都’新闻中心，连外国通讯社，诸如美联社、合众社、路透社、法新社等等，都要参照《‘中央日报’》的有关政经新闻发稿。”①

综上所述，1945 年至 1949 年，马星野通过打造一支以政校毕业生为主力的专业新闻人才队伍，倡导报纸内容的杂志化，致力推动报纸的经营“企业化”与新闻“日报化”改革，使南京《“中央日报”》“不但面目一新，而内容之丰富，发行之畅通，及财务之进步，实为中央日报有史以来从未见。”②1988 年，《“中央日报”》在纪念创刊六十周年时对马星野在《“中央日报”》的成绩予以高度评价：“本报在南京复刊之一段时间，在马星野社长悉心主持经营之下，全社员工达三百余人，无论在言论、新闻、资料以及业务上，均有划时代的成绩。”③

曾任台北“中央日报”社社长的潘焕昆也认为：“‘中央日报’是中国国民党的机关报，也是一家高度政治性的报纸，当年马社长星野先生凭着他个人的学识与才华，加上他一手训练出来的许多学生的帮助，居然把这家报纸办得有声有色，成为第一个能够赚钱的党报，……实在不易。”④

三、在台北的三年（1949—1952）

1948 年 10 月 25 日，马星野夫妇应时任台湾省主席魏道明的邀请到台北参观台湾光复博览会之《“中央日报”》照片展。行前，马星野向陈立夫报告此行实际目的是考察《“中央日报”》在台发展事宜。陈立夫对此颇为支持。30 日马星野回宁后，立即请陈立夫召开紧急董事会议，商议在台举办《“中央日报”》太平洋版之事，得到与会的陈布雷、黄少谷等人大力支持。会议决定立即派时任总经理黎世芬赴台筹设台湾分版。1949 年 3 月 12 日《“中央日报”》台北版出刊，“号次衔接南京版，日出两大张，组织未有变动。”⑤1952 年 8 月，马星野去职。

---

① 陆铿：《陆铿回忆与忏悔录》，台北：时报文化出版企业有限公司，1997 年，第 62 页。

② 马星野：《生平简记》（上）（四十岁以前），手稿，《马星野档案》099－01－01－01－002，台北“中研院”近史所档案馆藏。

③ 上官美博辑：《六十年大事记》，载胡有瑞主编：《六十年来的“中央日报”》，台北：“中央日报”社，1988 年，第 250 页。

④ 潘焕昆：《新闻界的老兵》（1987 年 12 月），载胡有瑞主编：《六十年来的“中央日报”》，台北：“中央日报”社，1988 年，第 54 页。

⑤ 上官美博辑：《六十年大事记》，载胡有瑞主编：《六十年来的“中央日报”》，台北：“中央日报”社，1988 年，第 250 页。

（一）南京《"中央日报"》迁台的原因

1. 南京《"中央日报"》得以迁台的主要原因

一是马星野对时局的敏锐洞察和预见。时任南京《"中央日报"》总主笔的陶希圣曾坦言："《'中央日报'》的主持者有知道国家机密的较好机会。"①1948年9月，国民党军队在济南战役中惨败；同时，金圆券改革彻底失败，人民处于水深火热之中。作为《"中央日报"》这样重要"消息集散地"的主持人，马星野已敏锐洞察和预见到国民党政权崩溃的不可避免："徐蚌战争已进入最危急之关头，……金圆券货币改革大失败，十二月间行政院政务委员总辞。军事经济政治，面临着大崩溃之危机。"②而1949年1月22日蒋介石的"引退"促使马星野下定决心将南京《"中央日报"》直接迁往台北。

二是马星野的精心筹划与运作。马星野的行事风格一向比较稳妥细致，这也是南京《"中央日报"》得以"顺利"搬迁的主要原因。在搬迁过程中，《"中央日报"》继续在南京天天出报，一来表示其仍然坚守"阵地"，以减轻国民党体制内部对其"早早撤退"行为的压力；二来可以让留守南京的员工"有饭吃"，缓解其内部人员对搬迁的异议和矛盾。然而即便如此小心谨慎，马星野依然受到了"临阵脱逃"的指责。在后来的回忆中他感慨："当时我内外交迫，受着精神重压之情景，真想不到中央日报迁台，为什么会成为可能的。"③

三是国民党高层的应允与支持。《"中央日报"》始终是国民党最重要的"喉舌机关"和"宣传武器"，也被人认为是"CC"的营盘。因此马星野不可能擅自策划和实施南京《"中央日报"》迁台这样的大事。他的迁台设想、计划和具体实施过程不仅得到了陈立夫、陈布雷、黄少谷等人的赞同和帮助，据龚选舞回忆，蒋介石对此也是同意的，并"即准自党库拨出巨款支持"。④ 此事虽暂无旁证，但从常识上讲，南京《"中央日报"》搬迁没有蒋介石的应允是不可能办到的。尽管这件事是国民党蒋介石集团在其统治行将崩溃之际力图保留残存力

① 陶希圣：《潮流与点滴》，北京：中国大百科全书出版社，2009年，第209页。

② 马星野：《"中央日报"迁台之经过》（1978年2月1日），打印稿，《马星野档案》099-01-02-02-056，台北"中研院"近史所档案馆藏。

③ 马星野：《"中央日报"迁台之经过》（1978年2月1日），打印稿，《马星野档案》099-01-02-02-056，台北"中研院"近史所档案馆藏。

④ 龚选舞：《龚选舞回忆录：一九四九国府垮台前夕》，新北：卫城出版社，2011年，第349页。

量的必然之举，然而我们仍然可以说马星野是南京《"中央日报"》迁台最为关键的策划者和实施者之一。

（二）马星野主持下的台北《"中央日报"》的发展

马星野主持下的台北《"中央日报"》在报社组织和新闻编辑方针等方面沿袭了南京的惯例，在"言论""副刊""发行""广告"等方面进行了革新与突破。

1. 言论方面更加犀利

这一时期，台北《"中央日报"》的"社论"与"专论"更加犀利深刻。出于对国民党在"大陆全面溃败，退守台湾，风雨飘摇"局面的忧虑与反思，[①]在社长马星野、总编辑李荆荪和主笔王新命等人主导下，《"中央日报"》针对当时台湾社会的种种乱象"不时有'脱出官报'"的表现。[②]

1949 年 5 月 1 日和 3 日，台北《"中央日报"》连续抛出两篇由王新命执笔的社论《打击豪强！安定民生！》《台湾负担不起》，以"说读者想说的话"为原则，直斥蜂拥入台的某些国民党"政治人物"为"一群蝗虫""政治垃圾"。[③] 这样的社论在《"中央日报"》这个国民党党报一经刊出就引起社会各界的强烈反响：这是老百姓希望看到的，因此受到了社会的好评，令"各方对于'党报'的观感焕然一新"；[④]这也是所谓"权贵"们不愿意看到的，因此激怒了他们，使得国民党当局为"息事宁人"而于 1950 年 2 月给予马星野"严重警告"处分。[⑤]

2. 副刊方面调整收缩

台北《"中央日报"》的副刊"为了适应环境需要"而不得不调整收缩，仅保留《家庭与妇女》《儿童》和《青年》三个周刊。[⑥] 王新命认为："目前台湾各报多仅设妇女与儿童两周刊，可以说就是由于中央日报的倡导。"[⑦]同时《中央日报》在南京出版的《报学》双周刊（吴俊才主编）及《报学杂志》（孙如陵主编）是

---

① 薛心镕：《从几篇文稿看马先生的志业》，访问纪要（未刊稿），2013 年 7 月。

② 姚朋：《马星野先生与"中央日报"》，访问纪要（未刊稿），2010 年 9 月 1 日。

③ 马之骕：《新闻界三老兵：曾虚白、成舍我、马星野奋斗历程》，台北：经世书局股份有限公司，1986 年，第 403 - 411 页。

④ 姚朋：《马星野先生与"中央日报"》，访问纪要（未刊稿），2010 年 9 月 1 日。

⑤ 《刘文辉、林友才开除党籍马星野严重警告案》（1950 年 2 月）以及《马星野严重警告》，《会议记录》，会 6.3 / 230.6，会 6.3 / 230.2，台北中国国民党"文传会党史馆"藏。

⑥ 《青年周刊》后因登载了王新命的《人到有钱万事休》一文而停刊。

⑦ 王新命：《新闻圈里四十年》，台北：龙文出版社股份有限公司，1993 年，第 561 页。

马星野精心策划的一个“资料供应社”，到台湾后，他一心想要恢复这份新闻专业刊物。经过筹划，《报学》于1949年3月15日，也就是台北《“中央日报”》出刊3天后复刊，并由双周刊改为周刊，共出了9期。

马星野也非常重视《“中央日报”》的资料收集整理。鉴于《“中央日报”》副刊文章虽有价值但不易保存的缺点，马星野将其分类编成题为《我们的书》的系列丛书，提供读者收藏阅读。在1951年出版的第一集中有《我们的身体》《我们的家庭》《我们的儿童》等五个系列。“每一系列包括子题若干篇，每篇约两千字，由记者分别采访，结合专家的知识，写出深入浅出的文章，与传统的修身、齐家、治国、平天下的道理如合符节，广受读者欢迎。”①“不但对读者提供了服务的意义，而在营业方面，增加很大收益。”②

3. 发行方面“快而周到”

台北《“中央日报”》本着“快而周到”的服务方针，不断改进发行方法，力求以高质量的服务吸引读者客户。其一改台湾地区各报只在早上九十点钟出刊的惯例，率先在凌晨五时许出刊，从而促使台湾地区报纸发行时间的整体提前；在其它报纸仍然采取“订户送报”方式之时，《“中央日报”》已经在街头“普遍零售”，③既方便了读者也增加了销路，在当时激烈的竞争中占得了先机。

在发行设备的配置上，台北《“中央日报”》也凭借党报的优势，不惜血本。从1949年3月最早的一部三轮车和一辆老吉普车开始，④发展到后来包租“中央日报号”C-45运输机快速送报至全台湾地区。⑤ 20世纪50年代初，台北《“中央日报”》决定在纽约发行《“中央日报”》国际航空版，仅维持一年左右。

---

① 姚朋：《马星野先生与“中央日报”》，访问纪要（未刊稿），2010年9月1日。

② 马之骕：《新闻界三老兵：曾虚白、成舍我、马星野奋斗历程》，台北：经世书局股份有限公司，1986年，第406页。

③ 马之骕：《新闻界三老兵：曾虚白、成舍我、马星野奋斗历程》，台北：经世书局股份有限公司，1986年，第406页。

④ 马星野：《一瞬三十年》，台北《“中央日报”副刊》1979年3月12日，《马星野档案》099-01-02-02-073，台北“中研院”近史所档案馆藏。

⑤ 由于销量增长，承担《“中央日报”》空运的飞机又有B-45中型机、喷气式飞机以及四螺旋桨的“子爵”式大型运输机，由此可见当时《“中央日报”》销路之鼎盛。参见毛凤楼：《空运报纸十八年》（1975年2月），载胡有瑞主编：《六十年来的“中央日报”》，台北：“中央日报”社，1988年，第172-176页。

4. 广告方面业绩与报格并重

马星野将台北《“中央日报”》的第一版和第四版的一半或一大半刊载新闻，而另外的一半刊载广告。这与当时台湾地区各报仿效《申报》《新闻报》的形式，将第一版全登广告的做法有所不同；而对于广告版面，台北《“中央日报”》创新性地采取了“小广告模式”。“创刊每行九个六号字，后又改为每行十一个字的小广告，二行为刊登起点，每日刊登三百家以上，对于读者，便利之至。现在这种小广告，已成为最普遍最流行的广告种类之一。”[①]通过改变广告版面位置，增加广告数量，台北《“中央日报”》既保证了报纸新闻的版面，保持了“报格”，又方便了广告客户和读者，在广告发行上取得了一定的成绩。

综上所述，通过对报纸内容、编辑、经营等方面的精心运作，台北《“中央日报”》逐渐站稳脚跟，并迅速扩展为当时台湾地区最大的报纸之一。1951 年，其盈余已达 72 万元；[②]至 1952 年马星野离开前，台北《“中央日报”》有正式职员 150 人，技工 100 余人，工场两个，销量达到“五万七八千份”。[③] 而据彭河清回忆，他从“中央社”调至台北《“中央日报”》后，工资竟然翻了三倍多，“从员工资薪优厚也可看出其时中央日报业绩之佳。”[④]然而，就在台北《“中央日报”》蒸蒸日上，为各方所关注之时，1952 年 8 月 9 日马星野被迫辞去台北“中央日报”社社长之职。[⑤]

（三）马星野离职的原因

马星野离开台北《“中央日报”》的原因，众说纷纭。[⑥] 他本人在 1952 年 4 月 12 日所写的《自述》中也仅提及：“七年之间，余受党的重寄，肩此最高言论

① 王新命：《新闻圈里四十年》，台北：龙文出版社股份有限公司，1993 年，第 561 页。

② 马星野：《自述》（1952 年 4 月 12 日），手稿，《马星野档案》099－01－01－01－001，台北“中研院”近史所档案馆藏。

③ 王新命：《新闻圈里四十年》，台北：龙文出版社股份有限公司，1993 年，第 564 页。

④ 彭河清：《并世风华一报人》（1991 年 3 月 28 日），载吉人编：《马星野先生纪念集》，台北：“中央日报”出版部，1992 年，第 158 页。

⑤ 1952 年 8 月 9 日，国民党中央准马星野辞去台北“中央日报”社社长职务，11 日办理交接。

⑥ 耿修业曾认为马星野离职是因为台北《“中央日报”》社论出问题，而陶希圣被要求离职时连带马星野离职。参见耿修业：《星野师与大华晚报》，载吉人编：《马星野先生纪念集》，台北：“中央日报”出版部，1992 年，第 73 页。

机关之大任，错误过失，不可以数计。尤以最近一次校对上发生之大错误，为余从事报业之最大污点。”[①]此处所言“校对之错误”，应是指不久前台北《“中央日报”》偶然将“‘伟大’的领袖”错排成了“‘伟小’的领袖”。表面上，“大”、“小”一字之差的错误是马星野离职的主要原因，然而事实果真如此吗？

龚选舞认为，导致此时台北《“中央日报”》高层巨变的深层原因是：“（马星野）这种锐进求新，一反传统的胆识，却正好引人之忌，终于在他办报正臻顶峰之际，被人赶走。”[②]然而，这种“引人之忌”其实也仅仅是“导火索”而已。正如马星野本人所言，他在《“中央日报”》的七年间一直致力于改革，有成绩，也有大大小小的“错误过失”，其中“严重”程度超过“校对之误”的“犯忌讳”的大事，诸如“扬子孚中贪污事件报道”等，也并未给他立即带来如此挫折。而为什么直到 1952 年这个“引人之忌”的“导火索”才由“校对之误”的火星点燃呢？究其最主要的原因，我们认为还是在于“世易时移”。

从 1945 年到 1952 年，马星野身处的时代和社会环境发生了巨大的变化。1945 年抗战胜利，国民党蒋介石集团的统治达到高峰，国际国内的民主呼声唱彻云霄。为了“高调”回应民主的呼声，国民党对“新闻言论自由”采取了“容忍”“宽松”的态度，《“中央日报”》彼时的所作所为就是国民党标榜“新闻自由”和“锐意改革”的招牌——即便是在这样的情况下，国民党当局的所谓“宽容”也是有限的，是以不触及国民党意识形态底线和不危及其统治为原则的——陆铿在“扬子孚中贪污事件报道”后虽免牢狱之灾却不得不辞职了事，就是明证。

随着在大陆统治的崩溃，国民党对于《“中央日报”》这个“招牌”所宣示的“民主自由”越来越无暇顾及，新闻统制政策随之不断缩紧。从本质上讲，以蒋介石为首的国民党体制内高层对《“中央日报”》倡导“新闻自由”的做法是不满的。[③] 1949 年后，国民党败退台湾，统治岌岌可危，时局与 1945 年相比完全扭转；当台湾进入“戒严时期”后，国民党的威权统治更加严苛，也不会再对《“中央日报”》的“脱序”言行有所“宽容”。

马星野在台北主持《“中央日报”》的时间大约有 3 年。这一时期台北《“中

---

① 马星野：《自述》（1952 年 4 月 12 日），手稿，《马星野档案》099－01－01－01－001，台北“中研院”近史所档案馆藏。

② 龚选舞：《马资料、马记者和马编辑》，台北《“中国时报”》1991 年 4 月 10 日，载吉人编：《马星野先生纪念集》，台北：“中央日报”出版部，1992 年，第 117 页。

③ 这从前文所述的 1948 年 11 月 4 日的蒋介石日记所记载的内容中可以明确看出。

央日报"》基本上延续了"马记"南京《"中央日报"》业已形成的风格、模式等。1950年,国民党为维持自身岌岌可危的统治而相继出台一系列限制新闻事业发展及新闻言论自由的高压政策,作为"党报"的台北《"中央日报"》首当其冲受到约束。由于时代社会大环境的剧烈变化,马星野和1940年代南京《"中央日报"》的成功做法在20世纪50年代却使得台北《"中央日报"》越来越深地陷入困顿中。随着陈立夫被迫离开台湾,作为"CC"重要阵地的《"中央日报"》发生震荡也就在意料之中了。1950年马星野受到国民党"严重警告"处分就是一个前奏。

1950年7月,蒋介石要约见当时各报总编辑、总主笔,让马星野具名邀请。在这次约见中,蒋介石开口便说:"现在人心苦闷,社会上什么怪现象都出来了。这也难怪。'政府'天天说反攻,没有实现,大家自然感觉苦闷。"①接着,蒋介石希望新闻界多做正面报道,免得对苦闷的人心增加刺激。蒋介石的这番话对于马星野来说既是"最高指示",必须完全服从;也是巨大压力,而这种压力使得马星野和台北《"中央日报"》在此之后不仅失去了南京时期的"锐气",甚至连台北早期的那种"勇气"也已不再。

马星野对此也曾感到遗憾。比如,他一直对台北《"中央日报"·星期杂志》的停刊耿耿于怀:

> 我到现在最感遗憾的,是来台以后,曾出了"星期杂志",被"报纸不能增加篇幅"的约束,被逼停了刊。那"星期杂志"是我自己设计,王新命主编,可以说是在台湾报纸最早一家的"星期杂志"。……前面我说到对于"中央日报星期杂志"被迫停刊感到无限之遗憾,……我们台北几家大报,……已比当年上海的申报新闻报等高出了不少,而倒是没有星期杂志,这或许是受到了政府纸张节约、篇幅限制规定之影响。②

现实与理想之间或多或少总是存在着矛盾。而矛盾爆发的"导火索"在"必要时"也总会被人以"合适的"理由点燃。当时代社会环境由"宽松"变为"高压",国民党新闻政策从标榜"民主自由"转向维护"刚性威权",那么无论马

---

① 薛心镕:《马先生给我的几封信》,台北:访问纪要(未刊稿),2013年7月。

② 马星野:《论报纸之杂志化》(1974年11月29日),《马星野档案》099-01-02-02-073,台北"中研院"近史所档案馆藏。

星野多么专业地、谨慎地折冲平衡，这个结果迟早还是会来。因此，马星野离开《"中央日报"》本质和深层的动因就来源于国民党统治集对于"脱序"言行从"容忍"到"高压"的变化。

综上所述，马星野在《"中央日报"》七年的业务实践是其作为国民党体制内新闻人生涯中最为精彩和复杂的阶段。1988年，值《"中央日报"》创刊六十周年之际，该社对马星野作出如下评价："马星野担任本报社长，为时将及七年，经历胜利复员与迁台出报两个艰苦时期，在南京之一阶段，使本报充实内容，扩充设备，得以成为现代化的报纸；在迁台之一阶段，使本报建立声誉，奠定基础，得以发展成为今日的规模，贡献至大。本报纪念二十四周年之时，马氏曾提出三事勉励全体员工：(一)决心把中央日报做成更有益的言论机关；(二)决心把中央日报做成更进步的新闻报；(三)决心使我们成为比较接近于理想的报人。于此可见其督促同人之切与期望同人之殷。"①

这里有一个非常值得注意的地方。实际上，马星野在此提出的这个"三事"，也正是他在《"中央日报"》着力打造的"专业化新闻队伍"、倡导的"报纸杂志化"运动、秉持的"中央"与"日报"平衡的思路、力推的党报"企业化"经营改革，以及致力于其它经营、编辑等方面改革创新的动力源泉。马星野在《"中央日报"》的业务实践给以《"中央日报"》为代表的国民党体制内新闻事业，乃至整个20世纪中国新闻事业的发展带来深刻而长远的影响，也让马星野在20世纪中国新闻史上留下了深深的脚印。

同时，马星野在《"中央日报"》的七年不仅仅有精彩，也有"清夜扪心，肝肠若割，思补过而不及"的时刻。② 身为国民党体制内新闻人，他尽管努力按照自己的新闻专业理想去做了，并取得了一些成绩，但《"中央日报"》仍然是"代表'国家'、代表中国国民党的报纸"，"所发表的，尤其言论部分，都被外间认为是秉承总裁的意旨，'中央'的决策。"③面对现实的体制要求和压力，他最终必须妥协，而"中央日报的进步，也一时随而暂入几近停止的状态。"④一个人对自己的理想和行为的坚持如果与时代的需求不合拍，那不一定是这个人的理

① 上官美博：《六十年大事记》，载胡有瑞主编：《六十年来的"中央日报"》，台北："中央日报"社，1988年，第251页。

② 马星野：《自述》(1952年4月12日)，手稿，《马星野档案》099-01-01-01-001，台北"中研院"近史所档案馆藏。

③ 姚朋：《往事十五年》(1987年12月17日)，载胡有瑞主编：《六十年来的"中央日报"》，台北："中央日报"社，1988年，第69页。

④ 王新命：《新闻圈里四十年》，台北：龙文出版社股份有限公司，1993年，第562页。

想和行为真的错了；但他很有可能会被“时代”认定为“犯错了”。这一点对于国民党体制内新闻人来说尤是如此。因此，1952 年马星野第一次因为与国民党体制的现实要求不合拍而遭到重大挫折。

第二节　马星野与“中央通讯社”(1964—1985)

“中央社”于 1924 年 4 月 1 日在广州成立，是孙中山在主持国民党改组时设置的国民党“中宣部”下属的现代通讯社。1927 年 5 月迁至南京，1928 年开始逐渐成为全国性通讯社。1932 年 4 月，“中央社”改组，由萧同兹任社长，提出“工作专业化”“业务社会化”“经营企业化”三个目标，开始独立经营，并着手收回外国通讯社在华发稿权，建立专用新闻专业发射电台。1936 年，“中央社”东京分社成立，这是“中央社”第一个国外分社。抗战期间，“中央社”建立了战时通讯网，增设国内外分支机构 20 个，[①]并进一步加强同国外各大通讯社的合作，使其新闻报道的广度、速度和深度都有了较大提高，在一定程度上打破了外国通讯社对中国新闻尤其是国际新闻发布的垄断。“中央社”的发展使国民党“掌握了一支控制新闻界的重要力量”，“在相当程度上控制了国内外新闻的报道权”。[②] 1948 年“中央社”达到历史上最鼎盛的时期，“国内有五十二处分支机构(包括分社、办事处、特派员等)，国外有廿五处，全社员工二千六百五十三人。”[③]1949 年 12 月“中央社”迁至台北，并以“先求稳定，再求发展”的方针在台发展。1964 年 12 月 21 日马星野接替曾虚白任“中央社”社长，从此开始了他长达 21 年的“中央社”业务实践。“在其将近八年的社长任内，对‘中央社’业务的推展，贡献卓著。”[④]这既是马星野新闻人生涯中时间最长的一次新闻业务实践，也是他作为国民党体制内新闻人业务实践的终点。1972

① 其中国内增设的 8 个分别为长沙、兰州、桂林、昆明、洛阳、福州、迪化、宁夏分社，国外增加的 12 个分别为新加坡、纽约、伦敦分社以及仰光、里斯本、华盛顿、莫斯科、巴黎、柏林等地特派员(特约通讯员)。参见“中央通讯社”编印:《“中央社”七十年》，台北:“中央通讯”社，1994 年，第 72 页。

② 方汉奇主编:《中国新闻事业通史》(第 2 卷)，北京:中国人民大学出版社，1996 年，第 386 页。

③ “中央通讯社”编印:《“中央社”七十年》，台北:“中央通讯社”，1994 年，第 88 页。

④ “中央通讯社”编印:《“中央社”七十年》，台北:“中央通讯社”，1994 年，第 103 页。

年6月马星野任“中央社”管理委员会主任；1973年4月2日“中央社”实行企业化经营改革，成立“民营”的股份有限公司，马星野为首任董事长。1985年6月26日马星野正式去职。

一、马星野任职前的“中央社”

经过了40年的发展，“中央社”的基本格局和规模在马星野主持之前业已形成，并在管理组织、办社宗旨和业务内容上具有了自身的特点。

（一）管理组织相对较为稳定

在进行企业化经营改革之前，“中央社”已经历了“国民党中宣部直管”、“实行社长制”和“设管理委员会下的社长制”三次改革。1926年至1932年，“中央社”附属于国民党“中央党部”（“中宣部”），设“主任”进行管理；[①]1932年改“社长制”后，独立经营的“中央社”社长一直是萧同兹；1950年改“管理委员会下设社长制”后，萧同兹改任委员会主任，曾虚白接任社长。1964年马星野接任社长后，曾虚白转任管理委员会主任，直到1972年。在马星野任职前的40年中，“中央社”除了前8年负责人变化较多以外，其余时间的负责人始终为萧同兹(32年)和曾虚白(22年)，非常稳定。

（二）依然是以充当“耳目喉舌”为办社宗旨和使命

1924年3月28日，国民党第一届中央执行委员会发布成立“中央社”的第29号通告，明确指出建立“中央社”的理由是“为求新闻确实，宣传普及起见，特由宣传部组织中央通讯社”，其任务是“凡关于中央及各地党务消息，暨社会、经济、政治、外交、军事，以及东西各国最新之要闻，足供我国建设之参考者，靡不为精确之调查，系统之纪述，以介绍于国人。”[②]

---

① 1924年至1932年，“中央社”是“附设于国民党中央党部的一个小单位”。1924—1925年，戴季陶、刘芦隐先后任国民党“中宣部”部长，“当时‘中央社’规模甚小，可能设有主任，以专责其事，但究竟谁是第一任主任，现有待查考。”因此，有据可查的第一任主任，为1926年8月时任国民党“中宣部”部长顾孟育任命的梅恕曾(梅同时兼任国民党中宣部秘书)。参见“中央通讯社”编印:《“中央社”六十年》，台北:“中央通讯社”，1984年，第259页。

② “中央通讯社”编印:《七十年来“中华民国”新闻通讯事业》，台北:“中央通讯社”，1981年，第77页。

在1954年、1964年、1974年，蒋介石三次为“中央社”题写“训词”，一再强调“央社为消息出纳之枢纽，亦为发挥宣传力量之主要机构”，所担负的职责为“对内传达政令，沟通舆情；对外宣传国策，导正视听”，令其必须做好对国民党的“正面宣传”，坚定地进行“反共宣传”。[①] 而1984年蒋经国在给“中央社”的“训词”中，则要求“中央社”“充分发挥为国人耳、目、喉、舌之功能，为‘国家’塑造更佳形象，以促致三民主义统一中国伟大使命之早日完成。”[②]

“两蒋”对于“中央社”的“训示”自然也就是“中央社”的办社宗旨、立场和任务。但“两蒋”“训词”中的明显变化也是耐人寻味的：在蒋经国的“训示”中没有了明确的“反共”“反攻”等字样，多出了“国人”“‘国家’形象”等内容——这是时代与社会现实变化使然。作为国民党第一个党营新闻机构，“中央社”从成立伊始就带有挥之不去的国民党色彩，而这种色彩一直延宕到20世纪90年代依然鲜明，并成为阻碍其进一步发展的重要因素。[③] “发现变化”本身就不是一件容易的事情，而要“主动变化”并“不断变化”则更不容易。

（三）在业务范围和传播内容上以新闻资讯为主

自“中央社”创办之日起，其业务“不外是新闻的采集、报道与传播”。[④] 因此办好“中央社”除了照例要遵守“党性”原则，维护国民党统治利益以外，更多的是要遵循和践行新闻信息传播的专业理念和原则。从这一点上看，“中央社”更具有专业新闻机构的特征，而不完全是国民党的“言论机关”。这是“中央社”与《“中央日报”》在业务上的重要区别。因此，“中央社”与《中央日报》虽然在宗旨、目标和组织管理上是一致的，但就其所担负的任务和从事的业务而言，其更加偏重于“新闻”和“信息”的传递与交流，而“言论”的责

① “中央通讯社”编印：《七十年来“中华民国”新闻通讯事业》，台北：“中央通讯社”，1981年，第73－76页。

② “中央通讯社”编印：《“中央社”六十年》，台北：“中央通讯社”，1984年，第1页。

③ 对于“党营”这一点，一直到1994年“中央社”纪念七十周年时，时任“中国新闻学会”理事长的楚崧秋在“对中央社的期望”中依然强调：“‘中央社’早就不宜为‘党营事业’，可惜‘改制’一事，迁延太久，无疑有损其形象，亦挫伤了内部士气。……不论‘改制’有何困难，如果‘行政’、‘立法’、‘执政党’和该社开诚布公地拿出整套办法，纵有‘在野党’或哪方不同或反对意见，应该还是可以早日获得解决的。”参见楚崧秋：《对“中央社”的期望》，载“中央通讯社”编印：《“中央社”七十年》，台北：“中央通讯社”，1994年，第9页。

④ “中央通讯社”编印：《七十年来“中华民国”新闻通讯事业》，台北：“中央通讯社”，1981年，第178页。

任要明显小于《"中央日报"》。这也就是"中央社"的业务负责人几乎都是专业的国民党体制内新闻人,且任职时间相对较长,地位相对稳定的一个重要原因。

综上所述,在马星野任职之前,"中央社"的组织结构、宗旨目标、业务定位等方面都已定型;且1960年代,其所赖以生存和发展的时代环境以及国民党在台的统治秩序都已趋于"稳定"。因此,与1945年接手《"中央日报"》这个"烫手山芋"时的境况相比,马星野在1964年接手"中央社"时没有那么"艰难"和"纠结";同时,时代大环境和"中央社"小环境的相对"稳定"与"宽松",既使得马星野的新闻专业特长、新闻实践和管理经验在"中央社"业务范围内有一定的发挥空间,也从另一个方面使得他对随时代变化而悄然变化的国民党统治政策本质的认知和把握被牢牢困囿于这些"经验"之中。"经验"和"稳定"是一把"双刃剑"——在"中央社"的21年中,他一方面可以不必像在《"中央日报"》那样整天"提心吊胆"、"如履薄冰";另一方面也不可能像在《中央日报》那样可以进行"全新突破",尤其是思想方面的突破了。当然,彼时的马星野已经55岁,早已过了"不惑"之年,而在经过了一系列的挫折之后,人生阅历和各方面的经验也使他充分领会到"知天命"与"耳顺"的含义了。

二、对通讯社业务的早期认识和研究

马之骕认为,马星野本人此前长于新闻教育与报业实践,而对于新闻通讯事业,并未有过实践的经验。[①] 但实际上马星野对新闻通讯事业并不陌生。早在1930年代,他就已经从专业新闻人的角度开始认识、介绍新闻通讯社业务,并对其本质进行了准确的界定和阐述。

(一) 对通讯社业务经营特点的介绍

1934年2月,马星野在《美国通讯社事业之现状》一文中详细介绍了当时美国三大通讯社("联合社""合众社""国际新闻社")的情况,同时指出了"新闻通讯社"的经营特点:

美国通讯社发达,一方面因为报业已发达,对于消息之要求多,

① 马之骕:《新闻界三老兵:曾虚白、成舍我、马星野奋斗历程》,台北:经世书局股份有限公司,1986年,第421页。

故能出资来组织规模宏大之通讯社或以重价购买通讯稿，所以通讯社事业，归根结底，还要有赖于报业。二方面因为通讯社的数目少，所以全国报纸，有能力饲养。……因为通讯社这个事业，非大规模不足以存在。……如果以私人来经营，非有大资本莫办，如果由各报自动来经营，非有互信及合作之精神莫办，如果由国家来经营，则非有开明之新闻政策，及人民对政府之信任心莫办。[①]

1941 年，马星野又在《外交研究》上专文介绍了美国联合通讯社（A. P.）与合众通讯社（U. P.）。在这篇长文中，他对这两个通讯社的“历史”“特色”“组织”以及“支持人情况”等加以详尽叙述。[②]

（二）对帝国主义国际通讯社本质和作用的分析研判

1936 年，马星野在《国际通讯网与国际宣传》一文中明确指出了“国家主义、帝国主义支配下的国际通讯网及国际宣传组织”的本质、作用和对中国的危害：

“各国开办大通讯社，用重金津贴通讯机构，用贱价卖出通讯稿，其目的是求制造利于该国的舆论，是用精神的方法，征服了其他民族，……国际通讯社已成为文化侵略之急先锋。”[③]“各国控制住国际通讯网，第一件事便是用这个通讯网传播有利于己国之新闻，制造空气，实行国际宣传。……然而不问是那一类国际通讯社，没有不受到政府之直接或间接之支配，使其成为一国之宣传工具。……全世界没有一个纯粹的‘国际的’通讯社。”[④]

而在 1936 年发表的《国际消息之来源》中，马星野更加犀利地指出帝国主义通讯社的本质和对中国的危害：

---

① 马伟：《美国通讯社事业之现状》，《政治季刊》（南京）1934 年第 1 卷第 2 期，第 274 - 275 页。

② 马星野：《美国联合通讯社 A. P. 与合众通讯社 U. P. 》，《外交研究》1941 年第 3 卷第 2—3 期，第 68 - 72 页。

③ 马星野：《国际通讯网与国际宣传》，《东方杂志》1936 年第 33 卷第 7 期，第 158 - 159 页。

④ 马星野：《国际通讯网与国际宣传》，《东方杂志》1936 年第 33 卷第 7 期，第 167 页。

在中国本身没有大的国际通讯社以前，要得到国外新闻，除仰给于各大通讯社外，再没有其他出路，换言之，我们的国际消息来源，是受垄断的。……天下没有纯粹与政府不生关系的，纯粹无宣传作用的通讯社。通讯社是烟幕弹制造所，烟幕由各国报纸扬开，而紧掩住世人，尤其是中国人的双目。……我们看清了许多国际通讯社的使命与背景，……才不至上帝国主义的大当。①

（三）对“中央社”业务的早期思考和阐述

1944年，时任国民党“中宣部新闻事业处处”长的马星野就对“中央社”的发展提出自己的意见和建议。在这个建议中，他除了提出要将“中央社”改变成为全中国报界共同的合作组织，以及普遍设立国际通讯网以外，尤其强调了“中央社”的“业务扩充问题”：

现代通讯社，不能刚以发新闻为满足，即发新闻范围中，也不能刚以发硬性的政治新闻为满足。所以我主张中央社业务要扩充：一、加发所谓特稿，……造成一些举世闻名的作家……对于新闻加以解释，发表权威的意见，同时造成一些专写兴趣性读材的作家，这些材料，可以用电报或用邮寄分发各报；二、加发照片，……照片在报纸上所占地位，日益重要，尤其在中国，因为文字困难，图画照片之价值胜于新闻……。三、金融、经济、体育、交际、文化、科学等等专门性的新闻，目前也要准备，现在报纸篇幅少，能容纳的新闻不多，到了战后广告增加，读者兴趣不同，定不能满足现状，故中央社对这种人材，应该准备。②

1948年，马星野对“中央社”提出了三点改进的建议：

---

① 马星野：《国际消息之来源问题》，《申报周刊》1936年第1卷第35期，第830－832页。

② 马星野：《新闻自由与“中央通讯社”》，载《新闻自由论》，南京：“中央日报”社，1948年，第27－29页。

（一）应改变成全中国报界共同的合作组织，其主权属于中国报纸，真正做到为报界、由于报界及属于报界的地步。（二）今后中央社发展之重点，应该是普遍的设立国际通讯网。……（三）业务还要扩充，现代通讯社，不能刚以发新闻为满足，即发新闻范围中，也不能刚以发硬性的政治新闻为满足。……自由竞争有一种先决条件，即竞争者要立在对等地位，……只有扩大我们中央社，才可以使新闻自由予中国以实际利益，即是给世界以实际的真正的利益。①

综上所述，我们可以清楚地看到，马星野对于通讯社组织的本质和新闻通讯业务内容的认识是非常全面和深刻的。这是马星野作为一个新闻学者，通过深入的调查研究而得来的理论性的认识。理论来源于实践，反之指导实践。当马星野有了在新闻通讯社进行业务实践的机会后，他即将这一理论性认识应用于实践之中，始终对"中央社"的"规模化经营""新技术运用""文化输出功能实现"以及"宣传工具属性强化"等保持清醒认识并坚持加以贯彻——这是一种专业素质的体现，是他基于对新闻通讯事业本质属性和运行规律的准确认识，而将之贯彻于国民党体制内新闻通讯事业实践中的"专业"做法。

三、任职"中央社"的二十一年

在"中央社"的21年中，马星野经历了社长(7年6个月)、管委会主任(10个月)和董事长(12年2个月)三个阶段。其中，他任"管委会主任"的时间最短，只是为"中央社"企业化经营改革做一个过渡；而"董事长"任期虽然最长，但按照"中央社"一贯奉行的"社长制"，董事长一职"多为决定方针大计的策划性工作，很少琐事缠身"，②因此他的业务实践特点主要体现在7年多的社长任内。

（一）新技术的运用、新闻内容的拓展以及同业间交流合作的加强

1964年4月1日，在"中央社"四十年社庆时，蒋介石强调："今日科学进步，通讯迅捷，如何精研技术，急起直追；如何刷新业务扩展通讯网；如何加强

① 马星野：《新闻自由与"中央通讯社"》，载《新闻自由论》，南京："中央日报"社，1948年，第27－29页。

② 马之骕：《新闻界三老兵：曾虚白、成舍我、马星野奋斗历程》，台北：经世书局股份有限公司，1986年，第440页。

与世界各国通讯社之合作及资料之交换，以增进国际间之相互了解；均宜切实研求，以期益臻完善，日新又新。"[①]这个"训词"对于同年12月接任社长，而又始终服从于蒋介石意旨的马星野而言，无疑具有重要的理论和实践指导意义。

1. 采用先进技术和设备，改善和提高新闻电讯的传递效能

1964年后，马星野为增进新闻通讯传递、播发的效率，在新科技运用方面采取了一系列重要举措：

1965年4月，马星野与各相关新闻机构合作，逐步推广使用当时最先进的页式文字传真机对各家订户传递中文新闻电讯。每页400字左右的新闻电讯，在数分钟内即可传递到订户手中，既争取了时间，又减少了差错，为订户提供了更加便捷准确的中文新闻电讯。

1966年1月起，"中央社"租用"从东京经美国转伦敦"的海底电缆，使得对欧英文新闻电讯长距离传输更加稳定和快速。4月起，法新社、意新社和爱斐社可以分别直接收录使用；8月起，"中央社"西欧各分支机构的新闻专电也可通过这条海底电缆传回台北总社，实现了双向的新闻电讯传递。

1969年4月起，"中央社"将对日新闻专播的内容由日文字符改为日文罗马拼音字，并通过电动英文打字机传到日本。这一改革不仅提高了电讯内容传递的准确性，而且还增加了篇幅字数，加强了对日新闻专播的效果。

1970年6月起，"中央社"开始租用美国国际电话电报公司(ITT)的太平洋通讯卫星线路传递美国新闻专电，改善了新闻报道的篇幅数量、稳定性和即时性。同年，马星野指挥"中央社"在桃园新屋大坡村和北湖村兴建发报台及收报台，在桃园龟山高地兴建中继站。此三项工程在1972年春季陆续完工，改善了"中央社"的无线电收发基础设施。

2. 扩大新闻报道的范围和内容，提供更加丰富多元的服务

一直以来，"中央社"的新闻报道内容均偏重于严肃性重大新闻(即硬新闻)。随着社会经济发展和民众生活水平提高，马星野认为"中央社"新闻电讯在内容上应"注意社会现象，扩大编采范围，……社会生活所需要的新闻，均应积极提倡、传播以发挥其扩大服务的意义。"[②]因此，他除了保留"硬新闻"的报

① "中央通讯社"编印：《七十年来"中华民国"新闻通讯事业》，台北："中央通讯社"，1981年，第75页。

② 马之骕：《新闻界三老兵：曾虚白、成舍我、马星野奋斗历程》，台北：经世书局股份有限公司，1986年，第428页。

道以外，逐步扩大社会生活新闻的报道，丰富其它服务的内容，藉以实现“通讯社应如‘百货公司’”的理想。①

1965年后，“中央社”的新闻电讯增加了“大陆新闻”“经济新闻”“体育新闻”以及“有益的社会新闻”和“有限度的犯罪新闻”等报道内容，新设“特约专栏”，提供专栏作家文章；成立资料特稿部，提供背景资料、新闻人物图片以及重大事件地图等，使资讯内容更多元丰富，读者的针对性和服务性更加明确，新闻电讯的知识性、可读性、趣味性、实用性、资料性、人情味等均有所加强。

“中央社”的新闻编辑方针，也从单一的“硬性新闻”向“硬性新闻”、“柔性新闻”与“新知新闻”并重转变，使其新闻电讯“因资料丰富，各报、台在选用时，有很大的弹性，而且内容包罗万象，任凭选择。”②

除此之外，为提高新闻服务质量，马星野还非常注重记者队伍的建设，持续引进各高校的青年毕业生，“有计划有步骤地培植人才”，③不断充实岛内及海外机构采编记者队伍，形成了一支庞大的年轻的专业的新闻记者队伍。

3. 拓展海内外业务，不断加强业界的合作交流

频繁而牢固的业界合作交流是一个专业的现代通讯社提升业务水准和服务水平的重要手段，也是其在业界地位的重要标志。马星野接任社长后，充分发挥他在台湾岛内新闻界的权威性和公信力，与台湾地区各新闻机构协商，将原有的“国际新闻各自收发”的模式改为“中央社”独家与各国通讯社签约收发，而后再向岛内转发的模式，通过加大与国际各大通讯社的联系，彰显了“中央社”在台湾地区新闻电讯业界的“核心”地位，提升了服务的权威性。

在全球同业合作方面，1965年至1971年，马星野主持下的“中央社”先后与时事通信社（日本）、美联社（美国）、德通社（西德）、合同通信社及东洋通信社（韩国）、爱斐社（西班牙）、意新社（意大利）、路透社总社（英国）及香港分社、

---

① 马之骕：《新闻界三老兵：曾虚白、成舍我、马星野奋斗历程》，台北：经世书局股份有限公司，1986年，第427页。

② 马之骕：《新闻界三老兵：曾虚白、成舍我、马星野奋斗历程》，台北：经世书局股份有限公司，1986年，第428页。

③ 马星野：《大众传播事业之新趋势》，台北《“中国时报”》1983年11月13日，《马星野档案》099-01-02-02-073，台北“中研院”近史所档案馆藏。

菲新社（菲律宾）、越新社（越南）、荷通社（荷兰）、安塔拉通讯社（印尼）、联合新闻社（秘鲁）、奥通社（奥地利）、比通社（比利时）、巴拉圭国家新闻社（巴拉圭）等新订、续订或重订合约，进行购买、交换新闻及图片和代为转发收发新闻电讯等业务。经过六年多的发展，"中央社"建立起了与欧、亚、美洲各大通讯社之间的交流与联系渠道，充实了国际新闻的来源，扩大了新闻电讯供应的对象，使其成为台湾地区国际新闻电讯收播的最大集散地。

以上三个方面，既是马星野在自身业务实践中对蒋介石"训词"精神的贯彻落实，也是"中央社"新闻电讯业务配合新闻事业发展大环境与大众要求的变化而与时俱进发展的重要表现。

（二）"报纸杂志化"运动的恢复与重建：增设"特约专栏"①

"在中央社各项加强服务措施中，提供名家撰写的'特约专栏'，是最为特出的一项。"②

1．"特约专栏"的准备

1964 年 11 月，马星野在从巴拿马回台北的路上，途经纽约考察美国通讯社事业，在陈裕清、汤德臣、林徵祁的陪同下，与老友林语堂会面，③并邀请其为"中央社"写专栏。约请林语堂撰稿一事并非一帆风顺，个中曲折耐人寻味。据马星野回忆，会面之时，"语堂先生含笑，啣着烟斗，允予考虑。我回国以后，

---

① 增设"特约专栏"一项业务，本应属于"中央社"充实新闻电讯内容，扩大服务范围的一项举措。在这里，笔者将其单独列出予以专文叙述，无外乎有两个原因，一是这个专栏影响很大；二是这项业务带有明显的"马氏风格"特征。

② "中央通讯社"编印：《"中央社"六十年》，台北："中央通讯社"，1984 年，第 119 页。

③ 马星野与林语堂相识很早。林语堂长马星野 16 岁。1926 年马星野在厦门大学时，林语堂即为厦大文学院院长，马星野作为学生，与其在学校周会中相遇相识。1948 年，马星野在维也纳参加国际新闻自由会议后，途经美国纽约，经他的学生，也是林语堂同乡好友的陈裕清安排，与林语堂再次相会；1957 年时任"第四组"主任的马星野赴纽约参加联合国大会，再次会晤林语堂夫妇，促成林语堂第一次回到台湾参访，并陪同林语堂夫妇会见蒋介石夫妇。1964 年，马星野夫妇及小女儿马大安由巴拿马回台，再次途经纽约，与林语堂夫妇见面，促成"无所不谈"专栏；1966 年，林语堂定居台湾。此后，马星野与林语堂多有往来。林语堂曾用英文致函马星野，表扬其女马大安的学习成绩。参见马星野：《贺林语堂先生八秩》，台北《"中央日报"》1974 年 9 月 3 日，《马星野档案》099－01－02－02－017，台北"中研院"近史所档案馆藏，以及《林语堂与马星野函件》（1966 年 2 月 1 日），手稿（中英文），《马星野档案》099－01－03－01－054，台北"中研院"近史所档案馆藏。

又请陈裕清与高克毅两先生向林先生敦促，使我喜出望外的，林先生竟答应了。”[①]后来马星野给林语堂写信，声明“专栏内容，无所不谈，没有限制”，[②]而林语堂也就以“无所不谈”四字作为专栏的名称。林语堂在该专栏第一篇文章《新春试笔》[③]中则披露了更多有关这次会面的谈话细节：“星野兄叫我拥重兵，征西域，必谢不敏；叫我挥秃笔，写我心中所得，以与国内学者共之，则当勉强。”[④]

同样具有西方教育背景，并深受中国传统儒家精神浸染的马星野将林语堂视为知己，因此他对林语堂不接受入职“中央社”的邀请，而宁愿做一个“专栏作家”，“写心中所得”的决定是理解和支持，因此才会有“喜出望外”的心情和可以“无所不谈，没有限制”的承诺。在马星野心中，林语堂是“写文章也好，做人也好，是绝不敷衍绝不卖账的人”，是坚持“儒家的人文主义”精神的文人，是“中西文化的结晶”，是“数千年中国文明所钟毓出来的奇葩。”[⑤]

2. “特约专栏”的兴起

林语堂和他的“无所不谈”是“中央社”“特约专栏”的“重磅炸弹”。因此马星野充分发挥了他作为一个职业新闻人所具有的专业素质和特长，对这个新栏目做了精心策划。他首先征得台北各大媒体负责人的支持，使他们“同意支付稿费，以维持‘特约专栏’的长久存在，并进而培养中国的专栏作家”；[⑥]在发稿之前，他还邀请林语堂的女儿，时任美国《读者文摘》中文版总编辑的林太乙撰写《我的父亲》一文，介绍林语堂生平和写作态度，以为铺垫。在精心策划下，“中央社”特约专栏“无所不谈”首篇文章《新春试笔》于 1965 年 2 月 10 日

---

① 马星野：《贺林语堂先生八秩》，台北《“中央日报”》1974 年 9 月 3 日 ，《马星野档案》099－01－02－02－017，台北“中研院”近史所档案馆藏。

② 马星野：《贺林语堂先生八秩》，台北《“中央日报”》1974 年 9 月 3 日 ，《马星野档案》099－01－02－02－017，台北“中研院”近史所档案馆藏。

③ 因原本在 1965 年 2 月 1 日推出的专栏，因为恰逢农历除夕的缘故，推迟到 2 月 10 日出版，故林语堂第一篇文章的题目由《元旦试笔》改名为《新春试笔》。参见“中央通讯社”编印：《“中央社”六十年》，台北：“中央通讯社”，1984 年，第 119 页。

④ 马星野：《贺林语堂先生八秩》，台北《“中央日报”》1974 年 9 月 3 日，《马星野档案》099－01－02－02－017，台北“中研院”近史所档案馆藏。

⑤ 马星野：《“无所不谈”序》，台北《“中央日报”》1966 年 2 月 25 日，《马星野档案》099－01－02－02－073，台北“中研院”近史所档案馆藏。

⑥ “中央通讯社”编印：《“中央社”六十年》，台北：“中央通讯社”，1984 年，第 119 页。

发稿，立刻引起轰动，“各报纷纷订购”，[①]“有的刊登在新闻版，有的登在副刊里。”[②]“台北有中央、新生、中华、联合、徵信、青年战士报及台中、嘉义、台南、高雄、花莲、台东等十三家报纸订户；……港、非、泰、美洲（纽约、旧金山、多伦多）等十二家报纸订用，同日刊出。本栏读者，当在五百万人左右。”[③]

“无所不谈”最初是每周一篇，后因林语堂忙于编撰《当代汉英词典》，改为每月一篇，维持了两年，一共出了约85篇。林语堂非常重视“无所不谈”，他不仅将这些文章交台北文星书局结集出版，还在1966年2月1日写信邀请马星野为该书上集作序，其理由是这个专栏“缘起系由吾兄而来”，此外，他还在信中还特别注明：“今早见香港记者，过几天当撰专栏寄上”，[④]以让马星野放心。马星野欣然应允，并如约于2月25日前将亲笔撰写的序言交给林语堂。

除林语堂外，为了向读者提供更加优秀的文学作品与报道，马星野还先后聘请徐钟珮、李嘉、任毕明、潘焕昆等多位知名作家和新闻人为“特约专栏”撰写高质量的文章。由于后来稿源不继，“特约专栏”于1972年初不得不停刊。而马星野也于1972年6月卸任“中央社”社长职务。

3．“特约专栏”的实质

“特约专栏”的设计思路实质上是马星野在《“中央日报”》时代所力推的“报纸杂志化”运动在“中央社”新闻服务中的“恢复”和“重建”。马星野以“报纸杂志化”的理念和做法为《“中央日报”》赢得了读者和业界的认可。到台湾后，《中央日报》的“报纸杂志化”实践由于环境条件的限制而有所退步，使他“深感遗憾”，而任职“中央社”给了他一个重新实现自己理想的机会。但“中央社”毕竟不是《中央日报》，马星野要使自己的“报纸杂志化”理想在此得以体现，势必要结合“中央社”特点进行精心筹划。在办“特约专栏”的过程中，马星野遇到的阻力也是不小的。当时有人批评“特约专栏”的文章是“闲情逸致”，而马星野则认为：

---

① 马星野：《贺林语堂先生八秩》，台北《“中央日报”》1974年9月3日，《马星野档案》099-01-02-02-017，台北“中研院”近史所档案馆藏。

② “中央通讯社”编印：《“中央社”六十年》，台北：“中央通讯社”，1984年，第119页。

③ 马星野：《贺林语堂先生八秩》，台北《“中央日报”》1974年9月3日，《马星野档案》099-01-02-02-017，台北“中研院”近史所档案馆藏。

④ 《林语堂与马星野函件》（1966年2月1日），手稿（中英文），《马星野档案》099-01-03-01-054-03，台北“中研院”近史所档案馆藏。

"中央社"既是一个通讯社，它的稿件就要符合订户的要求，也就是当前广大读者的要求，决不能片面说教。本社几种特约专栏见报率之高，可说是本社迁台以来所没有的。这表示读者喜爱有高尚文学兴趣的文字，超过说教式的宣传。……凡是与日常生活最接近的东西，都是大家最感到重要而关切的东西。……最大多数人感觉最高兴的，最有切身利害的才是最好的新闻。本社对于趣味性的新闻和重要性的新闻应同等重视，而无所偏颇。①

报纸应以新闻吸引读者，寓宣传教育于新闻倾向之中，以有吸引力的新闻消息荷载报刊的政治倾向，提高新闻教化的效果。20 年前，南京《"中央日报"》以陆铿为代表的一批年轻记者曾坚信"报纸卖不出去，都没有人看，何来宣传效果"，马星野对此持默许态度；20 年后，在"中央社"的"特约专栏"遭到质疑时，马星野说出了"不能片面说教"的观点。这充分说明，20 年间马星野对新闻专业理想的坚守是一脉相承，未有改变的。"特约专栏"只办了 7 年，但在"中央社"历史乃至 20 世纪中国新闻通讯史上却留下了有价值的一笔。

（三）企业化经营改革的又一次尝试：改建股份制有限公司

经济独立是新闻事业机构能够言论独立的基本前提和重要保障。在"中央社"推行股份制有限公司制的企业化经营改革并不是马星野的首倡，②却与他一贯力主的"党营新闻事业"必须通过企业化经营实现各方面"自给自足"的主张不谋而合。

1. 企业化经营改革的准备

对于"中央社"的企业化经营改革，马星野坦言：

很早以前，萧同兹先生、曾虚白先生就已经希望中央社能变成报业合作的机构，……中央社应属于大众传播事业所共有，……为大众传播事业服务(For the Mass Communication)、由大众传播事业管

① "中央通讯社"编印：《"中央社"六十年》，台北："中央通讯社"，1984 年，第 120 页。

② 萧同兹曾主张向此方向发展，并由时任总编辑的陈博生草拟过一份企业化的计划，由于环境条件的原因，未能实行，但是为后来"中央社"企业化经营改革的实现"提供了参考价值"。参见"中央通讯社"编印：《"中央社"六十年》，台北："中央通讯社"，1984 年，第 148 页。

理(By the Mass Communication)和属于大众传播事业所有(Of the Mass Communication)。①

在这种思想指导下,1950 年 9 月"中央社"设立管理委员会为企业化经营改革作出准备。有了"铺路"的前人,"有心人"马星野甫一主政即开始谋划实施企业化经营改革的路线蓝图。对此,陈裕清指出:"这种新闻事业企业化的概念,星师也想延及通讯事业上。……我曾陪其参观访问纽约地区的通讯社,他除了注意其新闻收发的程序之外,更要了解其经营的方策,他显然希望'中央社'有朝一日也能自给自足。"②

2. 企业化经营改革的过程及效果

企业化经营改革是一个综合过程,其所牵涉的不仅是"中央社"内部既已形成的各种利益格局,也牵扯到国民党体制内外和新闻事业内外的各方利益。马星野本着积极稳妥的态度,没有在社长任期内立即推行全面改革,而是从"内部组织"着手,一步步予以推动。

他首先采用"编采合一"模式,裁撤编辑、采访、编译三部,改建"国内新闻""国外新闻""新闻广播"三部,提高新闻采编效率;增设资料供应部,扩大资料运用,丰富新闻内容,深化新闻内涵;增设秘书室,强化行政功能,为改革做好行政准备。同时,他运用自身在台湾新闻界的影响力,"组织设计委员会,邀请各报总编辑、电视台新闻部经理参与。对于新闻供应作业,应如何改进,由委员会制定章则。而且请各报社社长担任'中央社'顾问。然后使顾问委员会,逐渐演变成股东大会。"③通过加强沟通,增进了解,建立互信,马星野使岛内大众传播界逐步认可与"中央社"的合作,最终为企业化股份制改革打下基础。1972 年 6 月,马星野接任"中央社"管委会主任。摆脱了具体社务烦扰的马星野全力以赴地投入到了企业化经营改革之中。1973 年 4 月 2 日,"中央通讯社股份有限公司"第一次股东大会在台北召开,当时股东有 49 位,包括了岛内各报业、广播、电视机构以及海外侨报的相关负责人,以及部分文教界人士。

① 马之骕:《新闻界三老兵:曾虚白、成舍我、马星野奋斗历程》,台北:经世书局股份有限公司,1986 年,第 439 页。

② 陈裕清:《既开风气又为师》,载吉人编:《马星野先生纪念集》,台北:"中央日报"出版部,1992 年,第 64 页。

③ 马之骕:《新闻界三老兵:曾虚白、成舍我、马星野奋斗历程》,台北:经世书局股份有限公司,1986 年,第 439 页。

马星野被推为第一任董事长。就此,“中央社”完成企业化股份制经营改革。

3. 企业化经营改革的本质和意义

在公司成立大会当天,马星野和魏景蒙在记者招待会上发布“改组声明”:

“中央通讯社”原由中国国民党所创办、经营,改组以前,经依法将现有全部资产估值为新台币五千万元,作为公司的资本总额,分为一万股,每股新台币五千元,由“国内”及海外华侨新闻界承购。……中国国民党为一民主政党,其本身即为一民众组织;因而所谓“党营事业”,实即民营事业。申言之,中央社自创立以来,即为一民营事业,并非成立公司组织以后,始改为民营。……中央社自始即为一纯粹新闻事业机构,所有新闻工作人员也都是专业性的新闻记者,因而从事新闻采访与报道业务,一直恪尊新闻事业及其从业人员所应持的立场,以确实、公正为准则。此一基本立场及传统精神今后仍坚守不渝。①

然而,事实并非如“声明”所言,这主要体现在以下两个方面:

其一,“党营事业”即“民营事业”一说显得牵强。无论从宗旨立场、组织经营,还是通讯社的名称来说,“中央社”就是一个国民党“党营事业”,与“民营”毫不相干。这一点,无论在国民党体制内外、新闻界内外还是“中央社”内部都是共识。“中央社”既然为国民党所创办和经营,领取国民党预算拨款,②那在改组公司之时的股本五千万元,本来就应该是国民党历年以来的投入和所得。此时转化为股本,由“新闻界”承购,无疑是从民间再次“回收”这笔经费的行为。

其二,改组以后,“中央社”也并非成为一“纯粹的民营事业”,其控制权被国民党牢牢把握。例如,“中央社”第一届董事会由16人组成:董事长为马星野,常驻监察人为谷正纲,董事为黄少谷、袁守谦、萧同兹、徐柏园、秦孝仪、陈裕清、曹圣芬、王民、龙运钧、陈叔同、魏景蒙(兼社长)、沈宗琳,监察

① “中央通讯社”编印:《“中央社”六十年》,台北:“中央通讯社”,1984年,第148页。

② 1965年,国民党拨给“中央社”的预算经费为1000万元左右。参见马星野:《“中央通讯社”感旧录》,台北《“中央周刊”》1974年5月,手稿,《马星野档案》099-01-02-02-016,台北“中研院”近史所档案馆藏。

人为胡健中和胡赓年。[①] 在这个名单中，除了少数具有国民党体制内新闻人身份的"中央社"内部人员以外，绝大多数都是国民党体制内党、政、文、经各界高层。以后"中央社"历届董事会具体人员虽有所变动，但基本格局始终如此。

"中央社"的企业化经营改革，在本质上与当年《"中央日报"》的企业化经营改革一样，都是为了以"体制外"的声音说"体制内"的话，以"民营企业"的面目更好地达成"党营事业"的目标，取得国民党宣传的最佳效果。

但与南京《"中央日报"》企业化经营改革相比，"中央社"企业化经营改革有一个重要的政治意义。1971 年 10 月 25 日第 26 届联大通过第 2758 号决议，使国民党政权丧失了联合国会员资格。12 月 17 日，联合国撤销汤德臣、林徵祁等人采访联合国新闻的资格。这一决定对"中央社"而言是一次重大挫折。面对这种情况，国民党中央决定将"中央社"改组为"民营"股份有限公司，实质上也是为了应对变化，确保其"党营"的实质和"喉舌耳目"功能不受影响。马星野曾明确指出：

> 退出联合国之后，中央社因受环境影响，也需要改组，以期保全它在国际间的地位和财产，以免被人误解。……在此时改变其组织形态，并没有引起无谓的猜测。改组后在政策上并无改变，仍循过去路线。[②]

1983 年，马星野再一次明确说出了"中央社""股份有限公司"的实质：

> 中央社……受"国家"之大力扶植，没有了"国家"，焉能有传播事业，又何用有中央通讯社。[③]

综上所述，马星野在"中央社"社长任内最为突出的业务成绩就在于新技术的运用和新闻电讯服务内容的拓展方面；而在其管委会主任和董事长任内，其最突出的业务成绩就在于"中央社"企业化经营改革方面。1983 年，"中央

① "中央通讯社"编印：《"中央社"六十年》，台北："中央通讯社"，1984 年，第 256 页。

② 马之骕：《新闻界三老兵：曾虚白、成舍我、马星野奋斗历程》，台北：经世书局股份有限公司，1986 年，第 439 页。

③ "中央通讯社"编印：《"中央社"六十年》，台北："中央通讯社"，1984 年，第 224 页。

社”已改用电脑发稿，正式步入“资讯时代”；1984年“中央社”成立60年之时，其业务已颇具规模。在总社的内部组织上，除总编辑室和行政部门外，形成了“六部一室”（即“编辑部”“国内新闻部”“国外新闻部”“外文编辑部”“资料部”“电讯部”“大陆新闻室”）的业务组织架构；在分支机构上，在台湾岛内与亚、欧、美、非各洲建立了大约40个分社、办事处，并与大约20个左右的国际通讯社保持着合作关系。①

然而，时代与社会大环境的变迁，新的大众传播事业的蓬勃发展，尤其是中国共产党领导下的中国大陆新闻事业力量的快速崛起，使马星野感到巨大的压力和担忧。他在1983年的演讲中公开表示：

> 目前新华社大大展开其工作，……并在美国各有名新闻传播学府，派留学生勤读英语，学新闻写作，培植他们的未来接班人，新华社在财力物力人力上的增长，……“中央通讯社”不可不留意防范与之抗衡。……将来把新华社、人民日报、英文中国日报等等，改良内容，迎合美国人口味，提高水准……那更是可忧可惧之事。②

对于马星野的这一“担忧”，国民党当局是高度重视的。时任“新闻局”局长的宋楚瑜对马星野提出的“必须培养具有国家民族观念及职业道德之新闻人”、“培养实务人才远较理论人才为重要”等观点在“久有同感”、“深有同感”之余，在同年12月底分别致函时任台湾“教育部”部长朱汇森和国民党“文工会”主任周应龙，建议“增加公费留学生及中山奖学金大众传播科系名额，俾可甄选适当人员出国深造……此一办法确为谋求培育上项人才有效途径之一。”③由此可见，马星野所担心的，也正是国民党当局所忧虑的。时代的变化给国民党统治带来了巨大的压力，而作为国民党体制内人的马星野对此是感同身受的。

---

① “中央通讯社”编印：《“中央社”六十年》，台北：“中央通讯社”，1984年，第184－207页。

② 马星野：《大众传播事业之新趋势与“中央通讯社”之前途——萧同兹先生逝世十周年纪念会讲词》（1983年11月11日），打印稿，《马星野档案》099－01－02－01－024，台北“中研院”近史所档案馆藏。

③ 《宋楚瑜与马星野函件》（1983年12月28日），信件副本，《马星野档案》099－01－03－01－032，台北“中研院”近史所档案馆藏。

第三节　马星野的新闻行政管理

在马星野的国民党体制内新闻人生涯中，除了新闻教育实践、新闻业务实践以外，还有过为期不短的新闻行政管理实践。这主要是指他在国民党“中宣部新闻事业处”(1942—1945)、国民党“中央第四组”(1954—1959)、国民党“中央新闻党部”(1972—1985)以及台湾“中国新闻学会”(1972—1985)、“大众传播教育学会”(1980—1985)的任职经历。

一、抗战时期初试新闻管理工作(1942—1945)

(一) 马星野就任新闻事业处的原因

1942年底，马星野出任新闻事业处处长，开始了他国民党体制内新闻人生涯中第一次新闻行政管理实践。马星野回忆，他的老师张道藩调任国民党“中宣部”部长后邀请他去新闻事业处任职，而时任湖北省主席的陈诚也邀请他去湖北恩施任职，但他选择了去新闻事业处而没有去湖北。在就任处长后，马星野也把他的学生陈裕清、吴俊才等带到新闻事业处工作。①

马星野之所以同意到新闻事业处工作，还有一个重要原因就是蒋介石对于这个人事安排是认同和重视的。为了体现出对马星野的器重和期望，蒋介石甚至“超规格”地亲自接见了马星野。

从这里我们可以看出两个问题：

一是蒋介石召见马星野，不仅是国民党最高当局的“组织”行为，这其中也包含了“个人感情”的因素。马星野到密苏里学习新闻专业，在政校创办新闻学系都是蒋介石的一手安排。他与蒋介石之间的这种“师生关系”是彼此都没有忘记的。这种“师生”纽带使得蒋、马之间有着超越了普通上下级之间的关系，进而体现出一种马对于蒋的人身依附关系。这也是蒋介石乃至整个国民党一贯采用的维系其体制内政治秩序和人际关系的重要方式和显著特点。易

① 吴俊才：《无尽追思，不尽怀念——永怀马老师星野先生》，《实践月刊》1991年4月号，载吉人编：《马星野先生纪念集》，台北：“中央日报”出版部，1992年，第20页。

劳逸(Lloyd E. Eastman)认为，国民党控制下的南京国民政府“行政官僚机构依然腐败无能。政府机关充满因裙带关系而任命的人……”。① 之前马星野舍去陈诚之邀而应张道藩之请有这层原因，他将自己的学生带入新闻事业处也有这个方面的考虑。

二是蒋介石、张道藩当年把马星野安排至新闻事业处，是有意而为之。一来他们对马星野相对比较了解，知道他的专业水准是可以放心的；二来国民党对于抗战时期的新闻事业的确需要有新的方式进行把控，董显光在这一时期进入国民党体制内从事国际宣传业务也是这个原因。而尤其是蒋介石对当时国民党党报系统的运作表现很不满意，需要有“新人”出面进行“整顿”，因此马星野这个专业上可信赖的国民党体制内“新闻教育人”就成为了一个“新闻管理者”合适的人选。

（二）马星野在新闻事业处的工作情况

当时“新闻事业处”的组织与职责比较简单。“‘新闻事业处’的编制并不大。因为战时新闻检查工作，军事委员会设有新闻检查组，专司其职，无论报纸、广播、通讯、任何新闻稿，必须经过检查始能发表。但这些业务均与‘新闻事业处’无关。‘新闻事业处’下设两科，一位管理科；一为资料科。”②据当时任科长的陈裕清回忆：“这个单位虽有‘事业’两字，实际只是对党营有关新闻的机构，从事辅导、联系与各种资料，包括社论等供应事务，并无‘事业’可言。……将之改为‘新闻辅导或联系处’，也许更为名实相符。”③

由于只负责“辅导”“联系”与“资料供给”，所以马星野主持下的新闻事业处主要有四项业务：

1. 对西南地区战地小报予以扶植与管理

战时新闻传递困难，尤其是在战区，新闻的传递主要依靠活跃在前线的战地记者冒着枪林弹雨，以“手挑肩扛”的方式出版小报得以完成。新闻事业处

---

① ［美］易劳逸：《南京十年时期的国民党中国，1927—1937 年》，载费正清、费维恺编：《剑桥中华民国史》(下卷)，刘敬坤、叶宗敭等译，北京：中国社会科学出版社，1998 年，第 185 页。

② 马之骕：《新闻界三老兵：曾虚白、成舍我、马星野奋斗历程》，台北：经世书局股份有限公司，1986 年，第 377 页。

③ 陈裕清：《既开风气又为师》，载吉人编：《马星野先生纪念集》，台北：“中央日报”出版部，1992 年，第 63 页。

最主要的任务就是对这些战地小报予以扶植和管理。马星野回忆：

> 当年“新闻事业处”的工作性质很特殊，因管理科科长的职务，很像报社的总经理，因在军事行动时期，西南一带很重视新闻报道。所以在各地都办有小型报纸，……总共有数十种。……虽然各报纸的规模小不足道，版面也不讲究，印刷技术更差，但效果很大，因为军队在前线上得不到最新的消息，全靠这些小型报纸，传播新闻，这是“新闻事业处”最重要的业务之一。①

2. 召开社论委员会会议，决定宣传的方向，拨付每月的经费

国民党对于抗战时期新闻舆论的引导和控制最主要是依靠各报的社论，尤其是“大抵暗示政治动向”的“党报”社论。② 而控制各报社论的一个重要方法就是在经费上加强管理。国民党“中宣部”为此专门成立了“社论委员会”，由新闻事业处负责协调。马星野回忆：

> 每星期要举行一次社论委员会议。邀请的社论委员都是对时事评论方面的专家，……先决定社论主题，再推定撰稿的人，然后还要发出宣传指示。管理的任务，一方面决定宣传的方向；一方面负责拨付每月的经费。③

3. 新闻资料的保存、提供与制作

“新闻资料”不是“新闻”，但其对于扩展新闻内涵，协助报纸新闻的撰写以及让读者更加了解新闻背景却是非常重要。这是马星野用心最多，也是最引以为豪的工作。

> 资料科专保管宣传资料，如历史性的、庆典性的、伟人纪念性的等，……遇到特定日期，则主动提供文字或图片等资料供各报参考，

---

① 马之骕：《新闻界三老兵：曾虚白、成舍我、马星野奋斗历程》，台北：经世书局股份有限公司，1986年，第377页。

② 陶希圣：《潮流与点滴》，北京：中国大百科全书出版社，2009年，第224页。

③ 马之骕：《新闻界三老兵：曾虚白、成舍我、马星野奋斗历程》，台北：经世书局股份有限公司，1986年，第377－378页。

与通讯社发油印稿相似。……有些图片资料，非常重要，常由“新闻事业处”制成锌版，印刷之后，分寄各报采用。[①]

龚选舞认为，马星野自密苏里学成回国后一直致力于新闻资料的搜集、储存与运用[②]：“马先生出任中宣部新闻事业处处长，也把他的一向注重资料的作风带去。一时，由该处配合新闻发展而编印的新闻背景与地图，便常为大后方缺乏资料的报刊所乐用。”[③]老报人成舍我曾有过这样一个比喻，即如若让他办一家上好的报纸，那么在人事安排上一定就是“赵敏恒的参访、钱沧硕的编务、马星野的资料”。[④]

4. 绘制缅甸战区地图，说明军事进展情况

绘制战区地图本应是军事部门的工作，而在马星野看来这其实也是提供新闻资料工作的一部分。这个资料不是搜集而来的，而是由新闻事业处自己绘制的。

“新闻事业处”还有一项特殊业务，即绘制战区地图，这项工作非常重要，也非常有意义。因为当时最重要的战区是缅甸，而缅甸却鲜为国人所知，因此，“新闻事业处”特别用绘图的方法，加以标明，藉使国人了解军事进行的状况。……此项工作贡献甚大，并获得各界赞许。[⑤]

---

① 马之骕：《新闻界三老兵：曾虚白、成舍我、马星野奋斗历程》，台北：经世书局股份有限公司，1986 年，第 378 页。

② 无论是在政校新闻学系、新闻事业处，还是在《“中央日报”》、“中央社”，马星野一直是非常注重“资料部门”的建设和资料的运用，甚至是在 1952 年他被迫离开《“中央日报”》而就职国民党“中央设计考核委员会”副主任后，他还在委员会里筹设了一个“资料室”。参见马星野：《自述》（1952 年 5 月 12 日至 1954 年 6 月 29 日），手稿，《马星野档案》099－01－01－01－001，台北“中研院”近史所档案馆藏。

③ 龚选舞：《马资料、马记者和马编辑》，台北《“中国时报”》1991 年 4 月 10 日，载吉人编：《马星野先生纪念集》，台北：“中央日报”出版部，1992 年，第 115 页。

④ 龚选舞：《马资料、马记者和马编辑》，台北《“中国时报”》1991 年 4 月 10 日，载吉人编：《马星野先生纪念集》，台北：“中央日报”出版部，1992 年，第 114 页。

⑤ 马之骕：《新闻界三老兵：曾虚白、成舍我、马星野奋斗历程》，台北：经世书局股份有限公司，1986 年，第 378 页。

以上四项业务是马星野主持新闻事业处三年中最主要的工作。在这个岗位上马星野所做的更多的还是他最擅长和最感兴趣的新闻专业工作。对于这些工作的成效，马星野本人是颇为满意的。

然而，马星野任职该处的初衷却是本着“整顿”的原则对“党报系统”实行“质”的变革，意图使“党办报业，颇多新革。”[①]在这一点上他并未能如愿。对此，易劳逸认为：“官僚机构中的一些文职领导人是受过教育、有新思想的人。特别是1935年以来，蒋介石把一批受人敬重的……记者和知识分子……招揽到政府中来，这批人一般很有能力，也比较进步。然而，这批新人对政府的基本政策所能施加的影响很小。”[②]

国民党党报机构乃至整个宣传系统是一个庞大的利益集团，其内部关系错综复杂，派系观念根深蒂固，沉疴积弊由来已久。因此“改革”“整顿”实非一个“新闻事业处”处长力所能及，即便这个处长是一个有改革理想，有专业水准，有国民党最高层支持的国民党体制内新闻人。马星野如此评价这种差强人意的任职结果：“余主持新闻事业处对于党报之管理，毫无办法，毫无进步，为余毕生最惭愧之事。‘党报’风气之恶劣，至三十四年接收而总暴露。惟余在工作期内，如举办资料供应，战局图解，亦为宣传工作开新生面。”[③]

马星野在新闻事业处的三年，做了自己能做，现实又允许他做的事情，取得了一点成绩，却没有能够做成他最希望做的事情，留下了更多的遗憾。成绩的取得是马星野在困难环境中主动发挥自己的新闻业务专长，力求对新闻事业处工作有所改变的结果；遗憾的产生源于马星野作为“文官”入政，在当时的政治体制内并没有对事业发展走向的决定权，这就导致他在国民党体制内试图以一己之力推动环境改变的理想的破灭。政校新闻学系毕业生孔珞对马星野此时的处境和心境描述得入木三分：“……个人之健康，乃蒙受重大损失，然先生未之顾也，每返南泉，郁郁不欢，殆莅诸生讲坛，又喜形于色，同事学生中

① 马星野：《生平简记》(上)(四十岁以前)，手稿，《马星野档案》099-01-01-01-002，台北“中研院”近史所档案馆藏。

② [美]易劳逸：《南京十年时期的国民党中国，1927—1937年》，载费正清、费维恺编：《剑桥中华民国史》(下卷)，刘敬坤、叶宗敭等译，北京：中国社会科学出版社，1998年，第186页。

③ 马星野：《自述》(1952年4月12日)，手稿，《马星野档案》099-01-01-01-001，台北“中研院”近史所档案馆藏。

亦有劝以宁做学者，勿顾政治者，先生微笑置之。”①

马星野这三年的“做官”经历使他身心俱疲，理想与现实之间差距的无法弥合是他痛苦的根源。他的“郁郁不欢”来源于他在现实中对“理想”的实现“毫无办法”、“毫无进步”；他的“喜形于色”来源于他所热爱的新闻教育事业，来源于他在专业新闻事业中取得的“成就感”。但是马星野最为复杂的一面，也正体现在这个“郁郁不欢”与“喜形于色”的“合一”上——作为一个有着“文人报国”理想的国民党体制人，他将个人的“身境心境”自觉地放在了“理想抱负”之后。做一个新闻学者和报人，远离政治中心，固然与他的性格更加吻合，然而做一个政治圈中的人，他的理想和抱负就有更可靠的平台来达成，就更可能实现。“达则兼济天下，穷则独善其身”。彼时的马星野正处在国民党体制内核心的边缘，进一步则有可能实现“兼济天下”的宏愿，因此并未深刻觉察到自己是到了“独善其身”的境地。因此，他选择了继续在“郁郁不欢”中努力地向“兼济天下”的理想靠拢，而并未选择在“喜形于色”中做一个“论政”而不“参政”的“独善其身”的“文人”。这也就是他对“宁做学者，勿顾政治”的建议“微笑置之”的真正原因。1945 年马星野赴南京《“中央日报”》任职，这似乎又给了他一个实现自己理想和抱负的更高的崭新平台。

二、最困顿的新闻管理实践（1954—1959）

国民党在台湾的威权体制由五个部分组成：一、以党国体制为主导核心；二、以《动员戡乱时期临时条款》和《戒严法》及相关法令构成中央集权式非常体制；三、以党国机器控制下的利益代理模式和利益汇集系统（包括“侍从主义”“国家统合主义”）等政治机制为辅助；四、以最高统治者的个人意志、大中国意识形态与“一中”原则下的法统观念为指导；五、高度依赖美国的支持。② 对此，许瑞浩指出：“在国民党政府的威权统治下，就形成一种党组织与国家机器对民间社会乃至个人，由上而下严密的渗透、控制与支配。特别是在政治上，对人民的基本人权（如言论、出版、集会、游行、通讯及结社

① 孔珞撰，邵余安整理：《介绍平阳马星野先生》，载《温州图书馆学刊》2013 年第 1 期，http://www.wzlib.cn/tsgxk/ydsk/201307/t20130726_155003.htm。

② 许瑞浩：《从官方档案看统治当局处理“雷震案”的态度与决策——以“国防部”档案为中心》，载陈世宏等编：《雷震案史料汇编：黄杰警总日记选辑》，新店：“国史馆”，2003 年，第 34－35 页。

等自由),与基本参政权多所限制。任何个人或团体若有违反甚至危及威权统治的思想、言论或行动,都会遭到当局毫不留情且不择手段地予以剪除,通常是假手在威权体制下组织发展最快,权力膨胀最大的情治特务机关。"①

马星野就是在这种威权统治的环境下离开台北《"中央日报"》,并就任国民党"中央第四组"主任的。1950 年 8 月 5 日国民党中央"改造委员会"通过组织大纲。依照该大纲要求,其下设七个组,而"第四组"是国民党"中央党部"一级的单位。据 1958 年 10 月接替秦孝仪任第四组副主任的楚崧秋回忆:"当时第四组下辖五个室,第一室负责媒体联系业务;第二室主管各级党部文宣;第三室以文艺界为主体,包括广播(尚无电视)业务;第四室主掌理论与'敌情';第五室则是以杂志出版为主。"②由此可见,这个"第四组"的主要业务就是负责国民党对于宣传事业的管理,即充当其"文宣中枢"的职责。

1952 年被迫离开台北《"中央日报"》之后,马星野实际上经过了两年左右的"察看期"。在此期间,他担任了国民党中央"设计考核委员会"副主任及教育文化组召集人,主要负责"国际问题研究"与"本党教育文化的设计工作",③同时兼任台北《"中央日报"》常务董事和"中央社"管理委员,并在蒋介石的允许下继续出席"宣传会谈"。在此期间,马星野三次被蒋介石召见面谈,并被安排列席国民党七大及七届二、三中全会,在"国民大会"中当选主席团成员。由此可见,马星野此时并没有完全离开蒋介石的视域和国民党统治核心圈,"对于党的宣传决策与业务开展,得继续保持着接触。"④此时,尽管马星野在台北《"中央日报"》的表现令蒋介石失望,但他并未彻底失去蒋介石的信任与关注——这就为他能够很快重返国民党"中枢"提供了条件。1954 年 8 月,马星野受命担任"第四组"主任,拉开了他二度从事新闻管理工作的序幕。就马星

① 许瑞浩:《从官方档案看统治当局处理"雷震案"的态度与决策——以"国防部"档案为中心》,载陈世宏等编:《雷震案史料汇编:黄杰警总日记选辑》,新店:"国史馆",2003 年,第 36 - 37 页。

② 楚崧秋口述,吕芳上、黄克武访问,王景玲记录:《览尽沧桑八十年:楚崧秋先生访问纪要》,《"中研院"近史所口述历史丛书》(78),台北:"中研院"近史所,2002 年,第 194 页。

③ 马星野:《自述》(1952 年 5 月 12 日至 1954 年 6 月 29 日),手稿,《马星野档案》099 - 01- 01 - 01 - 001,台北"中研院"近史所档案馆藏。

④ 马星野:《自述》(1952 年 5 月 12 日至 1954 年 6 月 29 日),手稿,《马星野档案》099 - 01- 01 - 01 - 001,台北"中研院"近史所档案馆藏。

野本人而言，由于被政治环境和工作性质所限，这段经历使得他没有像在《"中央日报"》、"中央社"，甚至是在"新闻事业处"那样或多或少有可以发挥自己理想和能力的空间。

马星野在"第四组"的管理实践是他人生中最为复杂、最为艰难，也是最不愿意提及的一段。这是他作为国民党体制内新闻人在现实与理想之间最为矛盾，并试图对这种矛盾加以平衡而未果的案例。在矛盾协调的过程中，马星野非常艰难和苦恼，而不幸的是，如同他在《"中央日报"》的业务实践一样，这种折冲协调的最终结果，依然是以他的离开为结局。这是他作为国民党体制内新闻人实践的第二次重大挫折，甚至从某种程度上来说，前一次在《"中央日报"》，他更多的只是在业务上的挫折，并未实质影响他处于体制核心的"候补"地位；而这一次，他遭到的更多的是在政治上的挫折，是被排除出体制核心的挫折。

三、"一体两面"的新闻管理实践

马星野除从事上述新闻业务实践、新闻管理实践之外，还曾任职国民党"中央新闻党部"以及"中国新闻学会""大众传播教育协会"等。

（一）"一体两面"的国民党"中央新闻党部"和"中国新闻学会"(1972—1985)

1. 早期的中国新闻学会

中国新闻学会于1941年3月16日在重庆成立。时值抗战期间，中国新闻学会的成立引起各界的高度重视与殷切期许。时任政校新闻学系主任的马星野是该学会的创始人之一，并担任研究组主任。[①] 他还应学会之邀请起草了著名的《中国新闻记者信条》十二则。中国新闻学会成立的原因和意义，著名报人张季鸾在中国新闻学会成立宣言中提到："空谈新闻学无益也，故同人以为必须在抗建宣传工作中，建设中国之新闻学，集思广益，即知即行，……同时务必常藉本会以交换新知，报告状况，以期吾道之昌明，而裨国事于万一。"[②]而蒋介石在致学会成立大会的特电中要求该学会："在'三民主义'之最

---

① 《中国新闻学会理监事开首次联席会议》，《申报》1941年3月18日。

② 《中国新闻学会宣言》，《申报》1941年3月19日。

高指导方针，不断研究报学，改进报业，努力以赴。”[①]由此可见，在抗战的特殊环境下，中国新闻学会的成立与时代、政府和新闻事业发展的要求是相契合的；而其存在的形式则是一种“民间同业组织”的架构。1945 年后，中国新闻学会的活动趋于沉寂。

2. 国民党“中央新闻党部”简况

1965 年 4 月 26 日，败退到台湾的国民党为了笼络在台的新闻同业，成立了“中央新闻党部”，曾虚白为首任主任委员。其后十年，“新闻党部”纯粹为一国民党内部组织，并没有对外活动，或是对党外产生影响。这种情况直至 1972 年马星野接替曾虚白任“新闻党部”主委，[②]并于 7 月出任“中国新闻学会”理事长时开始有所改变。

3. “一体两面”工作模式的建立与终结

在同时担任国民党“新闻党部”主委与“中国新闻学会”理事长的 13 年间，马星野最为重要的实践成果是创建了新闻“党部”与“学会”“一体两面”的工作模式，即“中国新闻学会”理事长兼任国民党“新闻党部”主委，这种架构至 1989 年 1 月楚崧秋担任理事长而不兼任主委为止。这种“一体两面”架构的作用是“对内（国民党体制内）以新闻党部立场行之，对诸媒体的非党籍人员及一般社会大众时，就以‘中国新闻学会’出面。”[③]

在当时国民党“党权高张”的情况下，马星野创造和运用这种组织架构和工作模式的目的，一方面是可以在国民党体制内以“党权”力量统一认识和行动；另一方面，可以在国民党体制外以“民间组织”名义聚拢更多非国民党的新闻界人士。这实际上将“中国新闻学会”当成了国民党在民间非党新闻从业人员中的“组织机构”。在国民党刚性威权统治政策下，这种运作模式在 20 世纪 70 年代中期以前并未遇到太多“反弹”。

然而在 20 世纪 70 年代中期后，台湾当局在国际上的失败进一步促使民众对国民党统治产生失望而质疑其统治。因此国民党统治政策及台湾社会意识随着蒋经国上台而面临巨大转变，“人权的呼声日高，自由意识发抒的要求

① 《中国新闻学会今在渝开成立会》，《申报》1941 年 3 月 16 日。

② 《中国国民党中央委员会（秘书长张宝树）与马星野函件：六一组字第〇三八号》（1972 年 7 月 26 日），手稿，函件副本，《马星野档案》099 - 01- 03 - 01 - 085，台北“中研院”近史所档案馆藏。

③ 楚崧秋口述，吕芳上、黄克武访问，王景玲纪录：《览尽沧桑八十年：楚崧秋先生访问纪要》，《“中研院”近史所口述历史丛书》（78），台北：“中研院”近史所，2002 年，第 171 页。

日迫，政治上寻求自我发挥，新闻业者在这方面自会争站在时代变迁的前哨。"[①]在这种情况下，马星野所奉行的"一体两面"模式越来越多地被认为是保守的体现而遭到国民党内外的非议。1985 年马星野在卸任"中央社"董事长的同时，被迫同时卸任国民党"中央新闻党部"主委和"中国新闻学会"理事长职务。这也是"一体两面"架构在时代发展的冲击下所遇到的必然结局。

1985 年 5 月 28 日，时任国民党中央"文工会"主任宋楚瑜转达蒋经国之命，安排"中视"董事长楚崧秋于 6 月 27 日接任"中国新闻学会"理事长，7 月 1 日接任国民党"新闻党部"主委。[②] 此后楚崧秋鉴于"一体两面"架构的做法"对内对外都难以取信于人，甚至为人物议"，遂开始着手完成新闻学会的社团法人登记手续，"使其成为一个名正言顺的民间团体，不与党部搅在一起，免为别人视为变相的国民党御用机构。"1988 年，楚崧秋辞去国民党"新闻党部"主委职务而就任"中国新闻学会"理事长，"一体两面"架构随之终结，楚崧秋也成为"党部"与"学会"这个"连体婴儿的分割者"。[③] 或许我们可以从这件事情上看出马星野与楚崧秋的不同：马星野实质上是将"中国新闻学会"当作为国民党效力的工具，他在以"党部"负责人身份管理国民党籍新闻人的同时，以"学会"负责人的身份管理非国民党籍新闻人；楚崧秋实质上试图将"中国新闻学会"与"党部"的联系通过"负责人不兼任"的方式加以解除，从而把"学会"办成所谓真正的"民间组织"。

从 1972 年 7 月开始，马星野将"党部"和"学会"的作用联系在一起，促成了这个"一体两面""连体婴儿"的诞生，并使之存在了逾 16 年。从表面上看，无论是这个"连体婴儿"的诞生或是分割，都是马星野或楚崧秋的一人所为；而实质上，在这个"连体婴儿"的诞生或是分割的问题上起决定作用的都是时代发展需求、社会环境变化和个人主张的多重角力的结果。因此，无论它的诞生还是终结，都因应了时代发展的需要；而无论是马星野或楚崧秋，他们个人都只是历史长路上的一个标点或里程碑，都是属于他们那段时代的"潮流的点滴"。

---

① 楚崧秋口述，吕芳上、黄克武访问，王景玲记录：《览尽沧桑八十年：楚崧秋先生访问纪要》，《"中研院"近史所口述历史丛书》(78)，台北："中研院"近史所，2002 年，第 172 页。

②《中国国民党中央委员会与马星野函件：七十四组字第一一五号》(1985 年 6 月 13 日)，函件副本，《马星野档案》099-01-03-01-159，台北"中研院"近史所档案馆藏。

③ 楚崧秋口述，吕芳上、黄克武访问，王景玲记录：《览尽沧桑八十年：楚崧秋先生访问纪要》，《"中研院"近史所口述历史丛书》(78)，台北："中研院"近史所，2002 年，第 172 页。

（二）作为“业学联合体”的“大众传播教育协会”（1980—1985）

“大众传播教育协会”是台湾新闻事业与各高校大众传播教育相结合的组织。与“中国新闻学会”着重于对台湾新闻业学两界的管理不同，“大众传播教育协会”实际上更加侧重于对台湾新闻教育界的管理，是国民党掌握大众传播教育界的又一举措。1980 年 3 月 27 日，“大众传播教育协会”在台北成立，马星野担任首任理事长。在马星野尚未卸任国民党“新闻党部”主委和“中国新闻学会”理事长两个身份之际，即安排他担任“大众传播教育协会”理事长一职，既体现出国民党高层对他的重视和信任，也体现出这一时期国民党高层对于“一体两面”模式和方法的认可。而这个职务其时只有马星野担任最为合适，也只有他担任这个职务，国民党高层才能够放心。

1. “协会”产生的原因

20 世纪 70 年代末至 80 年代初，台湾大众传播事业因片面追逐利润而出现的“颓废”乱象，同时中国大陆新闻传播事业尤其是新闻专业人才培养迅速崛起，这些使得马星野对于大众传播专业人才培养的忧虑和关注更甚之前。[①]马星野创立“大众传播教育协会”这个“业学联合体”的初衷是：

> 因环境所限，传播教育与传播事业间的联系沟通与协调尚嫌不够，以致不能尽情地发挥其教育功能。为结合传播教育专家与传播事业专家们的智慧，使传播教育更上轨道，造就更多更优秀人才，藉以解决并提高大众传播事业人员素质，有必要成立一个综合传播教育与传播事业智慧的机构，藉以促进大众传播事业之发展。……其最终目的，是透过大众传播教育功能的发挥，借以促进大众传播界的向心力，以期达到大众传播事业快速发展之目的。[②]

就马星野本人而言，他所具有的新闻教育、新闻业务实践的资深背景以及在国民党体制内新闻事业长久而深远的个人影响，使得他有能力和资源来整合新闻业界、学界乃至政界的力量达成这个目标，这恰恰也是他在政校时期就

① 有关内容可参见本章“马星野在《“中央日报”》的业务实践”和“马星野在‘中央社’业务实践”两节。

② 马之骕：《新闻界三老兵：曾虚白、成舍我、马星野奋斗历程》，台北：经世书局股份有限公司，1986 年，第 454 - 460 页。

一直想做，并且可以做到的理想和主张。

2. 鲜明的“马氏风格”与又一个“一体两面”

“大众传播教育协会”这个“业学联合体”具有鲜明的“马氏风格”。长期以来，马星野始终将新闻和大众传播教育作为其最热爱和擅长的事业，并始终强调专业的新闻教育对于新闻人才队伍建设，乃至整个大众传播事业水平的提高是重要性和现实性。尽管1948年马星野就离开了政大新闻教育的讲台，但他仍然通过其它方式推动新闻人才的教育和培养，并与新闻教育界有着千丝万缕的联系。同时，随着“新闻事业”领域的不断扩大，其逐步发展成为“大众传播事业”。在这个过程中，马星野也一直在思考着更为宽泛的“大众传播教育”与“大众传播事业”之间的联系与合作问题，并以一种专业主义的做法致力于这个“业学联合体”的促成。1984年，马星野指出：

> ……各新闻教育单位与大众传播事业合组了中国传播教育协会，……我们透过这个协会，把密苏里教育的精要宗旨，输入现存的各学校新闻学教授与学生的思想中，成绩是很显著。①

在《“中央日报”》和“中央社”任职期间，他就将这种“教育”与“实务”相结合的理念充分运用到实践中，为上述两个单位分别培养了一支具有专业主义精神和较高业务素质的骨干队伍。

然而，就在马星野以鲜明的“马氏风格”缔造“大众传播教育协会”，并使之不断发展的同时，他也为自己最终离开埋下了“伏笔”。从本质上说，“大众传播教育协会”与“中国新闻学会”都是以“民间”的名义出现的具有浓厚国民党背景与色彩的组织，只不过一个偏重于新闻业界，一个偏重于新闻教育界(学界)。它们在这一时期的客观存在和发展与马星野在国民党体制内的地位与影响息息相关。而随着马星野迅速离开国民党体制的核心层面，他对于这些组织的领导“资源”自然也会随之淡化。对于这一点马星野本人是非常清楚的。因此，1985年他在一连卸任“中央社”董事长、国民党“新闻党部”主委、“中国新闻学会”理事长职务的同时，也于5月29日以“近日体

① 马星野:《密苏里教育对中国新闻事业之贡献》(1984年)，手稿，《马星野档案》099-01-02-02-051，台北“中研院”近史所档案馆藏。

弱多病，对大众传播教育协会会务之推动，深感心余力绌”为由，[①]主动辞去协会理事长职务。

小　结

本章所做的是一个跨度为44年的宏观探索。在时代和社会大环境下，马星野作为国民党体制内新闻人的新闻业务和管理实践在表面上呈现出三个特点：

一是从时间上讲，是几乎“连续的”。除了他调“中央党部”“从事研究工作”[②]（1952—1954）的2年以及赴巴拿马任职（1959—1964）的5年以外，他的新闻事业生涯中间没有断点。

二是从经历上讲，是比较“丰富的”。他这44年的任职经历，涵盖了国民党体制内几乎所有最重要的新闻事业媒体、新闻管理岗位以及学术组织的领导岗位。

三是从内容上讲，是相对“全面的”。既有新闻媒体实践工作，也有国民党宣传机构的管理工作，还有“民间新闻同业组织”的领导工作。

然而，从另一方面来说，马星野的新闻业务实践由于受到了两个重要因素的制约，从而又显得不是那么“连续”“丰富”“全面”。

因素一，国民党体制内的局限。这非常明显。马星野的新闻业务实践只是这一时期他在国民党体制内新闻事业实践的“连续”“丰富”“全面”，而并未涉及国民党体制外的新闻事业实践——这是他作为国民党体制内新闻人最大的特点和必然的缺憾。

因素二，时空背景的局限。马星野所从事的新闻业务实践，1949年以前，可以说是比较“完整”的；1949年之后，其影响主要是在中国台湾地区。

上述这两个局限性，相互关联。从1942年到1949年，主要是国民党体制制约着马星野的新闻业务实践；从1949年到1985年，国民党体制和台湾地区

① 《马星野与徐佳士、郑贞铭及大众传播教育协会全体会员函件》（1985年5月29日），手稿，《马星野档案》099－01－03－01－165，台北“中研院”近史所档案馆藏。

② 马星野：《中国国民党国民大会代表党部六十八年度干部资料总校正补充表》（1979年），手稿，《马星野档案》099－01－03－01－161，台北“中研院”近史所档案馆藏。

的空间和社会发展状况共同制约着马星野的新闻业务实践。

由于这种双重因素的制约，马星野的新闻事业生涯在这44年中经历了三次大的“起伏”：第一次是1952年，他在《“中央日报”》最顶峰的时候不得不离开，这一次他很幸运地留在了国民党统治体制的核心边缘；第二次是1959年，他在“第四组”的困顿与纠结中黯然离开，这一次他在国民党最高层的不满中被外放巴拿马，不仅离开了他所钟爱的新闻事业，而且离开了国民党统治体制的核心，但他仍然留在了国民党体制内；第三次是1985年，他在“中央社”20余年的苦心经营被一次“突如其来”的病恙骤然终结，从而在实质上彻底离开国民党体制内新闻事业圈和统治圈。这三次大的“起伏”与马星野从事新闻事业的具体实践有关，与他个人的处世风格有关，更与他指导这些实践的思想息息相关。

对于马星野来讲，1985年5月应该是个难以忘怀的日子。在这一年，年近77岁的他不仅在身体上出现了一些意外，更令他意外的是国民党中央对于他这位“体制内新闻元老”所作出的迅速而果断的“安排”。[①] 对于这样的“谢幕”，马星野心中的郁结和失落是难以言表的。尽管他在这番剧变后仍然本着“文人论政”“文人报国”的态度表示希望“退居林下，研究传播事业，当以有生之年，度才量力，以建言报国恩。”[②]但是从“文人参政”到“文人论政”再到“文人观政”，从“政治中心”到“被边缘化”再到“甘处边缘”，对于具有传统儒家文人情怀和价值追求的马星野来说，其间的复杂心态是完全可以理解的——在国民党体制内14年的新闻教育工作与44年的新闻业务工作所积累起来的近60年的国民党体制内新闻人生涯和丰富“资源”就此戛然而止——这种似乎“不近人情”的“被放弃”，不仅仅关乎个人尊严，更重要的是自己为实现“报国理想”和“个人价值”而奋斗的步伐也随之终结。

纵观马星野的新闻业务实践，我们既看到了他作为国民党体制内新闻人在大时代、大环境中的奋斗与成果，也深刻地体会到他的痛苦与坎坷。他在以自己的方式竭尽所能地努力做好“国民党”交给他的“新闻工作”，以此实现自己作为“文人报国”的一点理想。但是无论在业务上多么“专”，在精神上多么“儒”，只要与国民党的现实要求不合拍，他就一定会离开，这也就是国民党体制内新闻人最终的归宿。

---

① 马星野于1985年5月27日因轻微中风住院治疗，随后很快被解除一系列职务。

② 吴德里：《那儿必是有情世界》，台北《新生报》1991年4月10日，载吉人编：《马星野先生纪念集》，台北：“中央日报”出版部，1992年，第28页。

第四章　马星野新闻思想研究

> 对于个人来说，他的世界观组成了他的思想，这样或那样的事情是否应当发生，便取决于此。
>
> ——卡勒[①]

中国近代新闻思想受到两个因素的重要影响：一是西方资产阶级新闻专业理念；二是以实现"救亡图存"和"国家现代化"为目标的各种政治主张。作为国民党体制内新闻人的马星野的新闻思想亦是如此。

第一节　马星野新闻思想的主要渊源

"三民主义"、西方新闻专业主义是马星野新闻思想的基石或主线。首先，"三民主义"是政治指导，在"三民主义"这个政治轨道上，马星野对于中国新闻事业这列"火车"向哪个方向跑的立场是非常坚定的；其次，西方新闻专业主义理论和方法是实用工具，通过这个工具，马星野对于这列"火车"该如何跑，怎样跑得快，有着非常深入的探索、深刻的思考和全面的阐述。

"三民主义"和新闻专业主义如同马星野新闻思想的两个飞轮。只有这两个飞轮同步前进，平衡运转，马星野的新闻实践和新闻思想才能够平稳快速的发展；反之，则会遇到波折起伏。在长达近 60 年的国民党体制内新闻人生涯中，他始终面对并努力解决这两者间的平衡发展问题。

---

① [德]卡勒：《科学职业》，冯克利译，载[德]马克斯·韦伯：《学术与政治》，冯克利译，北京：三联书店，1999 年，第 148 页。

一、"三民主义"对马星野新闻思想的影响

三民主义是孙中山领导的资产阶级民主革命的纲领，也是中国国民党的政治纲领和指导思想。1924 年 1 月，国民党一大确定的三民主义"三大政策"与民主革命阶段中国共产党的政治纲领类似，成为第一次国共合作的政治基础。

孙中山逝世后，国民党内各派别，尤其是蒋介石集团为获取自身利益，维护独裁统治而对孙中山三民主义进行诠释，形成了国民党所谓"主流理论"，并将此作为服务其统治的工具。为了在名义上继承孙中山的衣钵以彰显其统治的"正当性"，并在实质上重新构建适合于自身统治需求的新理论体系，蒋介石及其追随者试图以儒家思想"重新解释"三民主义。实际上，以蒋介石为代表的国民党人对孙中山三民主义理论的这种"重新解释"在本质上是一种"概念的扭曲和偷欢"，在实质上完全背离了孙中山三民主义的核心要义和主旨精神。这样做的根本目的，是试图从迎合中国文化主流的传统儒家伦理道德中寻找解决实际政治问题和社会问题的答案，并通过这样的意识形态建构，在政治上和道德上提供一个为全社会民众所认同和接受的"核心价值观"或"中心信念"，从而通过掌握对孙中山三民主义本身及其与中国传统道德之间关系的解释权，形成全社会对其所谓"三民主义""正统性"的认同，建构起其统治的"正当性"。

20 世纪 70 年代以后，蒋经国在台湾统治的指导思想在本质上也是同出一辙。向芬认为："蒋氏父子推崇的三民主义官方意识形态，不是个人化的'蒋介石主义'或是'蒋经国主义'，而是借用有一定历史沉淀的、具有相当感召力的'孙中山主义'，相对而言，更加容易引起人民大众的认同。由此生发出来的三民主义新闻哲学符合两蒋时期的务实主义，理论所强调的'国家利益'和'公共利益'与两蒋时期的时代特征呼应，为巩固国民党在意识形态领域'意见领袖'的位置提供了理论依据。"①

从孙中山的三民主义到国民党"两蒋"集团的"三民主义"，虽然其名称没有变化，作为国民党的政治纲领和指导思想的地位没有变化，但是其核心、本质和意义已经发生异化，成为不同的两个概念。而由于时代的原因，马星野所

---

① 向芬:《国民党新闻传播制度研究》，北京：中国社会科学出版社，2012 年，第 153 页。

接触、认同和坚持的就是蒋介石的“三民主义”。作为国民党体制内新闻人，马星野在从事新闻事业实践和新闻问题思考之时，“政治正确”对于他来说是基本的原则和前提，也是“国民党体制内”的核心问题。因此，以“三民主义”为政治导向就是马星野必然和必须的选择。

（一）渊源：政校教育和蒋介石安排下的国民党体制内新闻实践的影响

1927 年，马星野在国民党“中央党务学校”学习期间加入了国民党。由此，他开始接受系统的所谓“三民主义”思想教育，并开始形成国民党党员意识。[①] 这段经历对其今后一生的体制内新闻人道路选择产生了深远的影响。“教育贵于熏习，风气赖于浸染”。国民党“中央党务学校”（包括以后的政校和政大）是在蒋介石及其追随者的直接影响、要求和操作下举办的，马星野在国民党体制内长达近 60 年的新闻人生涯经历，使得他的思想必然深受蒋介石影响。

（二）核心：1940 年蒋介石两次演讲的精神

对马星野新闻思想乃至他的新闻事业生涯影响最大的著述当是蒋介石 1940 年在政校发表的两篇重要的演讲，即 1940 年 3 月 21 日对政校新闻专修班首期学员毕业训词《今日新闻界之责任》及 7 月 26 日在政校新闻专修班一、二期学生毕业典礼上所作演讲《怎样做一个现代新闻记者》。这两篇演讲对于马星野而言，是其新闻思想在政治上的原则和主线，是维系其新闻思想各组成部分之间千丝万缕联系的基础，也是他始终坚持和不断完善自己以“三民主义”为导向的新闻事业思想的重要依据和方针指南。

蒋介石的这两次演讲，是其“三民主义”理论中新闻宣传观的集中阐发。在《今日新闻界之责任》中，蒋介石强调：“新闻记者应为国家意志所由表现之喉舌，为社会民众启迪之导师，‘革命’事业之发展与完成，实唯新闻界之积极奋起是赖。……新闻界求进步，全赖于人才有新的补充，在技术精神有新的修

---

① 马星野于 1927 年加入中国国民党，入党地点为南京国民党“中央党务学校”，介绍人为段锡朋和罗家伦。据马星野回忆，在未入校之前，也是在 1927 年前后，他在浙江永嘉听沈定一宣传后，才开始了解三民主义思想。中学时，有同学劝他加入国民党，他拒绝了。参见马星野：《中国国民党干部个人档案登记表与自传》（1973 年 5 月），手稿，《马星野档案》099 - 01- 01 - 01 - 003，台北“中研院”近史所档案馆藏。

养。”[①]他同时提出“新闻界共同黾勉”的四个目标为：“善尽普及宣传之责任”、“善尽宣扬‘国策’之责任”、“善尽推进建设之责任”、“善尽发扬民气之责任”。[②]

在《怎样作一个现代新闻记者》中，蒋介石对政校新闻专业的毕业生提出了要求和希望：“我们要改良中国新闻事业，首先要树立本身的信仰，然后才能担当我们的责任。大家到本校来受训，目的就是在此！……我们要做一个现代的新闻记者，首先要确定立场，抱定宗旨，……我们的宗旨在于阐扬‘主义’，宣传‘国策’，……你们是本党训练的新闻干部，你们将来去到社会服务就是本党的代表……希望各位毕业之后，要时刻注意充实本身的学力，依照党员守则来增进我们的德行，更要抱定宗旨，始终贯彻，来改良中国的新闻事业，树立三民主义文化的基础。”[③]

从上述演讲中，我们可以看出，蒋介石首先将新闻工作落脚在宣传国民党的宗旨和政策上；对于新闻工作者的要求首先是必须符合一个国民党党员和党的新闻干部的标准，同时要有一定的常识和专业技能。他尤其强调的是新闻记者以“国民党党员守则”作为标准的“德行”。这清楚地点明了蒋介石对于新闻事业和新闻从业人员必须完全“党化”和“党控”的基本观点和思路。

这两篇演讲就是国民党和蒋介石对新闻事业的“指导总原则”和“总方针”。既然如此，那么作为一个国民党体制内新闻人，马星野在国民党体制内的新闻实践就始终是以具有蒋介石色彩的“三民主义”为指导，并遵从和服务于国民党统治集团的意志和要求。思想来源于实践并指导实践。因此马星野的新闻思想很显然地会带有这种“三民主义”思想体系中有关新闻宣传理念的深刻痕迹；而在新闻思想对他的新闻实践的指导中，我们也可以见到这种具有蒋介石色彩的新闻宣传理念的始终贯彻。

综上所述，马星野新闻思想中的“三民主义”内容既来源于他早年所受的系统的“三民主义”教育，更来源于他在国民党体制内的新闻实践。而这

---

① 蒋介石：《今日新闻界之责任——对新闻专修班首期学员毕业训词》，《新闻学季刊》1941年第1卷第3期，第1页。

② 蒋介石：《今日新闻界之责任——对新闻专修班首期学员毕业训词》，《新闻学季刊》1941年第1卷第3期，第1-4页。

③ 蒋介石：《怎样作一个现代新闻记者——对新闻专修班一二期学生毕业训词》，《新闻学季刊》1941年第1卷第3期，第3-6页。

一切均指向和归结于他对国民党蒋介石统治集团及其新闻宣传理念的理解、认同、贯彻和阐扬，这也是他新闻思想中所谓“三民主义”部分的基础和准绳。

1939 年，马星野在《三民主义的新闻事业》中系统总结了他在 1939 年之前的新闻实践和新闻观点，首次系统归纳出“三民主义”的新闻事业思想内容，直接影响和指导了他以后的新闻业务实践以及对于新闻思想各个组成部分的探讨，标志着他新闻思想体系中的“三民主义”组成部分的初步形成；从 1956 年的《文章开始，他大量引用蒋介石的“三民主义”新闻事业观点作为自身新闻政治理念正确性与正统性的依据；1975 年，他通过《从总统训示看三民主义的新闻政策》，强化上述观念在其新闻思想中的指导性和系统性，标志着他在早期“三民主义”新闻思想理论的基础上，通过近 20 余年的调整和完善最终形成了一个系统和完备的“三民主义”新闻指导思想框架，并在此后 10 年中以此指导其新闻业务实践和理论探索；直到 1983 年，马星野在《言犹在耳——从“蒋公遗训”论新闻道德》中仍然坚持阐扬这个理念的合理性和必要性，并以之为“划分界限”、“整饬队伍”、“清除污染”，[①]并最终解决新闻与大众传播现实问题的最为重要的方法依据和行为原则。经过前后 40 余年的国民党体制内新闻实践和理论思考，马星野在其新闻思想中牢固树立了以“三民主义”为指导的意识形态原则和政治路线方针，并使之成为其新闻思想重要组成部分。

二、西方新闻专业主义对马星野新闻思想的影响

新闻专业主义思想的出现与发展同新闻工作的职业化、专业化进程是密切联系的。“一种理论在一个国家被接受的程度，是由这个国家对这种理论的实际需要程度而决定的。”[②]就中国而言，新闻专业主义思想的种子是在专业化新闻教育的土壤中生根发芽的。1914 年至 1928 年，随着沃尔特·威廉博士在这一期间的五次来华，为中国新闻界认识密苏里新闻学院，了解西方尤其是美国新闻思想和专业主义理念，打开了一扇窗口，“推动了中国新闻教育的发展，促进了中美两国的教育交流，强调了新闻从业人员的职业素养，推动了

① 马星野：《言犹在耳——从“蒋公遗训”论新闻道德》(1983 年 3 月 26 日)，手稿，《马星野档案》099-01-02-02-045，台北“中研院”近史所档案馆藏。

② 熊月之：《中国近代民主思想史》，上海：上海人民出版社，1986 年，第 21 页。

中国新闻界与世界同行的交往”，[①]对民国新闻业在专业主义理念上与西方对接，从而走上自身的专业化道路，产生深远影响。而在 1918 年和 1921 年，以北京大学新闻学研究会和圣约翰大学报学系的新闻教育为发端，徐宝璜、邹韬奋等人也开始对新闻职业化问题进行界定。随着中西尤其是中美新闻事业和新闻人更加频繁的交往，诸多新闻人基于实践而对西方新闻专业主义思想进行了更加深入的思考，中国近代新闻专业化进程被有力推动，具有时代特征和中国特色的新闻专业主义思想开始形成。

20 世纪后半期，新闻专业主义核心思想受到新闻（大众传播）新实践和新理论的冲击和批评。“客观性原则”因其本身能否保证新闻报道的客观性这一问题而受到诟病。而对于新闻自由和社会责任论这一概念，因现实中政治力量与市场力量双重压制的影响，也产生了不同意见：“社会责任论将受众自由的希望寄托于媒介自身，媒介虽然建立了一套自律机制试图达到这种期望，但是，由于媒介的现实运行模式本身与‘公共服务’的不可调和性，导致了受众自由陷入危险的境地，而这也反映了新闻专业主义的现实困境。”[②]也就是说，新闻专业主义所指向的价值目标和行为主体是媒体和媒体人，而不是受众。这就使得新闻专业主义的“公共服务”功能和价值的实现受到约束和制约。“社会责任论对于受众自由的保护在新闻业的职业实践中也很难实现。新闻业的职业特性决定了它在运作中要受到来自不同方面力量的制约，各种力量交锋的结果往往会是新闻业以直接或间接地牺牲公众利益来达到自身利益的最大化。”[③]这种从内在合理性角度所提出的挑战，使得新闻事业无法再有一套行业内公认的实践和道德规范，这直接影响到了新闻作为专业知识和技能存在的合理性。

（一）渊源：密苏里专业新闻教育和《记者信条》的影响

作为国民党体制内新闻人，马星野在从事新闻事业实践和新闻理论问题探讨时，“方法的正确”对于他来说是基本的要求，这也是看一个“新闻人”是否专业的核心问题。因此，以西方新闻专业主义理论为实践方式和方法就成为专业新闻人马星野自觉和自愿的选择。

---

① 林牧茵：《移植与流变——密苏里大学新闻教育模式在中国（1921—1952）》，上海：复旦大学出版社，2013 年，第 179 - 183 页。

② 李良荣：《当代西方新闻媒体》，上海：复旦大学出版社，2010 年，第 141 页。

③ 李良荣：《当代西方新闻媒体》，上海：复旦大学出版社，2010 年，第 139 页。

1931年至1934年，马星野赴密苏里新闻学院接受系统专业的新闻教育。这是他新闻思想中西方新闻专业主义组成部分的来源。在密苏里学习期间，他在两个方面受益颇深。

首先，是学会了“密苏里模式”的新闻教育理念和方法。密苏里新闻学院的教育理念和方法是强调媒体的实践，将培养真实世界中的媒体经验作为课程的一部分；注重强大的人文社会科学教育，配以独特的动手能力的训练。其目的是造就能够适应专业媒体的职业化的新闻人。直到今天，依然如此。[①]这种方式实质上就是“透过实践、学习技能、以构建知识”，[②]也就是我们通常所说的“宽基础”与“做中学”的教育理念和方式。马星野在密苏里受到的就是这种理念和方式指导下的新闻教育。

其次，是深受密苏里的新闻道德观念的影响，尤其是时任密苏里新闻学院院长的威廉博士撰写的《记者信条》(Journalist′s Creed)的影响。在马星野以后的新闻实践中，尤其是他所制订的《中国新闻记者信条》中，我们清楚地看到了密苏里《记者信条》以及密苏里新闻道德观的深深印记。

综上所述，密苏里新闻学院的学习经历，使马星野第一次真正接触到系统而正规的现代新闻学教育和新闻业务实践。这对于他的新闻理论基础构建、新闻业务能力培养和新闻专业主义思想养成起到了至关重要的作用。

(二) 核心：《一个自由而负责的新闻界》所阐述的新闻自由与社会责任论

早在20世纪初，马克斯·韦伯(Max Weber)对于新闻界的发展趋势就有这样一个论断：“在所有近代国家中，新闻工作者的政治影响力似乎每况愈下，而资本家式的报业大亨，……所获得的政治影响力却与日俱增。”[③]20世纪40年代，美国新闻与大众传播事业呈现出高度集中和垄断的趋势。而随着作为重要的大众传播工具的新闻界的发展，其越来越成为“少数人”使用和表达意见、观点的工具，而未能真正提供满足社会“大众”需要的服务。这使得新闻自

---

① “The Missouri Method: Missouri Media and Practical Experiences. At Missouri, real-world media experience is part of the curriculum. The first school of its type in the world, the Missouri School of Journalism educates students for careers in journalism, advertising and other media fields by combining a strong liberal arts education with unique hands-on training in professional media.” http://journalism.missouri.edu/media/。

② 陈百龄：《新闻教育的传教士——马星野》，《教育·爱：台湾教育人物志Ⅴ》，台北：教育资料馆，2011年，第102页。

③ [德]马克斯·韦伯：《学术与政治》，冯克利译，北京：三联书店，1999年，第79页。

由面临着一种“危险”——这种趋势使得新闻界有可能走向一种自身的“极权主义”状态，即新闻界“被少数人掌握，为少数人说话”，从而阻碍了公共信息的自由流动，并就此丧失对于公众的“公共服务”功能和价值。“新闻自由之所以面临这种危险，部分是新闻界的经济结构所致，也是现代社会工业组织所致，同时是因为新闻界的主管未能意识到一个现代国家的需要，未能估计出并承担起那些需要赋予他们的责任。”①

1942年底，美国时代公司的亨利·卢斯(Henry R. Luce)邀请芝加哥大学校长罗伯特·哈钦斯(Robert M. Hutchins)成立了名为“新闻自由委员会”(又名“哈钦斯委员会”)的研究组织，专门就“新闻自由的现状和前景”开展调查。1947年，该委员会发表了后来被誉为“社会责任论”奠基之作的题为《一个自由而负责的新闻界》的总报告。其立论基础就是：“言论与新闻自由接近于一切自由权的中心意义”。② 报告中所谈及的“社会责任”，是建立在新闻言论自由基础上的“社会责任”，是为了更好地保护和发挥新闻言论自由而必需的承担的“社会责任”。而就“新闻自由”而言，报告认为所有各方的利益都应得到保护，包括发表者的表达自由和受众(消费者)接受和不接受消息的自由。③

哈钦斯委员会在《一个自由而负责的新闻界》中所表达的主要观点，其实质就是一个作为公共机构的新闻界在享受新闻自由的同时，必须要担负维护社会责任即社会道德的义务，这是自由的另外一个方面；而政府对于新闻界的干涉，是以维护合法的，亦即不损害公众利益的自由为目的，是对新闻自由的补充和保护，而不是替代与限制；新闻自由是社会的内在功能之一，它是会随着社会情境的变化而变化的；新闻界本身就是履行社会责任，从而维护自身新闻自由的主要力量之一——这就是一个自由而负责的新闻界的原则。

1948年在日内瓦召开的国际新闻自由会议通过了美国提出的“新闻自由原则”议案，在强调保障新闻自由的同时也强调必须“接受道德责任，即探求事

① [美]新闻自由委员会：《一个自由而负责的新闻界》，展江、王征、王涛译，北京：中国人民大学出版社，2004年，第2页。

② [美]新闻自由委员会：《一个自由而负责的新闻界》，展江、王征、王涛译，北京：中国人民大学出版社，2004年，第108页。

③ [美]新闻自由委员会：《一个自由而负责的新闻界》，展江、王征、王涛译，北京：中国人民大学出版社，2004年，第66页。

实而勿有偏见。”[①]这些与哈钦斯委员会报告的主旨均如出一辙。而中国代表团也提出“新闻自由必须与责任相重，尤其为对社会道德之责任”的建议。[②]时任南京“中央日报”社社长的马星野作为中国代表团中报界代表之一参加了该次会议，因此，《一个自由而负责的新闻界》的发表以及日内瓦新闻自由会议相关决议对于他的影响无疑是巨大的。归国后，马星野“致力于新闻自由与新闻道德运动”，[③]而他创办发行《报学》半月刊的目的就是“借以提高新闻界的道德和知识水准”。[④] 他认为：

> 新闻知识同道德并重，因为新闻记者所负的使命是领导公意推动政治，社会所要求于新闻记者，是公正、确实，和勇敢，所以就要养成判别是非的能力，主持正义的习气，同服务大众的决心。[⑤]

这种关于社会责任和新闻自由的态度和主张在当时的中国新闻界得到了普遍的认同。张季鸾在《中国新闻学会宣言》中提到：“……同人愿首先声明者，新闻记者本为自由职业之一，今日亦然，而意义有异。自日军入侵，国危民辱，成败兴亡，匹夫有责。今日战建国之大义，即在牺牲个人一切之自由，甚至生命，以争取国家民族之自由平等。吾侪报人，……更应绝对以国家民族之利益为利益，……是以严格言之，战时之中国报人，皆为国家之战时宣传工作人员，已非复承平时期自由职业者之时。本会同人，不论是否在党，对于此点，实具一致之认识。是以今后之工作方针，仍概以中宣部之指导，恪守法令，尊重纪律，以共求国家至上民族至上之共同最高利益。”[⑥]

---

① 《新闻自由委员会内我提四项建议，委会通过美新闻自由原则》，天津《益世报》1948年4月4日。

② 《新闻自由与负责，报人应注意对社会责任，刘豁轩在新闻会议提议》，天津《益世报》1948年4月15日。

③ 马星野：《生平简记》(上)(四十岁以前)，手稿，《马星野档案》099-01-01-01-002，台北“中研院”近史所档案馆藏。

④ 马星野：《我从事新闻教育经过》，载《政大校友通讯(庆祝母校卅八周年纪念专刊)》1965年5月20日，第23页，《马星野档案》099-01-02-02-010，台北“中研院”近史所档案馆藏。

⑤ 马星野：《介绍一种年青的科学——新闻学》，《学识》1947年第1卷第5—6期，第19页。

⑥ 《中国新闻学会宣言》，《申报》1941年3月19日。

密苏里大学新闻学院张咏指出："如果新闻业是文化转型和国家建设的触媒，新闻教育就是培养有社会承担的报人的最有效方式。……美国新闻教育家带来'公共利益'和民主的专业精神，中国教育者们固然心向往之，奈何时值国家存亡之秋，覆巢之下无完卵，最后他们情愿接受政府的新闻审查，为政府培养宣传员以应国家之需。"[①]新闻自由不是一种孤立的价值观，也不是一个固定不变的概念，它必须随着社会情境的变化而变化。这个道理，在国家民族生死存亡之秋尤显重要。

三、"三民主义"与新闻专业主义的分工与融合

以"三民主义"为政治导向，以西方新闻专业主义理论和方法为实用工具——这就是马星野新闻思想中"三民主义"部分与专业主义部分的分工。比如，在马星野对社会责任与新闻言论自由的探讨和诠释中，这种分工就有着直接和充分的表现。

新闻的客观性及新闻言论自由既是资产阶级民主革命思潮的核心诉求之一，也是西方新闻专业主义的核心理念之一。这个诉求和理念，具有意识形态和新闻专业的双重属性。马星野在其漫长的国民党体制内新闻业务实践和新闻理论探索中始终努力贯彻这个方针和思想。从新闻从业者的社会责任和使命看，新闻专业主义强调的是"公共服务"，目标在于服务民众和共同体，而不是一个特定的利益团体。而"公共服务"的达成需要有一定的原则对新闻业责任加以规范，从而保证"公共服务"之真正具有公共性。在马星野看来，这个规范原则就是"三民主义"。而以"两蒋"为代表的国民党政权统治目标的实现，需要专业主义的新闻事业加以推动。因此，在马星野看来，"三民主义"与专业主义是构建"理想"的新闻事业必不可少的两个车轮，相辅相成，缺一不可。这就是马星野新闻思想中"三民主义"部分与专业主义部分的融合方式。

马星野所坚持的"理想的"中国新闻事业的这两个"车轮"，并不是始终同速运转的。正如哈钦斯报告中所提到的，它们是而且必须是随着社会情境的变化而变化的。抗战时期，由于中国所面临的实际危机由阶级矛盾转化为中华民族和日本侵略者之间的矛盾。抗日民族统一战线的形成，使得

---

① 张咏：《密苏里新闻教育模式在现代中国的移植》，载李金铨主编：《文人论政：知识分子与报刊》，桂林：广西师范大学出版社，2008 年，第 306 页。

这种双重属性中的意识形态部分的阶级矛盾因素“弱化”，民族矛盾因素“上升”；而新闻专业属性部分，由于西方专业主义新闻理念的广泛普及而被中国社会接纳和认同，从而得到加强。在这种情况下，国统区新闻事业对新闻言论自由的诉求，成为全中华民族求民主求胜利的诉求；而各党派对于这种新闻言论自由诉求的态度，就成为衡量中华民族是否“团结一致，共御外辱”的标准。在这样的大时代背景下，这种诉求有了在某种程度上“走向实现”的机遇，也为马星野在这一时期的实践中贯彻，在理论上研究和阐述这一思想提供了契机。1945 年后，为了挽救自身风雨飘摇的颓势，巩固一党专制的统治体制，国民党在大陆的新闻统制政策由松趋紧，在台湾地区则是采取了更加严酷的“威权统治”政策。在这种情况下，马星野的国民党体制内新闻人生涯遭受多次挫折，他的新闻思想中的专业主义色彩尽管仍然保留着，但就新闻的“客观自由”与“三民主义”责任这两个方面而言，显然后者要更加强大于前者。

为了能够更加清楚地解释马星野新闻思想中“三民主义”与“专业主义”两个方面的关系和他处理这两者关系的态度，我们可以采用一个“独轮车”与“两轮车”的比喻。在这个比喻中，我们将单独坚持“三民主义”或“专业主义”的情况称为“独轮车”；将同时坚持“三民主义”原则与“专业主义”方法的情况称为“两轮车”；将国民党统治环境、经济社会发展状况、时代特征以及具体的新闻统制政策等要求称为“道路”。

对于马星野而言，他推的基本上都不是纯粹的“独轮车”。自始至终，他都是坚持推着一辆两个轮子都要转，两个轮子一个都不能少的“两轮车”在“道路”上前行。显然，如果“道路”确实就是理想化的那样“平坦宽阔”，那么这辆“两轮车”在推行的过程中一定会比“独轮车”更加科学、更加先进、更加高效，更加轻松——这就是“两轮车”的优越性。

然而，“道路”并非时时处于上述理想的环境和状况中，恰恰相反的是，其绝大多数时候都不是处于这种理想的“平坦宽阔”中。这就需要“推车人”马星野时刻保持这辆“车”的两个“轮子”在行进过程中的协调和平衡——这其实就是马星野 60 年国民党体制内新闻人生涯中一直在做，也不得不做的最重要的事情——这也是马星野新闻思想演进过程中一个最为突出的特点。当“道路”顺畅时，马星野用于平衡两轮速度的力量会小一点，他会轻松一点；而当“道路”波折起伏时，他就必须根据环境适时调整“左轮”或是“右轮”的转速，把力量侧重到某一方面，也就是要解决是强调“专业主义”多一点，还是强调“三民主义”多一点的问题。这两个情况其实还不是马星野所遇到的最大的困难。

1949 年之前，他对于这种平衡问题，解决得还是比较游刃有余的，所以“两轮车”推得还是很顺利的。

马星野最为困难的是他面对的不再是一条“道路”，而是一座“独木桥”的时候——那是在 1952 年之后。此时国民党在台湾的统治不再是“真假自由和民主”的问题，而是完全的威权统治独裁下的“白色恐怖”。因此，在“道路”被这种“白色恐怖”逼得只剩下一条“威权统治”的“独木桥”时，马星野一直努力推着的“两轮车”开始出现“轮不对路”的情况。而此时“三民主义的独轮车”就更加适合这条“独木桥”了。在这种“路况”下，马星野仍然没有放弃任何一个“车轮”，而是坚持推着自己的“两轮车”前进。只不过在把“车”“推翻”了两次之后，他学会了两件事情：一是尽量把两个“轮子”之间的距离缩小，甚至把专业主义的“轮子”内嵌于“三民主义”的“轮子”之中，以几乎是合成一个轮子的样式来适应现实的“独木桥路况”；二是把两个“轮子”分“前后”，将推“车”的力量集中于“三民主义”的“前轮”之上，以“三民主义”“前轮”的“转动”拖动专业主义的“后轮”前进。这也就是马星野在 1952 年以后的新闻著述中大量运用“蒋公语录”的表达方式阐述自身新闻思想的直接原因。这虽是源于环境所迫的不得已之举，但却非常奏效——它确保马星野有了一定的新闻思想空间和话语空间，确保了他所坚持的“三民主义”和专业主义这两个“轮子”一个都没有少，确保了他的新闻思想的完整性——即使是在最困难的环境下，马星野也始终不愿意把自己所推的“车”换成“独轮车”。这就是以马星野为代表的一类国民党体制内新闻人实现自己专业理想和政治抱负的方式——宁愿在矛盾中艰难协调，也要坚守自己推动的是“两轮车”的理想。

第二节　马星野新闻思想的发展脉络

马星野的新闻思想与他的新闻教育背景和新闻实践经历紧密相连，并相融于时代和社会环境之中。从时间上来分析，马星野的新闻思想历程经过了产生期、发展期和延拓期三个阶段。

一、马星野新闻思想的产生期(1934 年 9 月之前)

1931 年 8 月前,马星野所从事的新闻实践主要集中在编辑校报校刊等工作上。这一阶段,年仅 20 余岁的马星野尚未接受系统的新闻学教育,也没能从事真正的新闻业务实践。尽管他对新闻事业充满了兴趣,但这种兴趣所指向的并不是新闻事业本身,而是借由办报办刊来阐发自己对时局时事的理解和主张,从而更多地体现出一种"文人论政"的色彩。此时的马星野还没有能力和机会对其新闻实践进行系统的经验总结与理论研究,更没有将其升华为自己的新闻思想。

1931 年 8 月,马星野赴密苏里专修新闻学,开启了他从事专业新闻实践和研究的大门。在美期间,马星野接受了系统的西方专业主义新闻教育,在《密苏里人报》进行了专业的新闻业务实践。同时他还作为《东方杂志》、《申报月刊》等国内各大刊物的驻美特约撰稿人,撰写了大量的时事评论文章。值得注意的是,借助这个撰稿人角色的实践,马星野所传达的主要还是有关时事(国际关系)、政治、经济等方面的信息内容,表现出的仍然是一个论政的"文人"对时事政治的兴趣和关注。

就在这一时期,经由系统的西方新闻专业教育和初步的新闻业务实践,马星野开始有能力和机会下笔勾勒其新闻思想"蓝图"最初的线条。1934 年 2 月在华盛顿图书馆研修期间,他完成了这一时期新闻思想的代表作《欧美报纸之销路推广术》和《美国通讯社事业之现状》。这两篇文章是目前我们能见到的马星野最早的新闻专业著述,也是他新闻思想的发端之作。[①]

综上所述,在新闻思想产生期,马星野对自己人生道路的定位经历了一个从模糊到清晰的过程。实际上,在这过程中含有一个明显的思想转变。在赴美留学之前,马星野更多的是试图走"文人论政"之路,这当然与他当时尚未系统接受新闻教育和从事正规的新闻业务实践有很大关系。但是从另一个侧

① 这两篇文章的具体内容将在本章第二节中予以详述。实际上,在华盛顿国会图书馆研修期间,马星野还以翻译的方式撰写了一篇题为"远东战争与美国言论界"的文章。这是马星野对当时美国各大刊物中有关"远东战争"的言论和看法进行综述和介绍的一篇文章,从标题上看,似乎有"言论界"三字与新闻事业有关,而在实际内容中,马星野主要介绍的还是"远东战争"这一问题。因此,本文未将其列入马星野的最早的新闻专业著述。马星野译:《远东战争与美国言论界》,《新社会》1934 年第 6 卷第 10 号,第 217 - 226 页;第 6 卷第 12 号,第 273 - 282 页。

面，也反映出当时马星野的志向所在；而当他到达密苏里新闻学院以后，虽然对西方专业的新闻理念和实践方式做了深入了解，但仍然还对政治、外交等充满兴趣。这段经历使得马星野有了从“文人”转变为“新闻人”，亦即“报人”的专业能力；而马星野念念不忘的政治情结，也给了他进入国民党体制内实现“报国”理想的动力。当1934年7月，政校再次让他回去的时候，他抓住了这个进入“体制内”的机会，从而走上了一条国民党体制内“报人报国”的道路。最终，做一个国民党体制内新闻人成为他唯一的选择和奋斗目标——这可以使他既能达成“报国”的理想，也契合“学以致用”之要求。他的思想也随之从单纯的“文人报国”、“报人报国”而转变为“体制内报人报国”的思想。

二、马星野新闻思想的发展期（1934年9月至1948年）

马星野新闻思想的发展期是从他进入国民党体制内从事新闻教育开始的。这一时期马星野的新闻思想相较于前一时期而言，除了专业主义特征以外，开始明显融入作为国民党政治纲领和指导思想的“三民主义”内容，并逐渐使其成为新闻思想在政治方向上的指导。在这15年里，马星野的新闻思想可细分为三个发展阶段：

（一）1934年9月至1939年7月：新闻思想发展的初始期

1934年7月马星野回到政校讲授新闻学课程，开始了他国民党体制内新闻人生涯。这个生涯的相对稳定性使得马星野有条件专心于国民党体制内新闻事业和新闻理论的思考和研究，从而为他的新闻思想逐步成型奠定基础。

我们目前能见到的马星野作为国民党体制内新闻人发表的最早的一篇新闻专业著述是1934年9月10日的《美国新闻事业的现状》。这篇文章通过对美国报业发展状况及趋势的介绍，指出中国的报纸必须在“极端的商业性质”和“极端的政党机关报性质”之外，寻求一条适合自己的道路。[①] 很明显，此时的马星野已经非常专业和敏锐地发现了当时中国报业的弊端。不过，作为一个刚刚进入国民党体制内的新闻教育者，他此时表现出来的国民党“党

① 马星野：《美国新闻事业的现状》，《国闻周报》1934年第11卷第36期，第1-6页。这篇文章在《国闻周报》刊载的时间是1934年9月10日。

性"还不是那么明显。1935 年 1 月 26 日，马星野被蒋介石召见，随即写下《蒋介石先生会见记》，并在天津《国闻周报》发表。[①] 这不是反映其新闻思想的著述，但却是其坚定自己一生从事国民党体制内新闻事业信念的重要著述。

从 1935 年至 1939 年 7 月的近 5 年中，马星野一面从事政校的新闻教育实践，一面将自己在密苏里学到的西方新闻专业理念、观察到的西方新闻事业发展状况与中国社会现实和新闻事业实践相结合，撰写了大量新闻专业著述。这些著述的主要集中在四个方面：

一是对西方新闻事业的持续介绍。主要有《今日英国之新闻事业》[②]《英美报业托辣斯之现势》[③]《国际通讯网与国际宣传》[④]《统制政策下之国际新闻》[⑤]《国际舆论机关》[⑥]《英国新闻事业之最新趋势》[⑦]等。

二是对新兴新闻媒介的介绍。主要有《机械文明中之现代新闻事业》[⑧]

---

① 马星野:《蒋介石先生会见记》,《国闻周报》1935 年第 12 卷第 6 期。至于蒋马会见以及该文写作时间，有两种说法，一是 1 月 26 日；二是 2 月 26 日。前者为《国闻周报》原文，以及马之骕在《新闻界三老兵：曾虚白、成舍我、马星野》(以下简称"马著")中的记载，后者为台北《"中央日报"》1975 年 4 月 17 日再次刊载此文的尾注。《国闻周报》刊载为当时全文，台北《"中央日报"》的刊载在最后一段有删节。笔者认为，无论从原始资料的可靠性，还是马星野本人的认可("马著"全文经马星野审稿认可),"1 月 26 日"应该比较准确。这应是马星野受蒋介石召见后当天追记形成。参见马之骕:《新闻界三老兵：曾虚白、成舍我、马星野奋斗历程》，台北：经世书局股份有限公司，1986 年，第 385 页；马星野:《蒋介石先生会见记》，台北《"中央日报"》1975 年 4 月 17 日,《马星野档案》099 - 01- 02 - 02 - 073，台北"中研院"近史所档案馆藏。

② 马星野:《今日英国之新闻事业》,《报学季刊》1935 年第 1 卷第 3 期，9 - 14 页。

③ 马星野:《英美报业托辣斯之现势》,《中山文化教育馆季刊》1935 年第 2 卷第 1 期，第 256 - 270 页。

④ 马星野:《国际通讯网与国际宣传》,《东方杂志》1936 年第 33 卷第 7 期，第 157 - 172 页。

⑤ 马星野:《统制政策下之国际新闻》,《中外月刊》1936 年第 1 卷第 4 期，第 88 - 93 页。

⑥ 马星野:《国际舆论机关》,《申报・每周增刊》1937 年第 2 卷第 11 期，第 222 - 225 页。

⑦ 马星野译:《英国新闻事业之最新趋势》,《中外月刊》1937 年第 2 卷第 3 期，第 1 - 8 页。

⑧ 马星野:《机械文明中之现代新闻事业》,《中山文化教育馆季刊》1935 年第 2 卷第 2 期，第 659 - 672 页。

《宣传新武器——无线电》[①]《世界无线电广播事业之鸟瞰》[②]等。

三是对报业和国家新闻政策问题的宏观把握与微观分析。主要有《报纸之杂志化问题》[③]《编者作者与读者》[④]《近代报纸内部组织之研究》[⑤]《中国报业前途之障碍》[⑥]《战时宣传之应有准备》[⑦]《略谈望平街之报业》[⑧]《言论自由与政府的新闻政策》[⑨]《论出版自由》[⑩]《战时民意与新闻纸》[⑪]等。

四是对新闻教育有关问题的探讨。主要有《青年学生的看报问题》[⑫]《读报问题之商榷》[⑬]《新闻职业与大学教育》[⑭]《国际消息之来源问题》[⑮]《如何研究国际新闻》[⑯]《新闻记者之训练问题》[⑰]等。

这些新闻专业著述表明，这一时期马星野对于新闻事业的兴趣仍然比较广泛，并且更加偏重于对西方新闻事业现状的介绍，以及对中西新闻业务实践

① 马星野：《宣传之新武器——无线电》，《中外月刊》1936 年第 1 卷第 6 期，第 95 - 100 页。

② 马星野：《世界无线电广播事业之鸟瞰》，《东方杂志》1936 年第 33 卷第 1 期，237 - 256 页。

③ 马星野：《报纸之杂志化问题》，《中外月刊》1935 年第 1 卷第 1 期，第 95 - 98 页。

④ 马星野：《编者作者与读者》，《中央政治学校校刊》1935 年第 100 期纪念特刊，第 4 - 5 页。

⑤ 马星野：《近代报纸内部组织之研究》，《中山文化教育馆季刊》1935 年第 2 卷第 4 期，第 1387 - 1394 页。

⑥ 马星野：《中国报业前途之障碍》，《申报每周增刊》1936 年第 1 卷第 49 期，第 1175 - 1177 页。

⑦ 马星野：《战时宣传之应有准备》，《中外月刊》1936 年第 1 卷第 8 期，第 93 - 97 页。

⑧ 马星野：《略谈望平街之报业》，《创导》1937 年第 1 卷第 7 期，第 44 - 48 页。

⑨ 马星野：《言论自由与政府的新闻政策》，《国闻周报》1937 年第 14 卷第 12 期，第 3 - 8 页。

⑩ 马星野：《论出版自由》，《新政治》1938 年第 1 卷第 2 期，第 23 - 25 页。

⑪ 马星野：《战时民意与新闻纸》，《民意》（汉口）1938 年第 49 期，第 4 - 5 页。

⑫ 马星野：《青年学生的看报问题》，《新闻杂志》1936 年第 1 卷第 2 期，第 9 - 11 页。

⑬ 马星野：《读报问题之商榷》，《申报每周增刊》1936 年第 1 卷第 39 期，第 930 - 933 页。

⑭ 马星野：《新闻职业与大学教育》，《报展》1936 年（纪念刊），第 58 - 61 页。

⑮ 马星野：《国际消息之来源问题》，《申报每周增刊》1936 年第 1 卷第 35 期，第 830 - 832 页。

⑯ 马星野：《如何研究国际新闻》，《播音教育月刊》1936 年创刊号第 41 - 46 页。

⑰ 马星野：《新闻记者之训练问题》，《新民族》1938 年第 2 卷第 19 期，第 5 - 6 页。

的经验总结。这与他刚刚从密苏里留学回国，尚未全面介入国民党体制内新闻事业实践有很大关系。因此，马星野此时更多的是从一个留洋的新闻学者和大学新闻专业教师的角度，阐发他对"新闻"这一概念的看法，尚未形成具有自身特色的新闻思想的核心理念。

但是，正在逐步适应国民党体制内新闻人身份的马星野，这一时期在《统制政策下之国际新闻》《言论自由与政府的新闻政策》《论出版自由》《战时民意与新闻纸》等著述中也开始有意识地将自己的"研究兴趣"、"专业所长"与"国家实际需要"相结合，并试图初步探讨"新闻"与"宣传"、"新闻自由"与"国家民族需求"以及"社会责任"之间的关系。在由一个学新闻的"文人"和"教师"向完全的国民党体制内新闻人转变的过程中，[①]他开始从告诉大家"'新闻'看上去是什么"向告诉大家"'新闻'能够做什么"、"'新闻'应该怎么做"转变。这标志着他的新闻思想开始发展并逐步走向成熟。

（二）1939 年 8 月至 1948 年上半年：新闻思想发展的高潮期

这一时期，随着由国民党体制内的"边缘"向"核心"的移动，马星野的国民党体制内新闻事业生涯开始出现上升的转机，他的新闻思想的核心理念随之开始形成，并逐渐走向高潮。这九年是马星野新闻人生涯中新闻著述最为丰富的时期。他的著述除了持续对国际新闻事业的发展状况进行有针对性的系统介绍以外，还涉及其他四个领域：

一是国家新闻政策和宣传指导思想领域。1939 年 8 月 26 日，马星野发表《三民主义的新闻事业建设》，[②]首次系统阐述"三民主义"指导下的新闻事业建设理念。这个理念契合了国民党的指导思想，服务于维护国民党集权统治的现实需求，并具有一定的西方新闻专业主义特征，由此他的新闻思想内容体系开始形成。此类著述还有《论战时新闻政策》[③]《整肃新闻记者的队

---

① 实际上，一直到 1941 年前后，马星野仍然在为国内各大刊物撰写有关美国、欧洲等政治、经济、社会以及国际关系内容的时事评论和介绍文章。但是 1942 年以后，这类著述就非常罕见了。这种变化，是与他不再全职担任政校教职，而就任国民党中宣部新闻事业处处长有很大关系。比如，他在 1941 年的《"中央周刊"》上还发表了《罗斯福致国会书之历史意义》一文。

② 马星野：《三民主义的新闻事业建设》，《青年中国季刊》1939 年创刊号，第 159 - 168 页。

③ 马星野：《论战时新闻政策》，《战时记者》1939 年第 5 期，第 9 - 10 页。

伍》①等。

二是中国新闻事业宏观发展与具体业务实践领域。如《中国新闻事业前途之观察》②《发展地方报纸蒭议》③《地方报纸的症结及其对策》④《论扫荡报》⑤《敬向重庆新闻界建议》⑥《个性发展与技术合作：工价飞涨中再论排字合作》⑦《新报业与新文化》⑧《平等条约签订后的中国新闻事业》⑨《中国新闻事业的回顾与前瞻》⑩《国际宣传改进蒭议》⑪《抗战七年来的新闻事业》⑫《其可告人无二三》⑬等。

三是新闻学术研究领域。如《书评：林语堂著：中国新闻事业及舆论史（英文）》⑭《从开元杂报到大公报》⑮《读书与读报》⑯《论新闻之风格》⑰《介绍一种

① 马星野：《整肃新闻记者的队伍》，《周末观察》1947 年第 1 卷第 8 期，第 3 - 4 页。

② 马星野：《中国新闻事业前途之观察》，《时代精神》1939 年第 1 卷第 3 期，第 91 - 99 页。

③ 马星野：《发展地方报纸蒭议》，《战时记者》1939 年第 6 期，第 5 - 6 页。

④ 马星野：《地方报纸的症结及其对策》，《战时记者》1939 年第 7 期，第 19 页。

⑤ 马星野：《论扫荡报》，《欧亚文化》1941 年第 4 卷第 3—4 期，第 23 - 25 页。

⑥ 马星野：《敬向重庆新闻界建议》，《新闻战线》1942 年第 1 卷第 8 - 9 期，第 3 - 4 页。

⑦ 马星野：《个性发展与技术合作：工价飞涨中再论排字合作》，《新闻战线》1942 年第 2 卷第 4—5 期，第 3 - 5 页。

⑧ 马星野：《新报业与新文化》，《文化先锋》1941 年第 1 卷第 3 期，第 2 - 6 页。

⑨ 马星野：《平等条约签订后的中国新闻事业》，《新闻战线》1943 年第 3 卷第 1 期，第 3 - 9 页。

⑩ 马星野：《中国新闻事业的回顾与前瞻》，《新闻战线》1944 年第 3 卷第 7—8 期，第 10 - 11 页。

⑪ 马星野：《国际宣传改进蒭议》（1945 年 7 月 20 日），手稿，《马星野档案》099 - 01 - 02 - 02 - 005，台北“中研院”近史所档案馆藏。

⑫ 马星野：《抗战七年来的新闻事业》，《文化先锋》1945 年第 4 卷第 17 期，第 3 - 5 页。

⑬ 马星野：《其可告人无二三》，《报学杂志》1948 年试刊号，第 17 - 18 页。

⑭ 马星野：《书评：林语堂著：中国新闻事业及舆论史》，《服务》（重庆）1939 年第 6 期，第 61 - 62 页。

⑮ 马星野：《从开元杂报到大公报》，《新闻战线》1941 年第 1 卷第 3 期，第 10 页。

⑯ 马星野：《读书与读报》，《读书通讯》1942 年第 33 期，第 8 - 9 页。

⑰ 马星野：《论新闻之风格》，《新闻战线》1945 年第 5 卷第 2—3 期，第 1 - 4 页。

年青的科学——新闻学》[①]《报学研究之国际化》[②]《今后的报学杂志》[③]等。

四是新闻言论自由和社会责任以及新闻职业道德和伦理领域。如《出版自由论》[④]、《自由主义新闻事业之没落》[⑤]、《新闻记者信条之拟定问题》[⑥]、《历史铸造者与金钱铸造者:论两类报纸》[⑦]、《ABC 三国出版自由之比较研究》[⑧]、《国家总动员与言论限制:国家总动员法第二十二及第二十三条之研究》[⑨]、《新闻界对竞赛运动应负的责任》[⑩]、《精神食粮问题》[⑪]、《由法律观点研究言论自由》[⑫]、《新闻自由与中国》[⑬]、《评论记者之工作与责任》[⑭]等。除此之外,马星野这一时期在这一领域还有两部重要的著述:一是由"中央日报"社于 1948 年 3 月出版的《新闻自由论》,包括《中国新闻记者信条》、《新闻自由与世界和平》、《到世界新闻自由之路》、《新闻自由与"中央通讯社"》、《美国报界之道德律》、《现阶段之国际新闻自由运动》、《新闻事业与民主政治》、《世界新闻自由现状之研究》、《出版自由论》、《新闻记者的共信与共勉》、《中国新闻事业展望》

---

① 马星野:《介绍一种年青的科学——新闻学》,《学识》1947 年第 1 卷第 5—6 期,第 18 - 19 页。

② 马星野:《报学研究之国际化》,《报学杂志》1948 年第 1 卷第 8 期,第 1 页。

③ 马星野:《今后的报学杂志》,《报学杂志》1949 年第 1 卷第 9 期,第 1 页。

④ 马星野:《出版自由论》,《战时记者》1939 年第 9 期,第 16 - 17 页。

⑤ 马星野:《书评:自由主义新闻事业之没落》,《新政治》1939 年第 3 卷第 1 期,第 133 - 135 页。

⑥ 马星野:《新闻记者信条之拟定问题》,《新闻战线》1941 年第 2 期,第 2 - 3 页。

⑦ 马星野:《历史铸造者与金钱铸造者:论两类报纸》,香港《大公报》1941 年 5 月 23—24 日。

⑧ 马星野、李荆荪:《ABC 三国出版自由之比较研究》,《"中国新闻学会"年刊》1942 年第 1 卷,第 22 - 32 页。

⑨ 马星野:《国家总动员法与言论限制:国家总动员法第二十二及第二十三条之研究》,《新认识》1942 年第 5 卷第 5 期,第 21 - 27 页。

⑩ 马星野:《新闻界对竞赛运动应负有的责任》,《工作竞赛月报》1943 年第 1 卷第 2 期,第 25 页。

⑪ 马星野:《精神食粮问题》,《文风杂志》1943 年第 1 卷第 1 期,第 34 - 35 页。

⑫ 马星野:《由法律观点研究言论自由》,《文化先锋》1944 年第 3 卷第 22 期,第 9 - 12 页。

⑬ 马星野:《新闻自由与中国》,《"中央周刊"》1944 年第 6 卷第 45—46 期,第 1 - 3 页。

⑭ 马星野:《评论记者之工作与责任》,《报学杂志》1949 年第 1 卷第 9 期,第 4 - 5 页。

等11篇，[1]均是马星野在1944年9月至1948年1月期间公开演讲或发表的有关新闻言论自由内容与思想的著述，是马星野新闻自由思想的集大成者；二是从1944年2月到1948年5月，马星野在重庆和南京《"中央日报"》连续发表的论言论、出版、新闻自由的系列文章。1944—1948年新闻界开展"新闻自由大论战"期间，马星野以《"中央日报"》为平台发表了阐述他有关新闻自由思想的系列文章，除了《新闻自由与世界和平》[2]《出版自由论》[3]《新闻记者的共信与共勉》[4]等三篇已收录入《新闻自由论》以外，还有《言论与诽谤》[5]《言论自由固甚必要，但须自负法律责任》[6]《新时代与新报人》[7]《中国言论界的自由传统》[8]《舆论政治之历史基础》[9]等。1948年4月，马星野在出席日内瓦"新闻自由会议"的过程中，以"欧行通讯"的方式连续向《"中央日报"》发回报道，这其中的《丽日明湖谈自由》[10]《新闻自由划界记》[11]《四大自由(系列)》[12]等同样也是马星野对于新闻言论自由看法的阐述。回国后，他在鸣远新闻学校做了题为"欧美报业考察观感"[13]的演讲。

尤其值得注意的是马星野在《三民主义的新闻事业》一文之后，就开始尝试将"新闻自由"与"社会责任"结合在一起，试图把新闻事业的诸要素，如新闻媒体、新闻从业人员、新闻传播内容和方式等，归置于一个"中国式的负责而自由的新闻界"的理念之中，即努力将"中国传统儒家价值观"、"'三民主义'规范下的新闻言论责任"以及"西方新闻专业主义指导下的新闻言论自由"这三者糅合成为中国新闻界和新闻人的价值取向、道德标准和行为准则。因此，这一时期马星野对新闻事业的思考主要集中于对新闻事业功能的考察和研究，更

---

① 马星野：《新闻自由论》，南京："中央日报"社，1948年。

② 马星野：《新闻自由与世界和平》，重庆《"中央日报"》1944年9月24日。

③ 马星野：《出版自由论》，南京《"中央日报"》1946年7月8日、22日。

④ 马星野：《新闻记者的共信与共勉》，南京《"中央日报"》1946年9月2日。

⑤ 马星野：《言论与诽谤》，重庆《"中央日报"》1944年2月6日。

⑥ 马星野：《言论自由固甚必要，但须自负法律责任》，重庆《"中央日报"》1944年5月26日。

⑦ 马星野：《新时代与新报人》，重庆《"中央日报"》1944年9月2日。

⑧ 马星野：《中国言论界的自由传统》，重庆《"中央日报"》1945年3月31日。

⑨ 马星野：《舆论政治之历史基础》，重庆《"中央日报"》1945年9月15日。

⑩ 马星野：《丽日明湖谈自由》，南京《"中央日报"》1948年4月3日。

⑪ 马星野：《新闻自由划界记》，南京《"中央日报"》1948年4月30日，5月2日。

⑫ 马星野：《四大自由》，南京《"中央日报"》1948年5月4日、5日、7日。

⑬ 马星野：《欧美报业考察观感》，《大众新闻》1948年第1卷第2期，第4-5页。

加强调新闻的工具理性，即新闻事业和新闻从业者对于满足现实需求所应承担的社会责任。1948年下半年后，马星野的新闻思想的发展进入低潮，直至1964年12月他就任“中央社”社长后，才又开始新的延拓和发展。

三、马星野新闻思想的延拓期(1948年至1985年5月)

马星野新闻思想的延拓期长达近37年，主要分为两个阶段。

(一) 1948年底至1964年12月:新闻思想延拓的沉寂期

1948年下半年至1964年12月，马星野没有更多的具有代表性的新闻著述产生，其新闻思想的发展也进入了一个停滞期。这主要有两个原因：

第一，马星野将更多的时间和精力投入到了《“中央日报”》的迁台和发行工作中。1948年至1952年，国民党在军事、政治、经济上的大崩溃导致其在大陆的统治岌岌可危。面对这种局面，1948年10月后，马星野不得不把注意力更多地放在了筹划和实施南京《“中央日报”》迁台的具体工作中。1949年3月《“中央日报”》在台北出版后，由于国民党在台湾的统治尚未稳定，国民党的改造正在进行中，加之《“中央日报”》在台北出版的条件也是“因陋就简”，因此“报纸生存问题”、“员工吃饭问题”等成为马星野首要解决的迫切问题，导致马星野在客观上不再有太多的时间和精力就新闻专业问题进行思考。

第二，1952年8月至1964年12月，马星野连续经历了他在国民党体制内的两次重大挫折。1952年8月马星野被迫离开台北《“中央日报”》，由国民党体制内新闻事业的核心转移到了边缘，这一挫折使他不得不将主要的精力按照蒋介石的要求放在了“国际问题的研究”等任务上。这一时期他有关新闻宣传的著述仅有《中国报纸》《三十年来中国报纸》《纽约时报成功因素》《美国新闻教育》《由报纸看美国》以及《新闻与宣传》讲义等。①

1954年至1959年，马星野虽然接任国民党“中央第四组”主任，重新回到国民党文宣体制核心，但这是一次艰难的管理实践经历。此时疲于应付复杂局面的马星野同样无暇潜心思考新闻专业问题。而“第四组”主任这个岗位在政治上具有的特殊性也不可能为他自身的业务实践提供合适的思考与研究的空间和条件。因此在这五年中，马星野几乎没有反映其新闻思想的著述问世。

---

① 马星野:《自述》(1952年5月12日至1954年6月29日)，手稿，《马星野档案》099-01-01-01-001，台北“中研院”近史所档案馆藏。

1959年，马星野在国民党体制内新闻事业生涯遭受第二次重大挫折，被远放巴拿马。这一次他不仅离开了国民党体制的核心，而且彻底离开了国民党体制内的新闻圈，这种状况直到1964年12月他就任“中央社”社长为止。这段时间马星野虽然还在努力打“外交”工作中的“新闻事业”的“擦边球”，但这段经历对于他的新闻思想而言已没有任何实际的推动意义了。

马星野的新闻事业生涯在1948年到1964年的16年中始终处在一个比较波折和动荡的状况中，他在主观和客观上都不可能再有可以潜心思考和深入研究新闻专业问题的心境和条件了，这就使得他的新闻思想的发展不得不进入一个沉寂时期。

然而值得注意的是，尽管这一时期马星野的新闻撰述和新闻思想虽然进入了发展的沉寂期，但他并没有彻底放弃对于新闻事业的思考，而是一面试图在这些实践工作中或多或少地加以坚持，一面等待和寻找合适的时机重新焕发自己在新闻事业中的热力。1956年，马星野在《“中央日报”》发行一万号暨创刊二十七周年纪念刊上发表了《总裁所期望于党报的是什么?》一文，通过逐条引用蒋介石1940年在政校新闻学系毕业典礼两次演讲的内容，详细阐释了“党报的基本政策”“党报的新闻言论”“党报的经营方针”“党报从业员应有的修养”等，使之成为他在这一时期相对最为完整的新闻思想阐述，并由此开启了他将自己的新闻思想隐藏于“蒋介石言论”中加以阐述的先河。马星野的新闻思想在高潮之后，进入到一个冷静的盘整期，并借此为下一个思想高潮的到来积蓄力量。

（二）1964年12月至1985年5月：新闻思想延拓的高潮期

1964年12月至1985年5月是马星野的国民党体制内新闻人生涯的最后一个阶段，也是他的新闻思想在经过一段时间的沉寂之后走向复兴的新的高潮期。在这一时期，马星野重新回到了国民党体制内新闻事业的核心圈，开始了长达21年的比较稳定和单纯的国民党体制内新闻业务实践。尤其是在他于1973年4月任“中央社”董事长之后，更加有时间、有精力进行新闻实践的经验总结和新闻理论的思想升华。经过这21年连续而深入的思考，他的新闻思想在保持对新闻事业工具性的关注的同时，也延伸拓展至对新闻事业本身应具有的价值性的思考，并随着新闻事业的时代发展而由单纯的“新闻”领域向“大众传播”领域扩展，达到其新闻思想的又一个高峰。

这一阶段，马星野的新闻思想主要表现在其公开发表或未公开发表的新闻著述以及在公开场合的新闻演讲、致辞和发言中。主要有四个部分：

一是他对于自己以往人生经历和国民党体制内新闻人生涯的回忆性文章。如《我从事新闻教育的经过》①《中央通讯社感旧录》②《蒋校长与政治大学》③《青年与我》④《五十年前的政大青年》⑤《五十年前新闻学生的回顾》⑥《中央日报迁台之经过》⑦《政大新闻教育的创始与发展》⑧《野阔天高掇数星》⑨以及《我在南京办报的回忆》⑩等。

二是他对新闻事业生涯中的故交亲朋的记述、介绍以及为他人著作所作的序言。如《董显光与美苏里新闻学院》⑪《贺林语堂先生八秩》⑫《怀公展先

---

① 马星野:《我从事新闻教育的经过》(1965 年 5 月 20 日),载《政大校友通讯》(庆祝母校卅八周年纪念专刊),第 21 页,《马星野档案》099－01－02－02－010,台北“中研院”近史所档案馆藏。

② 马星野:《“中央通讯社”感旧录》,台北《“中央周刊”》1974 年 5 月,手稿,《马星野档案》099－01－02－02－016,台北“中研院”近史所档案馆藏。

③ 马星野:《蒋校长与政治大学》(1974 年 10 月 14 日),手稿,《马星野档案》099－01－02－02－018,台北“中研院”近史所档案馆藏。

④ 马星野:《青年与我》(1975 年 4 月 10 日),手稿,《马星野档案》099－01－02－02－023,台北“中研院”近史所档案馆藏。

⑤ 马星野:《五十年前的政大青年》(1977 年),《马星野档案》099－01－02－02－037,台北“中研院”近史所档案馆藏。

⑥ 马星野:《五十年前新闻学生的回顾》(1984 年),手稿,《马星野档案》099－01－02－02－050,台北“中研院”近史所档案馆藏。

⑦ 马星野:《“中央日报”迁台之经过》,台北《“中央日报”》1978 年 2 月 1 日,打印稿,《马星野档案》099－01－02－02－023,台北“中研院”近史所档案馆藏。

⑧ 马星野:《政大新闻教育的创始与发展》(1975 年),手稿,《马星野档案》099－01－02－02－062,台北“中研院”近史所档案馆藏。

⑨ 马星野:《野阔天高掇数星》(1979 年 12 月 28 日),《马星野档案》099－01－02－02－068,台北“中研院”近史所档案馆藏。

⑩ 马星野:《我在南京办报的回忆——为“中华日报”创刊二十周年而作》,台北《“中华日报”》1966 年 2 月 21 日,《马星野档案》099－01－02－02－073,台北“中研院”近史所档案馆藏。

⑪ 马星野:《董显光与美苏里新闻学院》(1957 年 5 月),手稿,《马星野档案》099－01－02－02－009,台北“中研院”近史所档案馆藏。

⑫ 马星野:《贺林语堂先生八秩》,台北《“中央日报”》1974 年 9 月 3 日,《马星野档案》099－01－02－02－017,台北“中研院”近史所档案馆藏。

生》[①]《哀黎世芬弟》[②]《哀梅长龄先生》[③]《曾虚白先生二三事》[④]《介绍大众传播学者亚伯教授》[⑤]以及《无所不谈序》[⑥]《比较电视制度序》[⑦]《朱自清研究序》[⑧]《恍如昨日——重序〈多少英伦旧事〉》[⑨]等。

三是在各种公开场合、会议和讨论中有关新闻事业和新闻现象的致辞、发言。这一部分资料比较丰富，而总其内容主要是在三个方面：一是因工作需要而作的官方发言，如在"中央社"年度股东大会上的致辞等；二是参加各类研讨会、交流会的发言，如《报业之我见——五月二日在报业公会致辞》[⑩]《传播教育研讨会开幕辞》[⑪]等；三是参加个人活动时的发言，如《大学教育与大众传播——在汉城汉阳大学接受博士学位致辞》[⑫]《新闻记者的四感》[⑬]《在接受密

---

① 马星野：《怀公展先生》，手稿，《马星野档案》099-01-02-02-069，台北"中研院"近史所档案馆藏。

② 马星野：《哀黎世芬弟》(1984年5月15日)，《马星野档案》099-01-02-02-073，台北"中研院"近史所档案馆藏。

③ 马星野：《哀梅长龄先生》，《马星野档案》099-01-02-02-073，台北"中研院"近史所档案馆藏。

④ 马星野：《曾虚白先生二三事》(1974年2月)，《马星野档案》099-01-02-02-073，台北"中研院"近史所档案馆藏。

⑤ 马星野：《介绍大众传播学者亚伯教授》(1983年4月19日)，打印稿，《马星野档案》099-01-02-01-020，台北"中研院"近史所档案馆藏。

⑥ 马星野：《"无所不谈"序》，台北《"中央日报"》1966年2月25日，《马星野档案》099-01-02-02-073，台北"中研院"近史所档案馆藏。

⑦ 马星野：《"比较电视制度"序》(1972年12月26日)，打印稿，《马星野档案》099-01-02-02-015，台北"中研院"近史所档案馆藏。

⑧ 马星野：《朱自清研究序》，台北《"中央日报"》1978年5月17日，《马星野档案》099-01-02-02-073，台北"中研院"近史所档案馆藏。

⑨ 马星野：《重序〈多少英伦旧事〉》，台北《"中国时报"》1985年9月6日，《马星野档案》099-01-02-02-073，台北"中研院"近史所档案馆藏。

⑩ 马星野：《报业之我见——五月二日在报业公会致辞》，台北《"中央日报"》1983年5月3日，《马星野档案》099-01-02-02-073，台北"中研院"近史所档案馆藏。

⑪ 马星野：《传播教育研讨会开幕辞》(1984年12月1日)，打印稿，《马星野档案》099-01-02-01-031，台北"中研院"近史所档案馆藏。

⑫ 马星野：《大学教育与大众传播——在汉城汉阳大学接受博士学位致辞》(1973年2月24日)，打印稿，《马星野档案》099-01-02-01-002，台北"中研院"近史所档案馆藏。

⑬ 马星野：《新闻记者的四感》(1982年2月12日)，打印稿，《马星野档案》099-01-02-01-016，台北"中研院"近史所档案馆藏。

苏里大学荣誉奖的系列致辞》[①]《传播、传道、传薪——曾虚白先生八九华诞学术座谈会致辞》[②]等。

四是公开发表的新闻专业著述。这一类著述非常丰富，尤其是在20世纪七十至八十年代，马星野结合自身的近40余年的国民党体制内新闻业务实践，对新闻事业中的诸要素进行了全面的思考，并将新闻事业（大众传播事业）的工具性与价值性作为一个整体进行考察，在新闻职业道德与伦理、新闻自由与社会责任、新闻与文化、新闻与教育、新闻与大众传播等方面系统阐述了他的思想和主张。这其中以《由"总统"训示看"三民主义"新闻政策》[③]《大众传播对人类生活之重大影响》[④]《论印刷的新闻》[⑤]《读报观影罪言》[⑥]《大众传播事业之新趋势与"中央通讯社"之前途》[⑦]《给青年记者——新闻采访应守什么原则》[⑧]《密苏里新闻教育对中国新闻事业之贡献》[⑨]《改进社会新闻报道之我见》[⑩]等具有较大的代表性和影响力。

---

① 马星野:《一九八四年密苏里大学颁授〈新闻荣誉奖章〉谢辞》(1984年4月19日)、《答谢密苏里大学颁奖致词》(1984年4月20日)、《中国的新闻事业——接受密苏里大学荣誉奖讲词》(1984年4月20日),打印稿,《马星野档案》099-01-02-01-026、099-01-02-01-027、099-01-02-01-028,台北"中研院"近史所档案馆藏。

② 马星野:《传播、传道、传薪——曾虚白先生八九华诞学术座谈会致辞》(1984年5月6日),打印稿,《马星野档案》099-01-02-01-030,台北"中研院"近史所档案馆藏。

③ 马星野:《由"总统"训示看"三民主义"新闻政策》(1975年4月22日),手稿,《马星野档案》099-01-02-01-005,台北"中研院"近史所档案馆藏。

④ 马星野:《大众传播对人类生活之重大影响》,台北《"中央日报"》1981年5月23-24日,《马星野档案》099-01-02-02-073,台北"中研院"近史所档案馆藏。

⑤ 马星野:《论印刷的新闻》,台北《"中央日报"》1981年6月25-27日,《马星野档案》099-01-02-02-055,台北"中研院"近史所档案馆藏。

⑥ 马星野:《读报观影罪言——文化建设委员会春叙致辞》,台北《"中央日报"》1983年3月1日,《马星野档案》099-01-02-01-019,台北"中研院"近史所档案馆藏。

⑦ 马星野:《大众传播事业之新趋势与中央通讯社之前途——萧同兹先生逝世十周年纪念会讲词》(1983年11月11日),打印稿,《马星野档案》099-01-02-01-024,台北"中研院"近史所档案馆藏。

⑧ 马星野:《给青年记者——新闻采访应守什么原则》(1983年),载吉人编:《马星野先生纪念集》,台北:《"中央日报"》出版部,1992年,第233-240页。

⑨ 马星野:《密苏里教育对中国新闻事业之贡献》(1984年),手稿,《马星野档案》099-01-02-02-051,台北"中研院"近史所档案馆藏。

⑩ 马星野:《改进社会新闻报道之我见》,载吉人编:《马星野先生纪念集》,台北:"中央日报"出版部,1992年,第278-287页。

这一时期马星野对于新闻事业(大众传播事业)的思考更具有价值理性的特征,即新闻事业(大众传播事业)本身的价值和应具有的道德伦理追求。也就是说,他把对新闻事业的关注从新闻事业(大众传播事业)的功能实用性转移到了其本身应具有的价值诉求上。这是他专业主义思想得以彰显的重要标志。同时,从《"总裁"所期望于党报的是什么?》一文开始,马星野就以蒋介石言论为基础阐述其新闻思想中的"三民主义"内容,从而有意凸显他的新闻思想在国民党体制内的"正确性",以此引导和掩动其具有专业主义色彩的现代大众传播思想的探索和阐扬。

第三节　马星野新闻思想的主要内容

人的思想总是随着时代环境的变迁和个人实践、思考以及人生经历阅历的历练而不断调整,并在与时俱进中发展变化。这个发展变化的历程既有着一脉相承的延续,也造成每一时期思想不同的侧重和特点。25 岁时的马星野的新闻思想和 75 岁时的马星野的新闻思想肯定是不同的,这其中一定有继承,有变化,有发展,有扬弃。从产生到发展再到延拓,马星野的新闻思想整整跨越了 50 余年的时间,经历了从美国到中国,从国民党体制外到体制内,从国民党在大陆统治的"南京十年"①到八年抗战再到败退台湾的巨大变化和剧烈动荡,从而必然呈现出一种逐步形成、不断丰富和最终成熟的过程性和复杂性。从阶段性上看,马星野的新闻思想在每一阶段都是一个相对完整的体系,根据时代特征的不同而有着相应的内容侧重;从整体性上看,马星野的新闻思想也是连续的,始终没有脱离"专业主义""三民主义"范畴与轨迹,各阶段之间因此有着与时代特征相适应的联系和发展。也就是说,马星野新闻思想三个时期的内容既是相对独立的,又是相互联系的;既是整体新闻思想在各个阶段不同的体现,又是整体新闻思想的三个有机组成部分。这种独立性,体现在三个阶段新闻思想体系和内容的不同上;这种联系性,体现在其新闻思想中内含的"三民主义"和专业主义交织而成的

① [美]易劳逸:《南京十年时期的国民党中国,1927—1937 年》,载费正清、费维恺编:《剑桥中华民国史》(下卷),刘敬坤、叶宗敭等译,北京:中国社会科学出版社,1998 年,第 134－189 页。

主线上——这就构成了对马星野新闻思想的阶段性和完整性相结合的“全景式”的考察。因此，笔者对于马星野新闻思想整体内容的考察，是以专业主义和“三民主义”作为贯穿三阶段的主线，从三个阶段不同侧重的内容入手进行分析，从而既体现马星野新闻思想发展的过程性、阶段性，又观照其内在的连续性和外在整体性。

一、产生期：西方新闻理论指导下的专业主义新闻思想

马星野早期新闻思想的内容比较单纯，其核心是比较纯粹的西方新闻专业主义理念，主要体现在《欧美报纸之销路推广术》和《美国通讯社事业之现状》中。虽然这两篇文章并不为人所关注，但却是马星野新闻思想的开山之作。

（一）主要内容

1. “内容决定销路”“多种方式为社会服务”“投读者所好”等是报纸赖以生存发展的策略的思想

一是报纸的销路由其内容所决定的思想。马星野在谈到报纸销路的推广方法时，一再强调报纸内容的改良是决定其销路的关键因素。

> 推广销路，根本的条件，当然是要把报纸内容改良，内容丰富，好过其他报纸，销路自然会增加。”[①]“推广报纸之销路，基本的方法，还是改良报的内容，使合于当地读者之需要与兴趣。其余赠品减价等法，用以引起读者注意即可，纯粹依赖于此，想维持报纸之经济生命，乃是很危险的事。[②]

以优质的内容吸引受众，对于今天的媒体而言是生存的必然选择和毫无争议的方法；马星野不仅在这一时期从理论上将这个观点分析得如此透彻，而且使其成为后来“中央日报”坚持“日报”与“中央”并重实践的主要理论依据之一。

---

① 马星野：《欧美报纸之销路推广术》（1934 年 2 月 17 日），《新社会》1934 年第 6 卷第 8 期，第 174 页。

② 马星野：《欧美报纸之销路推广术》（1934 年 2 月 17 日），《新社会》1934 年第 6 卷第 8 期，第 177 页。

二是报纸应通过运用多种方式为社会服务，提高社会认可度和公信力的思想。马星野强调报纸必须发挥社会公共服务功能，这样才能博取大众好感，巩固社会信任，最终目的是稳固自己现在或将来生存发展的基础。

> 更有一事，平时要做的，便是用报馆名义，为社会服务，所取方式甚多。……务使当地人民与报馆发生很深关系，以巩固其在此社会上之信用。……报纸能深植势力于妇女界，这个报纸，基础一定是巩固的。①

这其实揭示了一个很深刻的道理。“中央日报”在战后的南京募捐筹款，给贫困者发棉袄，是通过“物质救济”彰显其“公共服务”的功能；而有些报纸标榜自身的言论公正无私（如《大公报》），其实是通过“思想救济”达成这个目的。从本质上来说，无论是通过“物质救济”还是“思想救济”彰显“公共服务”功能，其目的都是在于使受众思想与报馆发生很大联系，产生认同，从而巩固和扩大报馆的社会信用。“公共服务”不是新闻事业的终极价值追求，而只是新闻机构实现自我生存和发展的终极价值追求的一个手段和工具。在这个“公共服务”的背后，报馆和报人的自我存在，自我发展，自我价值体现才是终极目标。

三是报纸应认同并尊重受众的主体身份，并根据不同受众的需求有针对性地进行内容传播的思想。在不降低报格的前提下，报纸的文字必须有原则地投受众所好。

> 销路推广术中更重要之一点，便是多登些投众人所好的文字，不过不可因投众好，而将报纸价值降低。……报纸要招揽订户，要从男人、女子、童子三方面着手。少年们高兴得奖，报纸可设立种种比赛，……以引他们兴趣。妇女所高兴的，是长篇小说，是时装图样，是食物卫生，是育婴方法，报纸宜多登此类文字。至于谈恋爱的文章，更为女界所喜读。……至于男人，则喜欢谈谈运动。……无线电，戏剧，汽车消息，金融，地产各部大都为吸收读者而设。②

---

① 马星野：《欧美报纸之销路推广术》（1934 年 2 月 17 日），《新社会》1934 年第 6 卷第 8 期，第 176 页。

② 马星野：《欧美报纸之销路推广术》（1934 年 2 月 17 日），《新社会》1934 年第 6 卷第 8 期，第 176－177 页。

"内容决定销路""多种方式为社会服务"与"投读者所好"等思想实际上与今天我们所说的"内容为王""社会服务"和"分众传播"等思想和做法一样，都是通过满足受众需要，达到媒介的生存和发展的目标。八十年前，年仅35岁的马星野如此透彻地分析和阐述了这些理念，并不是他超越了自己的时代，而只是他以专业的眼光敏锐地洞察到了新闻事业发展固有的内在规律而已。

2. 媒体和记者应追求"大众利益""准确真实"并"善尽责任"的思想

一是媒体应摈弃私利，并追求大众利益的思想。马星野指出：

> "说联合社好话的人，赞美他的公正确实不偏不倚，而因为合作组织，无盈利之企图，基础较为正确稳定。说联合社坏话的人，批评他的把持新闻，垄断消息，骂他顽固保守，替官场说话，为统治阶级扬眉吐气，这二种说法，都是对的。"①

在此，他强调的是不以营利为目的，不崇拜权威，不趋奉统治阶级是新闻事业的理想。

二是媒体报道应以准确真实为原则的思想。马星野认为，思想的新颖和新科技的使用只是媒介竞争的"利器"，而消息的准确真实和通讯社的"品格"则是新闻通讯社的"生命"。

> 合众社当局，思想非常新颖，对于科学之新发明，努力采用，不甘人后。……反对合众社的，以为他是商业机构，未免投机，只知迎合报馆之好。……譬如民国七年大战期内合众社误传停战消息一事，即可证明。……以合众社之强之盛，……几弄得一蹶不振，一失即全失去。②

三是记者应善尽媒体人责任的思想。马星野认为：

---

① 马伟：《美国通讯社事业之现状》(1934年2月21日)，《政治季刊》1934年第1卷第2期，第267页。

② 马伟：《美国通讯社事业之现状》(1934年2月21日)，《政治季刊》1934年第1卷第2期，第271-275页。

> 更有一点可称赞的，联合社上下的新闻记者，大率都能尽记者之责任。这些记者无所谓八小时或十二小时之工作，薪金既有限，而责任无穷。①

从这三点中我们可以明确地看到马星野对于新闻事业、新闻人职业伦理和道德标准的最初的看法，即新闻事业必须要关注大众利益，必须没有偏见私利；消息要以准确真实为标准；新闻记者必须要尽责敬业等等。这些思想不仅与密苏里《记者信条》之主张完全吻合，而且也在1941年马星野所作的《中国新闻记者信条》中得到阐扬和延续。

这一时期，由于马星野仍在美国，尚未明确其下一步的国民党体制内新闻人的身份追求。② 因此他的观点更加接近于西方新闻专业主义理念指导下的新闻事业思想，而其专业主义理想与国民党体制内现实之间的矛盾在此时尚不明显。

值得注意的是，马星野比较单纯的新闻专业主义思想在这一时期后仍然有所体现。然而这种体现不再是一个客观现象，而是以特例的形式，在特殊的环境条件下有意为之的结果。这种特例最鲜明的代表就是1941年5月23日、24日，马星野在香港《大公报》上发表的其专论"报格"的代表作《历史铸造者与金钱铸造者——论两类报纸》。③

"报格"是指报纸的格调和品质，亦即报纸所持有和表现出的价值理念。在这篇文章中，马星野将世界报纸分为"金钱铸造者"与"历史铸造者"两类，非常明确地提出了以"历史的铸造者"为价值取向的"报格"理论。他指出，报人不是商人，新闻事业不是商业，因此报纸之所以"伟大"与"成功"，绝不能仅仅依据其商业价值，而应着眼于其历史价值。

> 报纸的商人一代代地过去，商业化的报纸，忽兴忽灭，永远被人们所忘记。只有那穷愁潦倒的言论家，只有那字迹模糊的断烂报纸，却永远被历史家所称道。所以我们评一个报纸之是否"成

---

① 马伟：《美国通讯社事业之现状》(1934年2月21日)，《政治季刊》1934年第1卷第2期，第266-267页。

② 例如他回国后的第一份工作是应史量才之邀在《申报》做编辑和撰稿人，而不是直接回政校。

③ 该文同时发表于《世界文化》(上海)1941年第3卷第1—2期。

功"，是否"伟大"，决不能计较其销数之多寡。……伟大，绝不是庞大的意思；成功，也不能专在账房间中计算。凡是在历史上没有留上痕迹，在他的时代只是"可有可无"地存在着，是配不上称为伟大报纸的。①

马星野提出，要形成以"历史铸造者"为价值取向的"报格"有五点要求：

第一，要有明确的主张，永不投机。第二，要站在民众前面，永不落后。第三，要站在是非圈外，永不受利之诱，受威之胁。第四，要锲而不舍地向理想迈进，永不惜任何牺牲。第五，要清洁高尚，永不下流。②

继而，马星野点明了报人的伟大"人格"与报纸的伟大"报格"之间的关系：

一个负铸造历史责任的人物，要有他的伟大人格。同样负有铸造历史责任的报纸，要有伟大之报格。③

1945 年，马星野在《美国报界之道德律》中将美国主笔协会于 1922 年 4 月 28 日通过的《报业守则》七条翻译为"明责任""尊自由""守独立""必诚信""尚客观""求公允"和"致教化"，同时更加明确地提出了中国新闻事业应具有的品格和素质：

此七事者，为美国同业所共同信守，与世界报学会威廉博士所订之报人信条……，同为我报业之金科玉律。④

值得注意的是，尽管《历史铸造者与金钱铸造者——论两类报纸》发表时

① 马星野：《历史铸造者与金钱铸造者——论两类报纸》，《世界文化》(上海)1941 年第 3 卷第 1—2 期，第 91 页。

② 马星野：《历史铸造者与金钱铸造者——论两类报纸》，《世界文化》(上海)1941 年第 3 卷第 1—2 期，第 91－92 页。

③ 马星野：《历史铸造者与金钱铸造者——论两类报纸》，《世界文化》(上海)1941 年第 3 卷第 1—2 期，第 94 页。

④ 马星野：《美国报业之道德律》，重庆"中央日报"1945 年 3 月 29 日。

间与《中国新闻记者信条(草案)》相差无几,它的核心思想表达与《中国新闻记者信条(草案)》如出一辙,但是以“历史的铸造者”为价值取向的“报格”理论在马星野的新闻思想中还在两个方面具有特殊的价值和意义:

(1) 这是马星野提出的有关中国新闻事业的职业标准。

从对象上看,以“历史铸造者”为价值取向的“报格”理论是马星野针对报纸的格调与品质的价值判断,即其主要论述对象为报纸,而非报人。因此,这是马星野对于中国新闻事业价值取向的专论。结合同一时期的专论报人职业道德和价值取向的《中国新闻记者信条(草案)》来看,这个“报格”理论实际上应该是马星野所提出的关于中国新闻事业的信条,这两个“信条”构成了马星野涵盖新闻事业与新闻人在内的完整的新闻道德和价值理论。1974 年,马星野在“中央社”五十周年纪念活动致辞中指出:“过去五十年,中央社始终保持严正的新闻道德标准,正确独立与服务的原则,和新速实简的工作精神。”①这就是马星野新闻思想关于新闻事业和新闻人职业标准、原则和精神的最简单直白的总结。

(2) 这是马星野以新闻专业主义为导向的新闻价值观。

马星野在论及“报格”形成的五大必要条件时,几乎完全是从新闻专业主义的角度出发,依照密苏里新闻价值观的标准,对中国新闻事业应具有的格调和品质加以专业化的阐述,而其中并未有明确的政治性导向,即“三民主义”色彩。这在 1934 年以后马星野的新闻著述中是不太常见的,也与同时期《中国新闻记者信条(草案)》前言中所强调的“根据‘国父领袖’之教训”截然不同。这个情况的出现是马星野为了迎合香港《大公报》的办报风格而刻意为之,但无论如何,这个理论却在客观上同样展现了马星野所深受的密苏里影响和他的西方新闻专业主义价值观。而马星野“报格”思想的特殊性及其“信条”思想的不一致之处,正是马星野作为“新闻人”和“国民党体制人”在思想上的纠结之处。

(二) 主要特征

马星野的新闻思想在产生期所展现出的是比较纯粹的从西方理论中移植继承的新闻专业主义思想特征。这主要表现在三个方面:

第一,西方化。由于密苏里新闻专业教育和特约通讯员工作实践使得马星野对于西方新闻理论、西方新闻事业尤其是报业和通讯社事业的发展

---

① “中央通讯社”编印:《“中央社”六十年》,台北:“中央通讯社”,1984 年,第 151 页。

状况有了比较全面和深刻的了解，因此他的新闻思想深受西方新闻专业主义以及西方新闻业务实践规律的影响，从而具有明显的西方色彩。

第二，理论性。马星野是一位专业的新闻人，他的学术修养使他在专业理论上不仅具有了一个学者的敏锐洞察力，还具有了超越他所身处时代的思想超前性。但是，由于他此时并未全面和深入地接触中国新闻事业实践，尤其是国民党体制内新闻实践，因此他的新闻思想基本上还停留在理论探讨层面，亦即学理层面，而以理论指导中国新闻事业实践，尤其是国民党体制内新闻事业实践的思想和做法，要到马星野真正成为国民党体制内新闻人并从事国民党体制内新闻业务实践阶段才出现。

第三，体制外。由于马星野此时并未进入国民党体制内新闻事业圈，还没有成为一个完全的国民党体制内新闻人，因此他此时并未将“三民主义”理念贯彻到他的新闻思想之中，而是以更加明显的国民党体制外新闻学者所具有的专业眼光来看待中国新闻事业。这一时期他对新闻职业伦理和道德标准的探讨与阐述也具有这个特征。

二、发展期：“国家民族至上”的“三民主义”新闻思想

马星野真正进入国民党体制内新闻事业圈从事新闻实践后，他的新闻思想开始从较为单纯的“西方化理想”向现实的“中国化思维”转变，从较为纯粹的“理论性”向“实践性”转变，从国民党“体制外”向“体制内”转变。在这一时期，由于时代的特征和国民党体制内实践的要求，马星野新闻思想产生期中占主体地位的专业主义部分开始逐渐弱化，并逐步让位于越来越强烈和鲜明的“三民主义”部分。这种新闻思想是以 1934 年 9 月 10 日发表的《美国新闻事业的现状》一文对中国新闻事业发展道路的探讨为最早，而 1937 年 3 月发表的《言论自由与政府的新闻政策》中对于国家新闻政策的早期探讨则是马星野“三民主义”新闻思想的正式开始。

（一）主要内容

1. 以扶持为核心，指导、管理与扶持“三位一体”的国家新闻政策思想

从国家层面对于新闻事业的指导、管理和扶持必然通过相关政策来加以体现和实施——这就是新闻政策的三个方面：新闻事业指导、新闻事业管理（统制）与新闻事业扶持。就这三个方面而言，马星野认为判断一个新闻政策的“好”“坏”，最重要的是在于看其能否对新闻事业起到扶持的作用，而

不在于通过严厉的统治手段对新闻事业进行控制。他在《统制政策下之国际新闻》中指出：

> "国际新闻不能精确的最大原因，却是当地政府对于发出稿件之检查。"[①]"在国家统制政策下的国际新闻，不但不能沟通国民相互间之了解，而且使国与国间之怀疑猜忌加深。"[②]

在此，马星野力求说明的是以控制和管束为目的的新闻政策对新闻自由和世界秩序可能造成的恶劣影响，对通过新闻检查进行新闻统制的行为予以批判，并将称之为"新的黑暗时代"。[③]

1937 年 3 月，马星野在他早期研究国家新闻政策最完整和最重要[④]的著述《言论自由与政府的新闻政策》中给出了"管理、指导与扶持"相结合的"三位一体"国家新闻政策思想。

马星野"管理、指导与扶持"相结合的"三位一体"国家新闻政策思想主要有三个方面内容：

(1) 媒体应正确解释和执行政府新闻统制政策的思想。

马星野认为，新闻言论自由"本来是人民应享之权利，不过依法律可以加以限制。"而对于中国当时法律（包括出版法、刑法等）就此所规定的条款，绝对不能用"极端广义的解释"予以执行，否则"任何重要新闻，都成为不能登载之新闻。""全部言论自由，记载自由"都会被"摧残殆尽"。相反，马星野主张"理想的"，或者是"正确的"言论自由管理政策应该是以"狭义的解释"对待这些法规，"注重减少消极的干涉"，同时"增加积极之扶持"的政策。

---

① 马星野：《统制政策下之国际新闻》，《中外月刊》1936 年第 1 卷第 4 期，第 89 页。

② 马星野：《统制政策下之国际新闻》，《中外月刊》1936 年第 1 卷第 4 期，第 93 页。

③ 马星野：《统制政策下之国际新闻》，《中外月刊》1936 年第 1 卷第 4 期，第 88 页。

④ 在查阅《马星野档案》过程中，笔者发现这篇文章是马星野亲手保存的 1949 年以前发表的除了"美国通讯"以外唯一一篇新闻著述单页原件。在这篇文章第一页的最左侧空白处，马星野亲笔标注了其出版的准确时间 1937 年 3 月 29 日，并亲笔标注"留存"。从笔迹上看，这些标注应该是他在数次整理自己著述和资料时后加上去的。他把这篇文章的出版时间记录的如此准确，把这篇文章保存的如此长久，由此可见，他对这篇新闻著述是非常重视的。

(2) 社会应努力消除导致言论不自由之障碍的思想。

马星野指出，过去新闻政策最大缺点和言论自由不能执行的最大原因是在于“各地开放言论之不能一致”。

他进而引用《大公报》1936年6月9日社论指出这样做的恶果：“第一，新闻禁止过多，易使外报恣意造谣，中国报纸之权威扫地，第二，人民对于国事，所知过鲜，则舆论无法造成，民意日趋消沉。”对此，马星野呼吁国民党当局要给报界以比较充分的自由，以“开明”的新闻政策，“引起蓬蓬勃勃的民气与热热烈烈的国民呼声，奔腾澎湃的民族意识表现。”[①]

(3) 政府应改进新闻统制方式以扶持新闻事业发展的思想

马星野始终认为“扶持”才是国家新闻统制政策的核心。“‘中央’‘且当进一步扶助言论出版事业之发展。’这是国民党三中全会后新闻政策的中心原则，也是言论界对于国民党最盼望之事。”随后，他提出了对言论界进行扶持的五个具体措施：

> 第一，扩大及改进中央通讯社，以完成国内外之通讯网，使报纸之新闻来源，不受外国通讯社之垄断。第二，协助报界，早日举行从业员总登记，以组织全国及地方报业协会，使记者职业之标准提高，记者之生活得保障，记者之社会力量加大。第三，积极办理报业人材训练工作，除在国立各大学斟酌设立新闻学系以造专门人材外，更要给现在的报业从业员，以训练之机会。第四，纸张油墨及机器等，由国家设法，自行制造，以廉价供给于各报，以免昂价购自外国。而这些材料工具，亦要加以相当之统制。第五，发行问题，为办报者最感棘手者，政府一方面当扶助报纸，取缔报贩制度，使报纸收入，不致为‘报阀’所中饱。[②]

就此，马星野对国家新闻政策的三个方面做了一个较为完整的论述，形成了一个“三位一体”的国家新闻政策思想。“七七事变”爆发后，马星野对于战时新闻政策的论述仍然是以这个“三位一体”的思想为基础。1939年，马星野

① 马星野:《言论自由与政府的新闻政策》(1937年3月13日),《国闻周报》1937年第14卷第12期,第5-6页。

② 马星野:《言论自由与政府的新闻政策》(1937年3月13日),《国闻周报》1937年第14卷第12期,第7-8页。

通过《论战时新闻政策》系统阐述了他在战时对国家新闻政策的理解和主张，仍然将国家的新闻政策分为“偏重限制的消极的新闻政策”与“偏重扶持的积极的新闻政策”两类，并再次强调：

> 欲收新闻政策之效，重要点不在于限制出版品及检查新闻，而在于积极使中国报业发达，使报人之程度提高。使报人本身，自己制裁，或相互制裁。组织训练为目前不可缺少之图。……然根本问题，……要新闻纸发挥宣传之效力，先要新闻纸能存在，不破产。①

在这篇文章中，马星野一面强调政府新闻政策存在的合理性，另一面仍然继续主张“积极的新闻政策”必须保障新闻言论自由，其重点是在扶持新闻事业。这种扶持，既包括了施行宽松的新闻管制措施，也包括了进一步加强物质（如白报纸）上的支持，加强报业自律组织建设和新闻教育等内容。此外，在1936年发表的《战时宣传应有之准备》中，马星野也是从“物质”“组织”“人才”三个方面来阐述作为战时宣传工具的新闻事业应有的准备，其言论重点还是在强调“保障自由”和“加强扶持”。②

纵观马星野在战前和战时的国家新闻政策思想，其共同点都是在于强调国家新闻政策“不仅在于限制，而更主要的是在于扶持”之上，这也是马星野“三位一体”国家新闻政策思想的核心。马星野以专业态度，从新闻事业发展本身需求的角度出发来看待国家的新闻政策，将国家新闻政策定义为能够主动保障和推动新闻事业发展的力量，而不是限制其发展的障碍。这也是他评判国家新闻政策“积极”还是“消极”的一个标准点。对于以“限制”为核心的国家新闻政策，马星野并不以为然，而只是将其当作一个既成事实加以接受。他的理想是通过“积极的”国家新闻政策扶助新闻事业发展，保障新闻言论自由。这种“积极的”新闻政策，其实是一种具有主动性和建设性的新闻政策，而不是一种基于消极的“限制”为出发点的新闻政策，而即使是必要的“限制”，也是为了保障“扶持”而存在的。

综上所述，马星野认为国家新闻政策的本质不是在于消极的“限制”，而是在于“保障”“指导”和“扶持”的“三位一体”，而其核心还是在于“扶持”，并通过

---

① 马星野：《论战时新闻政策》，《战时记者》1939年第5期，第9－10页。

② 马星野：《战时宣传之应有准备》，《中外月刊》1936年第1卷第8期，第94页。

这种"扶持"推动新闻事业发展，最终达到"统一舆论"的目的。在此，马星野实际上是将新闻事业作为国家新闻统制政策的"服务"对象，而不是"限制"对象，并认为国家新闻政策的价值是通过为新闻事业发展服务，形成强大而统一的新闻事业，最终推动国家发展而实现的。

2. 以"三民主义"为核心的新闻事业指导思想

新闻指导思想影响着新闻思想的性质和方向。三民主义是国民党的指导思想和政治原则。作为国民党体制内新闻人的马星野的新闻思想，必然是以"三民主义"为核心指导其发展的方向的。1939 年 9 月，马星野在《青年中国季刊》创刊号上发表《三民主义的新闻事业》，系统而明确地阐述了其以"三民主义"为核心的新闻指导思想。在此文中，马星野详尽论述了民族主义、民权主义、民生主义与当时的新闻事业之间的关系。"本文的目的，便是对三民主义社会中的新闻事业之理想及方式，做个初步的研究。"①因此，有学者认为，"真正明确提出'三民主义新闻事业'概念的是'中央政治学校'新闻系教授兼主任马星野。"②马星野以"三民主义"为核心的新闻指导思想主要由三个部分组成：

(1) "民族至上国家至上"的"民族主义"思想。

马星野所提倡的"三民主义"新闻事业的目标，就是"为着全社会中每个份子(国民)，同全社会的整个生命(民族)服务。记载时事，领导舆论只是一个手段，解放民族建设文化才是目标。"因此，"合于理想社会所应有"的"民族主义的新闻事业理想"应有三个原则：

> (一) 根据总理"保持吾民族独立地位，发扬吾固有文化，且吸收世界文化而光大"之"遗训"，择善取长以建设吾民表健全久远之文化基础。③ (二) 本三民主义之原则，以文化力量，建立全国民众精神上之国防，策动一切救亡图存之工作，尤以促进生产建设，充实国家力量，及发扬民族精神，恢复民族自信为共同努力之目标。(三) 对于一切文化事业，切实负起保育扶持之责任，以督促指导奖励及取缔等方

① 马星野：《三民主义的新闻事业建设》(1939 年 8 月 26 日)，《青年中国季刊》1939 年创刊号，第 159 页。

② 蔡铭泽：《论抗日战争时期国民党人的新闻思想》，《新闻与传播研究》1998 年第 2 期，第 90 页。

③ 原文如此。

法，除莠培良，促成协同一致之发展，对于从事文化工作之人员，并应分别联络或培养训练，以纳入共同之轨道。……民族至上国家至上，这是中国新闻界的第一个指南针。[①]

在论述民族主义与新闻事业关系的过程中，马星野强调了“解放民族建设文化”的新闻事业发展目标，并将“民族至上国家至上”的原则定为新闻事业发展的“指南针”，从而清晰地将“民族主义”的作用与地位在其新闻指导思想中体现出来。

(2)“新闻自由”之“人权”应服从“国家自由”之“主权”的“民权主义”思想

马星野认为，要达成“三民主义”新闻事业的理想，就要首先厘清报纸与政府、报纸与人民之间的关系。“如果这个问题不解决，则新闻界意志与力量无有集中。新闻界与政府步调无由一致。”[②]在界定清楚了这个问题的重要性之后，马星野将“三民主义”国家中报纸与政府及人民的关系确定为四个方面，即所谓“全民政治”“‘革命’人权”“权能分开”“团体自由与个人自由”。

对于报纸与政府和人民之间的关系，马星野是从“全民高于阶级”“革命高于人权”“团体重于个人”以及“国家利益至上”的角度予以绝对化的解释，这也是马星野对新闻事业在政治上的界定。在国民党实行的“党国一体化”的反动政治策略下，这里的“全民”“革命”“国家”、“团体”所指向的都是国民党的统治利益，将国民党所认定的“民族国家利益和自由”与新闻事业之“自由”联系在一起，体现了他在这些问题的认识和思考上鲜明的国民党体制内新闻人的特征和局限。

(3)以“国营”新闻事业为主，“善良”的私营新闻事业为辅的“民生主义”思想

马星野在民生主义与中国新闻事业关系的阐述中，依然是以维护“党国”统治利益为原则的。他认为，民生主义应包括一切生存需要的问题，“精神上之生存需要，绝不比物质上生存需要如衣食住行等为不重要。所以报纸问题也可说是民生问题。”在阐述民生问题与中国新闻事业之间关系时，马星野认

---

① 马星野：《三民主义的新闻事业建设》(1939年8月26日)，《青年中国季刊》1939年创刊号，第161-162页。

② 马星野：《三民主义的新闻事业建设》(1939年8月26日)，《青年中国季刊》1939年创刊号，第162页。

为:“这个精神上生存必需品的新闻事业如何经营如何组织怎样生产怎样分配,是值得每个三民主义者关心的。”①

马星野认为,民生主义应用于新闻事业的方法有三个:

(一)要发展国营的新闻事业,采取最新的科学方法,为将来纯国营新闻事业奠定基础。(二)对于私营的新闻事业,凡是不合于需要及贻害国家民族及社会道德者要加以取缔及扑灭。(三)对于善良的私营新闻纸,国家要设法予以保护,使其欣欣向荣,为国营新闻事业之辅翼。②

马星野进而解释了当时所谓“国营新闻事业”的含义:

中国国营报业有两个系统,一是党办的报纸,直接间接受着中宣部的管理。二是军队的报纸,直接受着军事委员会政治部的管理。③

以上两者中,前者直接指向国民党“党营”新闻事业;后者在实质上也是国民党控制的新闻事业。由此可见,马星野认为最符合民生主义的新闻事业组织与经营方式最终会选择和归宿于这种新闻事业,并认为这是中国新闻事业的“主体”;而对于私营新闻事业,马星野做了一个区分,即“善良”的私营新闻事业与“不符合需要”的私营新闻事业。马星野认为,“善良”的新闻事业是“依法成立之报社,其言论记载,不违反三民主义,且确遵抗战建国纲领,及中宣部之指示,努力抗战宣传成绩卓著”等。而对于不符合上述条件标准的私营新闻事业,即为“不符合需要”的私营新闻事业。对于前者,马星野认为其起到了一个“辅助”的作用,因此政府应在“材料”“财源”“人才”“稿件”等方面给予扶持;对于后者,马星野认为必须予以取缔和扑灭。④ 1943 年,马星野在《精神食粮

① 马星野:《三民主义的新闻事业建设》(1939 年 8 月 26 日),《青年中国季刊》1939 年创刊号,第 166 页。

② 马星野:《三民主义的新闻事业建设》(1939 年 8 月 26 日),《青年中国季刊》1939 年创刊号,第 166 - 167 页。

③ 马星野:《三民主义的新闻事业建设》(1939 年 8 月 26 日),《青年中国季刊》1939 年创刊号,第 167 页。

④ 马星野:《三民主义的新闻事业建设》(1939 年 8 月 26 日),《青年中国季刊》1939 年创刊号,第 167 - 168 页。

问题》中仍然坚持认为：

> 我们要增加精神食粮的生产，当然要采取民生主义的原则，因为民生主义是主张发展国家资本的，对于国营的报纸，今后要积极加以扩充；因为民生主义是主张奖励私人资本的，对于私人经营的报纸，国家今后不但不设法限制，并且要用各种便利使其发达……民生主义是主张限制有害的私人资本的，所以……凡是违反“三民主义”，有妨害民族利益的报纸，国家将毫无犹豫地予以取缔。①

综上所述，马星野以“三民主义”理论为基础，从“民族”“民权”“民生”三个方面构建了其新闻指导思想。这个指导思想对他构建符合当时中国自身特色的，有别于西方和苏联的新闻事业框架具有一定的规范和指导意义，对推动抗战时期中国新闻事业，尤其是国民党新闻事业的发展具有推动作用。

但是这个新闻指导思想明显具有两个不可忽视的局限性。一是政治方向上的局限：由于时代与环境的限制，使得作为国民党体制内新闻人的马星野对于“三民主义”的认知、理解仍然是局限于蒋介石的思想体系之中，而他在三个原则中所表达的思想仍然是在于维护国民党蒋介石集团的反动利益和统治。二是专业内涵上的局限：在这个新闻指导思想中，马星野更多的是从“三民主义”对于新闻事业的要求和影响来谈新闻事业的发展，而并未过多地涉及新闻事业本身应具有的目标、标准和价值，其对于新闻事业（大众传播事业）的本体论思考尚未完全展开。

3. 符合“三民主义”“专业主义”和“中国传统儒家精神”是新闻记者职业道德与行为准则的思想

对于新闻记者职业伦理道德和行为准则的阐述是马星野新闻思想最为重要的组成部分之一。1941年，马星野应中国新闻学会之邀撰写《中国新闻记者信条（草案）》（以下简称《信条草案》）十二则。在该文的前言中，马星野虽然首先指出了订立记者信条的初衷为“共信不立，互信不生，互信不生，团结不固”。但随即又明确指出：

> 此种信条，依作者之愚见，应（一）根据“国父与领袖”之教训，（二）针对当前新闻界之问题，（三）列举新闻记者之道德知识及日常

① 马星野：《精神食粮问题》，《文风杂志》1943年第1卷第1期，第35页。

生活之修养，(四)确定社论、新闻、副刊、广告等善恶标准。[①]

由此可见，该《信条草案》的核心依然是“三民主义”指导下的新闻道德标准与要求。1950 年 1 月 25 日，马星野为《中国新闻记者信条》作了一篇释文《释〈中国新闻记者信条〉》[②]。他在该文中把这十二条内容分为“中国新闻记者努力之目标(第一条至第三条)”、“中国新闻记者努力的方法(第四条至第七条)”、“中国新闻记者应有之修养(第八条至第十二条)”三个部分，系统阐述了他有关新闻记者职业道德与行为准则的想法。

(1) 有关中国新闻记者的追求目标、努力方法与修养根基的思想。

一是贯彻“三民主义”是中国新闻记者追求的目标。“三民主义”的新闻事业思想是作为国民党体制内新闻人的马星野必须遵循和坚持的指导思想，是国民党体制内新闻人“道德”和“行为”在政治上“正确”的体现。

> “第一，我们新时代的记者，是为着民族的独立，世界的和平而努力，决不许为个人的利益，或阶级的利益，而自己来做工具。……中华民族的自立，世界永远的和平，这两个目标，才是我们记者应该追求的鹄的。我们努力的第二目标，是为民权政治的贯彻。报纸及电台是民主政治的基石。……新闻记者的责任，是使大多数人民知道，并且让他的意见，有表示出来的机会，……贯彻民主，这是一个现代国家的报纸应有之目标之二。我们努力的第三个目标，是替痛苦的

---

① 马星野：《敬向全国新闻界提出：新闻记者信条之拟定问题》，《新闻战线》1941 年第 1 卷第 2 期，第 2 页。

② 马星野：《释〈中国新闻记者信条〉》(1950 年 1 月 25 日)，载黄肇珩、吴德里、马大安编：《星垂平野阔·我的一生》(电子书)，台北：义美联合商务有限公司，2014 年，第 191 页。从文本对比上来看，《释〈中国新闻记者信条〉》(以下简称《释文》)实际上就是马星野 1946 年 9 月 2 日在“中央日报”上发表的《新闻记者的共信与共勉》(以下简称《新文》)一文的修改版。《释文》与《新文》在文本上有三处不同：(1)《释文》删除了《新文》开头第一段的“演讲开场白”，删除了最后一段“各位同学”四字；(2)《释文》在文中的三段大标题后分别加入了《中国新闻记者信条》十二则对应的条目和串联词；(3)《释文》将第三大部分的标题由《新文》中的“中国新闻记者应有怎样准备”改为了“中国新闻记者应有之修养”。《释文》与《新文》虽然在内容和主旨上几乎一致，但成稿的时间相差很久，应该是马星野后来对《新文》的重新梳理。本文为了保持对《中国新闻记者信条》阐述的系统性、一致性和连贯性，因此将这篇文章放在《中国新闻记者信条》部分中加以介绍。

大众争取经济的利益。……民生的疾苦，是我们报道的重要部分。”“现阶段我们新闻界共同努力的目标，第一为着民族利益与世界和平而努力。第二为着贯彻民主政治来增进民智、发扬民气而努力。第三是争取民生利益而来报道民间疾苦及促进生产建设而努力。”①

二是落实专业主义是中国新闻记者努力的方法。马星野认为，在实现“三民主义”新闻理想的过程中，中国新闻人应以“正确的新闻”“公正的意见”“有益的消息”“有用的知识”和“负责的广告”履行自己的职责，而这些要求都需要专业的素质和精神才能达成。

“第一，说到新闻。……忠实正确的报道，是我们做新闻记者第一天职。……清清楚楚的写出，明明白白的说出，真真实实赤裸裸地将事实真相和盘托出，这是我们服务读者的最基本条件。第二，说到社论。我们不但说出事实，并且要把事实的意义告诉读者，把解决问题的方法指示给读者，这种解释与指示的工作，便是社论记者的工作。……所以写评论的时候，公正是最重要的标准。……第三，说到副刊。每一家报，总有副刊文艺及图画照片，这些都可以说是精神的食粮，……报纸电台是社会教育的工具。我们要有教育家的态度，顾到读者的心理之康健，心灵之清洁，把有美术价值及对日常生活有用有益的读材供给他们。这不仅是社会风化问题，而且是大众教育的问题。第四，广告是报纸的副产品，……他不但是报社与电台经费之来源，而且是生产货品的人与消耗货品的人的媒介体。……广告是真是伪，是否夸大欺骗，一个报社是要负责的。新闻记者绝不可因为金钱之收入，而出卖了读者之利益，因而出卖了报纸之信用。”“新闻记者努力的方法，是以真理以正义来替读者服务，做读者的喉舌，做读者的耳目，也做读者的头脑。我们要报道正确之新闻，发表公正的意见，供应有益的消息，有用的知识，并以正确的负责的广告，来帮助所在社会的经济生活的正常流通。”②

① 马星野：《释〈中国新闻记者信条〉》（1950年1月25日），载吉人编：《马星野先生纪念集》，台北：“中央日报”出版部，1992年，第190－192页。

② 马星野：《释〈中国新闻记者信条〉》（1950年1月25日），载吉人编：《马星野先生纪念集》，台北：“中央日报”出版部，1992年，第192－195页。

三是中国传统儒家精神的坚守是中国新闻记者修养的根基。马星野认为,中国新闻人的修养包括三个方面,即"品格之高尚""学识之渊博"和"身心之康健"。而达成这三点要求的根基则是深植于中国传统儒家文化的厚壤之中:"品格高尚"的标准是要"贫贱不移、富贵不淫、威武不屈",要"安贫乐道";"学识渊博"的达成是要"不断求知,日新又新";"身心康健"的目的是要能够经得起"忍辱吃苦耐劳"。这些都是中国知识分子所具有的传统儒家精神和价值追求的深刻体现。

> 首先,要注意我们自己的品格。……我们还得自重自爱,砥砺品德,使新闻记者为社会所重视,为大众所信托。……我们新闻记者,要有独立不倚之精神,有凛然不可侵犯之风度。……我们要做到贫贱不移、富贵不淫、威武不屈的地步,有为真理为正义而不顾一切之精神。……新闻记者的生活是清苦的,如果受不了这种清苦,则决不能做真理与正义之永久与忠实的支持者。第二,要注意到自己的学识。我们负责替大众报道新闻,解释新闻,我们便是大众的教师。……新闻事业所需要的知识,非常的广泛,而现代社会上问题,日益复杂,……我们新闻记者,要不断求知,……方可日新又新,以免成时代落伍者。第三,要注意到自己的身体与心理之健康。……如果没有强健之体格,强而且韧的意志力,往往会中道而废,半路改行。我们新时代的记者,要永久乐观,要永久积极,要永久有生趣、向上、奋发,不因失败而气馁。①

对于《中国新闻记者信条》的评价,李瞻认为其"是我国报人的行为准则。前三条说明我国报人努力的目标,在依据'三民主义'争取民族独立,实现政治民主,增进民生乐利。第四条至第七条,说明新闻事业的道德标准,即新闻要正确,评论要公正,副刊要有教育意义,广告要信实负责。第八条至第十二条,说明记者必须要有高尚的品德,严谨的生活,广博的知识,健全的身心,与专业的精神。"②

这个评价仅仅说明了该《信条》积极意义,而不可否认的是,它的局限性也

---

① 马星野:《释〈中国新闻记者信条〉》(1950 年 1 月 25 日),载吉人编:《马星野先生纪念集》,台北:"中央日报"出版部,1992 年,第 196 - 198 页。

② 李瞻:《新闻道德》,台北:三民书局股份有限公司,1982 年,第 244 - 245 页。

是明显的——这从黄炎培对该《信条》的评价中可见一斑。

(2) 黄炎培对马星野《中国新闻记者信条》的评价及反思

1945年1月，黄炎培在《国讯》杂志上发表《读中国新闻记者信条致马星野函》认为："今见老友星野先生所拟中国新闻记者信条十二条，不啻字字珠玑，句句金玉，深为欣佩，……愿全国新闻记者以及有志从事新闻事业者予以实践，以促中国新闻事业之进步。……语语精当，条条可行，而且当行。"[①]随后他对马星野提出了三点意见：

一是不可忽略农民阶级的利益。他认为，《信条》第一条中虽有"决不为个人利益，阶级利益，派别利益，地域利益作宣传"之语，但不可忽略"为占全国极大多数之农民之利益"作宣传。这条意见实际上直指马星野看似"大公无私"的主张背后所具有的实际上的不平等。在当时的中国，占绝大多数的农民阶级恰恰是最弱势的群体，是最缺乏宣传资源的群体。而以同样一个标准，在宣传上把这个庞大而弱势的群体与少数既得利益阶级放在一个"公平"的地位上，恰恰在宣传上造成了对这个群体的忽略和实质不公。

二是政府应明确负有保障新闻言论自由的责任。他指出："新闻记者固应守身如玉，实践其道德信条，但政府亦宜切实保障新闻自由与言论自由，并设法提高对于从事新闻事业者精神与物质上之待遇，俾凡为新闻记者者均得充分发挥其智能与道德力量。"[②]这条意见实际上指出了新闻记者和政府之间，新闻记者坚持职业道德与政府保障新闻自由、保障新闻人生存条件之间的互生关系。很显然，黄炎培认为马星野只是对新闻记者提出了道德要求和责任义务，而忽略了作为另一方的政府同样应具有的道德要求和责任义务。

三是政府必须落实和执行保障新闻言论自由的举措。他希望当时已"处于中央领导宣传地位"的马星野应"设为有效方法，使一般之新闻记者接受此信条，而切实奉行。"[③]马星野当时只是国民党"中宣部"的一个处长，并未处于"中央宣传领导地位"，因此这条意见的提出看似是对马星野的苛求，然而，这条意见之所指，实质上不仅点出了马星野这种主张的"理想化"倾向，更重要地是揭露了国民党最高统治者在现实上对此理念的不作为。"语语精当，条条可

---

① 黄炎培:《读中国新闻记者信条致马星野函》,《"国讯"》1945年第384期,第18-19页。

② 黄炎培:《读中国新闻记者信条致马星野函》,《"国讯"》1945年第384期,第19页。

③ 黄炎培:《读中国新闻记者信条致马星野函》,《"国讯"》1945年第384期,第19页。

行，而且当行”的新闻记者职业道德和行为准则是要依靠“有效”的方法加以落实，并“切实奉行”才能体现其价值。马星野仅仅提出了一个理想，却没有能力推动这个理想的实现；而真正有能力推动这个理想实现的国民党政权，却又没有或者不愿意采取“有效办法”加以推行。

上述三条意见实际上均指向了马星野所提倡的新闻职业道德和新闻准则的一个最大的特点：这是一个国民党体制内新闻人所提出的理想化的道德标准。“体制”所代表的利益要求本身就是有局限性的；而理想与现实之间的差距，又是使得这个新闻道德与行为准则的落实困难重重。黄炎培对马星野这一思想的评价切中要害，这三点意见也是马星野《中国新闻记者信条》的“软肋”。

4. 以维护国民党统治秩序为目的，“责任”与“自由”并重的“新闻自由”与“社会责任”思想

1938—1948 年间，马星野新闻思想的另一个重要组成部分——新闻自由与社会责任思想得到集中阐发。马之骕曾经说过：“争取新闻自由与时效，这是马先生留学美国学来的唯一的新概念。”[①]这是西方新闻专业主义观念对于他的影响；而作为国民党体制内新闻人，马星野将“新闻自由”限定在符合国民党统治要求的范围内，这就是他所提倡的“社会责任”。在追求“专业主义的新闻自由”和贯彻“党和国家意志的社会责任”这两者之间，马星野只能不断地进行调适和融合，并逐步形成具有“马氏风格”的“新闻自由论”。

(1) 马星野“社会责任”与“新闻自由”思想发展的历程。

从专注于新闻言论自由这一问题的研究到基本形成新闻自由与社会责任思想，马星野前后用了大约十年的时间，经历了一个从“限制是手段，自由是目的”的“西方专业主义新闻自由思想”，到“言论自由”符合“三民主义”框架内的新闻自由思想，再到强调“新闻自由”必须以维护国民党统治秩序的“社会责任”为目的，“新闻自由”与“社会责任”“一体两翼”并重的新闻自由与社会责任思想的过程。

马星野最早专门论述“自由”的文章是 1938 年发表的《论出版自由》。[②]在此文中他开门见山地指出：

① 马之骕：《新闻界三老兵：曾虚白、成舍我、马星野奋斗历程》，台北：经世书局股份有限公司，1986 年，第 394 页。

② 1939 年，马星野在《战时记者》第 9 期上发表《出版自由论》一文，实际上就是《论出版自由》。两者内容完全一样，只是换了标题。

> “中国国民之出版自由，为宪法所保障。”“问题之中心并不在于检查制度之良恶，而在于行使检查之人员之是否合格及检查标准之是否确定而已。”①

马星野此时对于新闻出版言论自由的态度是：在“特殊时期”，“自由”服从于“确定而合格”的“检查”，以迎合“战时特殊需要”；在“平常时期”，“自由”应得到充分发挥，以迎合“民主政治需要”。由此可见，马星野在此时仍然是本着西方专业主义新闻思想强调“限制是手段，自由是目的。”②

1939年，马星野在《自由主义新闻事业之没落》中提出：

> 空口呼喊个人的言论自由出版自由，……而不注意到现实的民族问题民生问题，使与民权问题同时并提，则中国必再踏英国之覆辙。③

因此他认为，中国不能完全效法与英美各资本主义国家已经失败了的言论出版自由；中国的言论出版自由必须以“民族”“民权”“民生”的“三民主义”为思想指导和实践方式。这是马星野首次明确将“新闻自由”理念与“三民主义”宗旨联系在一起。他的“三民主义”责任框架内的新闻自由观开始形成。

1942年，马星野和他的学生李荆荪在《ABC三国出版自由之比较研究》一文中提出：

> “没有出版自由，就没有民主政治施行的可能。……出版自由之保障与限制，……不是互相矛盾，而是互相辅助的，……谁都不能说出版自由是绝对不许限制的。”“本来自由与秩序，并不相矛盾，只有偏重于一面，忽略了他面的时候，罪恶便起来了。”④

① 马星野：《论出版自由》，《新政治》1938年第1卷第2期，第23-25页。

② 马星野：《国家总动员与言论限制——国家总动员法第二十二及第二十三条之研究》，《新认识》1942年第5卷第5期，第23-26页。

③ 马星野：《自由主义新闻事业之没落》，《新政治》1939年第3卷第1期，第135页。

④ 马星野、李荆荪：《ABC三国出版自由之比较研究》，《中国新闻学会年刊》1942年第1卷，第30-31页。

这实际上是反映出了马星野开始对新闻言论出版自由与新闻事业社会责任之间关系进行思考，并得出了“自由”与“责任”必须相互辅助，缺一不可的结论。由此，马星野“社会责任”与“新闻自由”“一体两翼”思想基本形成。经过上述三个阶段的发展，马星野新闻自由与社会责任思想的内容和主旨由最早单纯的以“自由为目的”，逐步的转化为“三民主义”框架内的“新闻自由”与“社会责任”并重，这也成为其后来更加成熟的以“社会责任”为核心，社会责任与新闻自由并重的新闻思想的雏形。

1944 年，美国新闻界开始发起新闻自由运动。随着国内国际形势的快速发展，国统区新闻界也在这股运动的影响下，掀起了争取新闻言论自由的大讨论。时为国民党“中宣部”新闻事业处处长，后为南京“中央日报”社社长的马星野被推到了这场大讨论的风口浪尖上。从 1944 年 2 月 6 日在南京“中央日报”发表《言论与诽谤》开始，到 1948 年 5 月发表“欧行通讯”之《丽日明湖谈自由》《新闻自由划界记》以及《四大自由》系列文章为止，马星野用了 5 年时间，以南京“中央日报”为主要阵地系统阐述了他的新闻自由与社会责任思想。1948 年 3 月 9 日，集马星野社会责任与新闻自由思想之大成的具有里程碑意义的重要著作《新闻自由论》由南京“中央日报”社出版印行。[①] 对于写作这本书的目的，马星野指出：

只算是我对新闻自由原则的宣扬，同我对于新闻道德的信心，留一点雪泥鸿爪。……世界和平，中国民主都有待于新闻自由原则之彻底贯彻，都有待于新闻记者的牺牲奋斗与努力，这本小书，只算是一个服膺于新闻自由理想的人底微弱呼声，却希望报界有

① 《新闻自由论》一书只有 11 篇文章，共 68 页。除了《中国新闻记者信条》(附英译)以外，其余 10 篇均为马星野 1944 年 9 月至 1948 年 1 月在重庆和南京的演讲纪录和专业文章。他们分别是：《新闻自由与世界和平》(重庆“中央日报”1944 年 9 月 24 日)、《新闻自由与中央通讯社》(1944 年 9 月在重庆“中央通讯社”演讲)、《到世界新闻自由之路》(1944 年 11 月在重庆“中央大学”演讲)、《美国报界之道德律》(重庆“中央日报”1945 年 3 月 29 日)、《现阶段之国际新闻自由运动》(重庆《扫荡报》1945 年 4 月 3 日)、《新闻事业与民主政治》(1946 年 1 月在南京记者公会演讲)、《世界新闻自由现状之研究》(南京“中央日报”报学双周刊 1946 年 6 月 24 日)、《出版自由论》(南京“中央日报”1946 年 7 月 8 日)、《新闻记者的共信与共勉》(“中央日报”1946 年 9 月 2 日)和《中国新闻事业展望》(1948 年 1 月在金陵大学演讲)。

宏大的空谷返响。①

至此，马星野以维护国民党统治秩序为目的，以"责任"为核心，"责任"与"自由"并重的社会责任与新闻自由思想完全形成。

(2) 马星野"社会责任"与"新闻自由"思想的主要内容。

一是新闻言论自由是民治的基石，民主政治的实现需要对新闻言论自由的尊重。马星野认为，民主政治与新闻自由是密不可分的，尊重舆论自由是中国道德律的重要组成部分，是实现民主政治的基本条件。

"因为报纸是民意的寄托物，所以报纸成为民主政治的基石，没有报纸，没有民治。报纸没有自由，任何民治的招牌，完全是虚伪的。""民主政治需要自由的新闻纸。……民主政治需要负责的新闻纸。……民主政治需要普及与民间之报纸。……民主政治之成败，在于新闻事业之成败，而新闻事业之成败，则取决于报纸的是否真正自由。""我们希望民治的基石稳固，我们希望民治的工具健全。新闻纸可使人民具备真知灼见，新闻纸可使人民的声音传布出来，人民的意志发挥出来的。我们新闻界愿意尽我们神圣的使命，……使民主政治永远巩固……"②

"中国政府有尊重舆论的传统，中国言论家有珍贵言论自由之传统，这两点已成为中国道德律之主要部分，这两点，也就是舆论政治成功的二大基本条件。"③

"自由独立的新闻事业，乃是民主政治的最好保障。……民主政治最主要的条件是使人民对于国家世界看得清楚，对于政府所作所为知道明白，这有待于新闻报道的正确。同时，民主政治下之人民，需要大众的意见有表达的机会，这有赖于确能反映民意的报纸，所以新闻事业的成功与失败可以决定民主政治的成功与失败。"④

---

① 马星野:《前言》，载《新闻自由论》，南京:"中央日报"社，1948 年。

② 马星野:《新闻自由与民主政治》，载《新闻自由论》，南京:"中央日报"社，1948 年，第 40 - 44 页。

③ 马星野:《舆论政治之历史基础》，重庆"中央日报"1945 年 9 月 15 日。

④ 马星野:《中国新闻事业展望》，载《新闻自由论》，南京:"中央日报"社，1948 年，第 67 - 68 页。

二是新闻言论出版自由不是绝对的，而应以“国家自由”为前提，本着法治精神，在法律和政策的框架内加以实现。马星野将新闻言论自由明确地限定在“国家自由”“现行法律”和“党的政策”三个维度构成的空间之中，认为只有符合这三个条件的新闻言论自由才是真正可行的。

“新闻事业是领导国家社会的事业，但是他不能超脱了国家社会一切条件的限制。”①“言论出版自由，决不是绝对的。为保障国家的自由与其他人的自由，个人的言论出版自由，要受法律之限制。而且，也只许正式法律来限制，不许法律以外的任何干涉。”②

“本党保障言论自由地政策是一贯的，但此所指之言论自由，乃法律范围以内的，国家自由前提下的言论自由。”③“出版自由之有无保障，决不能看宪法之规定如何，还要看人民之守法精神，与政府对于宪法重视之程度如何，若法治精神不能普及，则纵有法令，亦无裨益也。”④

马星野也提出了“政府”和“言论界”在“自由”与“责任”问题上各应持有的态度。

“要从速加强‘中宣部’之工作，使发挥其在战时之性能，扶助报业，积极教育民众之力量。”⑤“尊重舆论，爱惜舆论，是政府之责任。善用自由，保护自由，是言论界之责任。新闻检查废除之后，我们报人要发挥高度的自治自制的精神，……国家越重视言论，言论界的责任越严重，……善用自由的人，才有真正自由之可言。”⑥

① 马星野：《中国新闻事业展望》，载《新闻自由论》，南京：“中央日报”社，1948 年，第 67 页。

② 马星野：《言论与诽谤》，重庆“中央日报”1944 年 2 月 6 日。

③ 马星野：《由法律观点研究言论自由》，《文化先锋》1944 年第 3 卷第 22 期，第 12 页。该文为 1944 年 5 月 25 日马星野在第六十二次文化讲座上的讲演稿。重庆“中央日报”于次日以“言论自由固甚必要，但需自负法律责任”为题登载其摘要。

④ 马星野：《出版自由论》，南京“中央日报”1946 年 7 月 8 日。

⑤ 马星野：《现阶段之国际新闻自由运动》，载《新闻自由论》，南京：“中央日报”社，1948 年，第 36 页。

⑥ 马星野：《舆论政治之历史基础》，重庆“中央日报”1945 年 9 月 15 日。

三是要珍惜和尊重源于中国传统并符合中国"国情"的新闻言论自由模式。[①]马星野认为：

中国所以有四千年的文化正因为我们国家有四千年的言论自由之传统。……这个事先的新闻检查制度，乃是十六十七世纪欧洲宗教势力帝王势力所产生，而与中国传统精神不符合的。我们赞成新闻自由言论自由，也正因为其主张与我们先圣先贤所主张相一致。……我们值得重视的，是中国四千年来一贯的民本主义精神，……如果我们一笔抹煞，以为新闻自由，言论自由都是舶来品，这个荒漠如何能种植新的花果。我们要爱惜自己的珍贵历史传统，发挥言论界传统的不为威胁，不受利诱，勇敢真实的精神。[②]

对于马星野这一观点，陈旭麓、熊月之也有类似的看法："中国古代虽无民主制度，却有丰富的反对专制主义的思想，诸如民本思想、重民思想、平等思想、分权思想等等，……它们既不是近代意义的民主思想，与近代民主思想却不无灵犀相通之处。"[③]"中国近代民主思想的产生，就思想来源而言，主要有两个，一个是西方近代资产阶级民主思想，另一个就是中国古代反对封建专制主义的思想。"[④]马星野在当时提出中国言论自由传统论，实际上是否定了新闻言论自由思想源于西方，以及中国新闻言论自由必须依照西方模式才能实现的观点，并为国民党所力主的符合中国传统文化"意识形态主流"的"中国式"新闻言论自由的实现方式的"合理性"提供历史依据。

四是新闻与言论自由的落实有赖于新闻事业（新闻人）专业水准的提高和对职业价值的追求：

时代的潮流是走向自由之大路，我们中国新闻界，自然愿意向这

① 这个观点，马星野其实在1942年的《ABC三国出版自由之比较研究》中即有简短表述："惟中国古代，并无出版品检查，印刷业特许等制度。官家私家，均可刻书流行，与英国十六世纪情形略有不同。"由此可见马星野新闻思想的连续性和一致性。参见马星野、李荆荪：《ABC三国出版自由之比较研究》，"中国新闻学会"年刊1942年第1卷，第22页。

② 马星野：《中国言论界的自由传统》，重庆"中央日报"1945年3月31日。

③ 陈旭麓：《序言》，载熊月之：《中国近代民主思想史》，上海：上海人民出版社，1986年，第4页。

④ 熊月之：《中国近代民主思想史》，上海：上海人民出版社，1986年，第29页。

个目标努力，取得新闻自由，并以极负责任的态度，善用这个自由。①

在具体方法上，他提出了“经济独立”“普及报业”“培养人才”“严密组织”“执行纪律”五个建议。

> “中国报纸要同津贴分离，经济之独立是自由的第一条件。”②“以经济之独立保证言论之独立，以财政之自由保证新闻之自由，不受津贴，也不受支配。”③
>
> “最根本的，还是国内报纸在数量与质量之改变。……报人之训练，亦为今日之要图，……新时代需要新报人，我们要有充分现代知识，有国家观念，同时有世界意识，忠于事业，爱真理，重正义，好自由的记者，不畏威胁，不受利诱，牺牲一切以求真理的新记者，来参加新闻前线工作，使在新闻自由之时代，中国不会被人忘记，被人误解，被人轻视。”④
>
> “我们要使我们神圣之职业名副其实，提高我们职业之水准。……我们要提倡新闻教育以培养新人才。我们要严密新闻界的组织，以执行我们职业的纪律。”⑤

以上内容就是马星野所认为的新闻事业和新闻人为争取新闻自由而应尽的责任和努力的方向。

(3) 马星野“社会责任”与“新闻自由”思想的特点。

一是高度重视新闻事业(新闻人)的社会责任。马星野始终强调，新闻言论自由不是绝对的，而是必须负有责任的。尽管新闻事业(新闻人)和国家(政府)在实现新闻自由这一主张的过程中担负的责任和履行责任的方法各不相

① 马星野：《世界新闻自由现状之研究》，南京“中央日报”报学双周刊1946年6月24日。

② 马星野：《现阶段之国际新闻自由运动》，载《新闻自由论》，南京：“中央日报”社，1948年，第37页。

③ 马星野：《中国新闻事业展望》，载《新闻自由论》，南京：“中央日报”社，1948年，第67－68页。

④ 马星野：《到世界新闻自由之路》，载《新闻自由论》，南京：“中央日报”社，1948年，第20页。

⑤ 马星野：《新时代与新报人》，重庆“中央日报”1944年9月2日。

同，但“责任意识”对于两者而言却是同样重要的，而“善尽责任”则是新闻自由能够得以实施的重要前提和保证。

二是十分认同新闻言论自由的价值。马星野强调新闻言论自由是民主政治的基础，是民治的条件和保障。他将新闻自由的地位和价值上升到关乎民主政治成败的高度上，足见其作为专业主义新闻人的新闻自由价值观。

三是其最终目标是维护国民党统治秩序和建设成果。对于中国新闻言论自由传统的阐述实质上是马星野试图找寻中国传统文化主流意识与国民党新闻统制理念之间的契合，并以此说明“中国式”新闻自由理念的“正当性”和“合理性”，从而维护国民党的新闻统治秩序；他强调新闻言论自由必须与“国家发展同步”，必须在“国家自由”的前提下，本着“法治精神”，以“法律”甚至是“党的政策”为依据加以实现，而在国民党“以党治国”的独裁统治下，“国家”“法律”“法治”“政策”实际上都是国民党蒋介石集团的“代名词”和“卫护士”。这是马星野社会责任与新闻自由思想中国民党体制内新闻人思维和价值观的必然体现。

（二）主要特征

这一时期，作为国民党体制内专业新闻人，马星野的新闻思想表现出侧重于“国家民族至上”、“责任至上”，辅以专业主义精神和方法的“三民主义”新闻思想特征。这主要表现在三个方面。

1. 全面化

这一时期马星野的新闻思想几乎探讨了新闻事业的全部内容：既包括了各种新闻媒体，也包括了各类新闻人；既包括了新闻的专业技巧，也包括了道德观、价值观；既包括了国民党和政府的新闻政策，也包括了新闻业务；既包括了相关的物质条件，也包括了伦理道德和精神；既包括了新闻自由，也包括了社会责任；既包括了战时，也包括了平时；既包括了国内，也包括了国际；既包括了历史，也包括了现实和未来，全画幅、大景深式地向我们展示马星野全面、独到而深刻的新闻思想内容。

2. 体制化

这一时期，随着马星野个人在国民党体制内新闻事业中的实践不断丰富，其对于国民党体制内身份的认同也在不断加深。他的新闻思想受此影响，也在从早期的更加偏向于具有西方新闻专业主义色彩向具有更加浓厚的“三民主义”政治色彩转变。无论是在其国家新闻政策思想、新闻事业指导思想，还是新闻记者职业道德与行为准则思想、新闻自由与社会责任思想中，我们都可以清晰地看到“国家主义”“三民主义”决定性地位的清晰反映。无论是新闻事业的发展、新闻人的言行操守，以及新闻言论自由等，都必须要服从于“国家利益”，接受“三民主义”指导。这是马星野新闻思想由“专业化”向“体制化”的转变。这也是他这一时期新闻思想的局限性所在。

3. 实践化

同样，随着马星野从事新闻业务实践的范围不断扩大，层次不断变化，程度开始不断加深，其新闻思想也开始有早期更加偏重于“理论”向更加偏重于“实践”转变。思想来源于实践，并指导实践。因此，马星野这一时期更多考虑的是他在业务实践，包括管理实践中所遇到的问题，从而使其新闻思想表现得更加务实，更加贴近中国新闻事业发展实际，更加契合国民党新闻事业发展需要。然而，对于一个专业的新闻人而言，理论与实践的结合，仅仅靠政治热情是无法实现的。将实践经验上升到理论思想，并以理论指导实践，必然要依靠专业的素质和做法，因此，这一时期，马星野在履行国民党体制内新闻人职责的同时，在具体实践中依然紧握着专业主义这一工具，这就使得他的新闻思想在由实践而来，并指导实践的过程中依然呈现出一定的专业主义色彩。

三、延拓期：“蒋介石言论”精神下阐释的现代大众传播思想

1948 年后，马星野的新闻思想起伏和发展于他无法控制的时代环境变迁、国民党统治政策转变与个人人事处境变化中。这一时期，他的新闻思想呈现出“双凸显”的新态势，即随着“两蒋”在台湾地区的威权统治形成高压下的“稳定”，他的新闻思想通过“蒋介石言论”式的表达而使得其“体制内”特征表现得更加明显；同时，随着传统的新闻事业向大众传播事业的转型发展，他的新闻思想中的专业素质部分，尤其是对现代大众传播理论的探索和实践也得到强化。

（一）主要内容

1. 重新构建的“三民主义”指导下的新闻事业思想

在“两蒋”威权统治下，马星野新闻事业思想中的“三民主义”政治色彩在1950 年后更加显著。出于保护自身在体制内既得利益与资源的目的，马星野

甚至长期主动以“蒋介石言论”式的表达方式继续阐述自己对于新闻事业的专业看法，构建起一个有别于1939年的新的“三民主义”指导下的新闻事业思想体系。

(1) 蒋介石“三民主义新闻言论”具有更加显著的指导作用。

在1956年2月发表的《总裁所期望于党报的是什么?》一文中，马星野主要是通过引用蒋介石1940年在政校的两次讲演内容，首次全面运用蒋介石新闻言论的表达方式来强其指导地位，以及“忠诚”于国民党蒋介石统治对于国民党体制内新闻事业和新闻人的必要性和决定性。

> 报纸成功之主要因素，在于人而不在于物；而最基本，最有决定性的因素，则为一个“忠”字，我之所谓忠，是广义的忠，内容包括：一、忠于职务，二、忠于新闻事业，三、忠于主义和理想，四、忠于国家和领袖，五、忠于真理和正义，六、忠于读者和一般国民。①

在这里，马星野已经明确将1939年著述中比较笼统的“三民主义”概念明确界定为蒋介石的“三民主义”，将“三民主义”新闻事业理论纳入蒋介石的思想体系之中，并强调了“忠诚”这一方向和原则问题。这一时期，马星野对于“三民主义”和新闻事业关系的论述，除了强调遵从“总裁意志”的政治“绝对性”以外，开始在新闻思想上由侧重探讨“三民主义”对新闻事业的影响转变为偏重对“三民主义”指导下的新闻事业本身发展规律的探讨，这直接影响到了他的新的“三民主义”新闻思想的定型。

(2)“三民主义”新闻事业思想在主体与内容上发生转型。

1972年以后，马星野的“三民主义”新闻事业思想与之前相比有了很大发展，最主要的是表现在他明确而完整地搭建了新的“三民主义”新闻事业思想架构。这主要表现在《“三民主义”新闻政策讲述大纲》等作品中。②

1975年4月22日上午，时任“中央社”董事长的马星野应邀在台北国民党“革命实践研究院”作演讲。从该演讲的《大纲》中可以清晰地看到马星

① 马星野:《自由报业的继往开来》，台北“中华日报”1966年2月20日，《马星野档案》099-01-02-02-073，台北“中研院”近史所档案馆藏。

② 《三民主义新闻政策讲述大纲》由马星野手书，其具体的演讲时间只是记载为“四月二十二日(星期二)”。根据原文中马星野所作的小标注以及大纲书写用纸，这篇文稿应该写作于马星野任“中央通讯社”董事长期间，即1973—1985年间。

野新的“三民主义”新闻事业理论的宏观结构和内容梗概。这主要分为四个部分：

> (一) 三民主义新闻政策之基本目标：(1) 国家民族利益之维护；(2) 新闻自由与新闻责任之兼顾；(3) 普及大众传播与保障大众利益；(4) 三民主义新闻政策与自由主义及极权主义之异点。(二) 三民主义新闻政策之应有标准：(1) 新闻正确性之标准；(2) 言论公正性之标准；(3) 文艺副刊及知识性文字与真善美标准；(4) 广告之应有限制。(三) 三民主义新闻工作者之修养：(1) 就知识与技能上观察；(2) 就道德品行上观察；(3) 就志节与决心上观察。(四) 三民主义新闻政策之有关问题：(1) 报纸及篇幅之限制问题；(2) 公营与私营之并存问题；(3) 新闻之尺度问题；(4) 新闻记者之自律问题；(5) 结语。①

从《大纲》的内容我们可以看出，马星野在这一时期对于“三民主义”新闻事业这一概念的界定和内容表述，较之1939年的《三民主义的新闻事业》已经发生了很大变化。这个变化主要体现在两个方面：一是主体的变化。马星野在1975年的表述中将着眼点由“三民主义”转移到了“新闻事业”之上。也就是说，1939年马星野主要探讨的是“三民主义”对“新闻事业”发展的影响，是“三民主义”中的“新闻事业”；而1975年马星野探讨的是“新闻事业”自己应该和能够怎样做，才能符合和体现“三民主义”的要求，是“新闻事业”中的“三民主义”。在演讲之后的整理稿中，文章的标题已由“看三民主义新闻政策”改为了“论新闻事业”。这也就非常明确地表示了马星野的“三民主义”新闻事业思想更多的是从“三民主义”与新闻事业本体论相结合的角度来进行思考和论述。二是内容的变化。马星野在1939年的论述中是按照三个部分，即“民族主义”“民权主义”“民生主义”来分别论述它们与新闻事业的关系，重点讨论的是“三民主义”之于新闻事业的价值问题；而在1975年的论述中，马星野却是从新闻事业的“目标”“标准”“要求”等方面来探讨符合“三民主义”的新闻事业本身的价值问题。

上述两个变化显示出了马星野在对新闻事业与“三民主义”的思考过程中

---

① 马星野：《三民主义新闻政策讲述大纲》(1975年4月22日)，手稿，《马星野档案》099-01-02-01-044，台北“中研院”近史所档案馆藏。

发生的研究对象的主客体的变化。在1939年的探讨中，马星野始终将“新闻事业”作为一个被动的客体，强调其是要在“三民主义”这个主体的影响和推动下发展；而在1975年的讨论中，马星野认为“新闻事业”本身就应该是一个“主体”，它的发展必须要在“新闻事业”本身依据“三民主义”的标准和新闻事业客观规律进行自我完善和改进的过程进行，并在推动自身发展的同时，推动作为客体的“社会”发展，从而为实现“三民主义”社会的理想做出贡献。也就是说，在这个1975年的讨论中，马星野倾向于将“三民主义”仅仅作为一个政治指导思想，而更加关注于新闻本体论对于新闻事业进行解构和诠释，从而重新构建一个新闻事业不断寻求自身发展，并在发展过程中推动“三民主义”社会前进的完整的本体论体系。

“三民主义”新闻事业思想是国民党体制内新闻人马星野新闻思想的指导纲领和核心关键，是其在政治性方面的充分表现，具有政治导向作用。马星野在1975年对于“三民主义”指导下的新闻事业的本体论阐述，在政治导向上是与1939年、1956年的观点一脉相承的。然而值得注意的是，在对于新闻事业本质的理解和内容的诠释上则更加深刻和专业。时代在变化，马星野的政治主张并没有本质变化，这与他一直处于国民党体制之内密不可分；然而，他对于新闻事业本质的理解和探讨，却在不断完善和升华，这与他作为一个新闻人长期的实践和始终秉持的专业主义精神息息相关。在马星野完整阐述他的“三民主义”新闻事业观后，台湾学者开始关注这个问题的研究。比如政治大学的李瞻在其1978年完成的《“三民主义”新闻政策之研究》一书中系统阐述了“三民主义”新闻政策的主旨与内容，其研究的对象也非常明确地指向了新闻事业本体而非“三民主义”本身。① 他同时指出：“建立‘三民主义’新闻政策，就是使新闻事业制度化、法制化与民主化。”②

2. 强调新闻事业应担负社会教育功能的思想

孙中山曾将报纸的功能定义为“教育社会，唤起民众”，而蒋介石也曾明确指出：“新闻记者，不可比于普通职业。以其任务，相当于教育。以新闻事业比之于教育，则国境以内皆为其教室，全国读者皆受其熏陶。”③作为国民党体制内新闻人，马星野即以此为依据，阐发了他有关于新闻事业的社会教育功能论。

① 李瞻：《“三民主义”新闻政策之研究》，台北：政治大学，1978年，第1－50页。
② 李瞻：《“中华民国”新闻政策之研究》，《新闻学研究》1985年10月第35期，第136页。
③ 《中国新闻学会今在渝开成立会》，《申报》1941年3月16日。

对此，马星野于1973年指出：

民主、繁荣与进步，大学与传播事业同负重责。……负责大众传播事业的人，必须了解国家当前的需要，与文化事业应有的目的；他本身的品德、学识和能力，要和这种需要与目的相配合。办报不是为着赚钱，也不是为着替广告商做宣传；经营电视事业，也不是仅仅为着供给低级趣味的娱乐，和一般商品的推销；而是为着增高人民的知识，鼓励人民的勇气，和沟通全国的意志，以民意来领导政府。因此，这些大众传播事业从业人员的品德人格，比他的技术与能力，还要重要。①

1980年10月15日，马星野在台北"中央日报"发表《新闻与教育》，系统阐述了他的"新闻的教育功能观"。他指出，"新闻"与"教育"是推动文化发展的两大力量：

人类的文化由一代传到另一代，文明的食粮由一个地方转到另一个地方就时间说，人类能一代比一代进步，不但保有文化之遗产，而且开拓文化的前途，就空间说，人类能克服一切空间的限制，使每一分子能够知道其他分子之所为、所说、所思想。达成这两大奇迹，是有赖于两种力量，一种是教育，另一种是新闻。教育与新闻是文化的两个飞轮，带着我们到更完美更进步的世界。负责教育的是一群教师，负责新闻的是新闻记者。②

马星野同时指出"新闻是教育的一部分"：

学校内的教育，也渗入了传播；而在学校以外所吸收的精神食粮，百分之九十是由新闻事业所供应的。……新闻实在是一种很好的补充教材，可以济教室与教科书之不足。……新闻与教育之基本

① 马星野：《大学教育与大众传播——在汉城汉阳大学接受博士学位致辞》(1973年2月24日)，打印稿，《马星野档案》099-01-02-01-002，台北"中研院"近史所档案馆藏。

② 马星野：《新闻与教育》，台北"中央日报"1980年10月15日，《马星野档案》099-01-02-02-073，台北"中研院"近史所档案馆藏。

不同点：大部分经营大众传播事业者，是以企业来经营，视新闻内容或电视节目为商品。大部分传播机构，看读者听众观众为顾客。因为有这个基本观点，新闻要求迎合最大多数人的口味，节目要制成最有高收视率的作品，使广告客户得到满足。这一点，任何低级的学校教育机构，都不会有这种动机。①

马星野就“新闻与教育的功能”“新闻记者与教育工作者的职责”作出如下论断：

第一、新闻事业的任务，是供应国民每日的精神食粮。这食粮，一定是有益精神健康的，要以读者听者与观众之本身利益为顾虑，而不能考虑商业上之要求与盈利上得失。第二、新闻记者要以教育工作者自居，也以教育者之品格为品格，……负起报道、评论、解释、与指引的任务，以增进民智，端正民俗，提高民德！第三、……教育目标，也便是新闻及传播工作者之目标，要配合学校教育，达成目标，辅助教育，而不可对教育起负的作用，戕害国民之精神健康。②

马星野将他对新闻的教育功能的认知与 20 世纪 80 年代前后台湾地区新闻与大众传播事业的发展状况相结合，不仅强调了“新闻即教育，记者即教师”的观点，并进一步从“任务”“品格”“目标”三个方面提出了具有大众教育功能的新闻事业的发展方向和原则。他认为，具有教育功能的新闻事业在教育大众过程中，所追求的理想和目标仍然是“三民主义”的文化。

新报业的理想是什么？先综括一句话：是建造新文化，是建造人类理想的文化，是建造‘三民主义’的文化。③

① 马星野：《新闻与教育》，台北“中央日报”1980 年 10 月 15 日，《马星野档案》099-01-02-02-073，台北“中研院”近史所档案馆藏。

② 马星野：《新闻与教育》，台北“中央日报”1980 年 10 月 15 日，《马星野档案》099-01-02-02-073，台北“中研院”近史所档案馆藏。

③ 马星野：《新报业与新文化》（1942 年 8 月 31 日），《文化先锋》1942 年第 1 卷第 3 期，第 4 页。

这就是马星野的新闻事业社会教育功能观的最终指向和诉求。

3. 强调大众传播对人类生活素质的改良影响重大的思想

随着现代大众传播事业的迅猛发展，作为国民党体制内新闻人的马星野敏锐地将自己的眼光和精力更多地投射到对现代大众传播事业本体的审视和发展规律的探讨上。马星野认为，大众传播与人类文明进步息息相关，对人类生活素质影响重大，而这种影响是关涉大众教育和社会教育的重要问题。

> “传播技术愈改进，文化的普及愈迅速，而人类的生活愈美满，文化的价值也愈提高。……大众传播改变了人类生活，带给人类以光明，也带给人类黑暗与痛苦，……大众传播对于人类生活，发生怎样的影响，是中外教育家所关心担心的。”“要改良‘生活素质’，大众传播是最大最普遍与最决定性的因素。不但生活素质，即是政治制度，社会结构，经济体系，都要由报章杂志，电视广播，作为先驱。”①

(1) 大众传播为人类生活素质的改良做出积极贡献的思想

马星野认为，大众传播对于人类生活素质改良的作用是通过“监视”“传知”“教育”“娱乐”四项功能加以实现的。

> 第一个贡献是发挥“监视”之功能。……使大众周知，使政府警觉，而采取措施。……第二个贡献是发挥“传知”的功能，把人民对于环境的意见，透过新闻与言论传播开来。……第三个贡献，是发挥他“教育”功能，……大众传播者要以教育工作者自居。……大众传播所发挥的教育作用，使生活素质提高，食、衣、住、行以至于精神生活、人际关系改进，起作用更大于各级学校。……第四个贡献，是满足“娱乐”与“消遣”的要求。……我们报纸、杂志、电视、广播，是娱乐的最重要来源。②

① 马星野:《大众传播对生活素质改变的责任》(1981 年 5 月 22 日)，手稿(正文)、打印稿(提纲)，《马星野档案》099 - 01- 02 - 01 - 013，台北“中研院”近史所档案馆藏。该演讲整理稿于分别 1981 年 5 月 23—24 日以《大众传播对人类生活之重大影响》为题连续两天在台北“中央日报”连载。

② 马星野:《大众传播对生活素质改变的责任》(1981 年 5 月 22 日)，手稿(正文)、打印稿(提纲)，《马星野档案》099 - 01- 02 - 01 - 013，台北“中研院”近史所档案馆藏。

在此，我们可以清楚地看到，马星野对现代大众传播功能的阐述与现代大众传播“传播信息”、“引导舆论”、“教育大众”、“提供娱乐”的四大功能定位有着惊人的相似与契合。

(2) 大众传播的“重量”“重利”“虚假和片面信息”对人类生活素质改良有着消极作用，但大众传播与工商业之间也是可以相互促进的思想。

马星野指出，大众传播之于人类生活素质的改良也有消极的一面，主要表现在“重量不重质”“重利不重教”“制造虚假和片面的信息”三个方面。

> 因为大众传播看重了“数量”而不看重“质量”，看重了广告收入与发行销数与电视收视率等，……不合社会教育宗旨，而迎合人民的低级兴趣。……大众传播污染了生活素质，因为他强调“暴力与色情”，使暴力性的节目侵入每个家庭，影响了儿童的习性，造成了社会不良的风气。
>
> 大众传播，把重要而有益的部分，尽量缩小，把激情低级娱乐的部分，尽量加多，而尤其是腾出篇幅与时间，供广告之用，以为赚钱的商品。……诸如此类，重“利”不重“教”之趋势，是十二分明显的。
>
> 第三种污染，是制造新闻，塑出假象，鱼目混珠，妨害了读者听众观众的智慧与心理。中国报纸有一个大毛病，是把广告作新闻方式刊出，……不但是违反了报业信条，也违反了公共道德。……此外，如为着有钱的少数人说话，保护少数者利益而不为“被忘记”的一群透露心声。只报道事端的一方面，而使对方的事实，不为社会所明了，都是大众传播事业为世诟病的。[①]

但与此同时，马星野并不否认大众传播与工商业发展，尤其是市场推销之间的相互推动作用，他指出，两者之间的目标应共同指向更好地为公众服务。“工商业与报业唇齿相依，有唇亡齿寒的关系。报业本以报道新闻、发挥民意、增加民智为主要任务，推销货品乃是其副作用。市场推销以推广商品为其主要任务，扶植大众传播事业为其副作用。两者相辅相成，互为助力。……两者

① 马星野：《大众传播对生活素质改变的责任》(1981 年 5 月 22 日)，手稿(正文)、打印稿(提纲)，《马星野档案》099－01－02－01－013，台北“中研院”近史所档案馆藏。

有如此密切的关系，其共同目标，则为对公众提供更好的服务。”①

(3) 大众传播本身应坚持“真”“善”“美”的原则，才能推动人类生活素质的改良的思想。

马星野认为，大众传播应以“真”、“善”、“美”为追求的价值标准和原则，即“新闻要真”“言论要善”“娱乐要美”。

> 大众传播是影响生活素质的最大力量，大众传播也是一个国家一个民族生活素质的指标，……大众传播普及之数量，为其经济开发与文化进步之明徵。……大众传播事业，本身要追求真、善、美，才能促进他们服务社会的生活素质向上。第一、是新闻要求真，要做人民之真正耳目喉舌，……因求真而得到人民之信任，这是最重要的。第二、是言论要求公正向善，确能做人民之喉舌，……符合公共利益，而不偏私不图利。一个有公道有是非的社会，才是素质高的社会，……第三、凡是消遣性的娱乐性的，都不违美善的原则，不失教育的作用。只有大众传播事业坚持“真”、“善”、“美”三大标准，……人类才有清洁健康的精神食粮，生活素质自然会提高了。②

(4) 外部因素对促进大众传播事业恪尽职守具有重要作用的思想。

大众传播事业恪尽职守和健康发展，不仅要依靠内部不断追求“真”“善”“美”，还需要强调“强化国家监管责任”“改良大众传播教育”、“推进社会集体监督”“加强新闻评议会功能”“杜绝不良广告”等五个外部因素的作用。

> 第一、大众生活素质的改善，是国家应负的责任，国家不能坐视大众传播事业，基于盈利之动机，而污染大众生活之素质。……第二、要有一群牺牲奉献，为大众传播事业尽瘁牺牲的工作者，……要做到这一点，我们大众传播教育便要切实改良，……第三、社会的集体监督，民众的集体制裁，是可以提高传播事业的素质的。……第四、加强新闻评议会的功能。新闻自律，是最民主的最合理的制

① 马星野：《大众传播与市场推销》，载《新闻与时代》，台北：云天出版社，1970 年，第 150 页。

② 马星野：《大众传播对生活素质改变的责任》(1981 年 5 月 22 日)，手稿(正文)、打印稿(提纲)，《马星野档案》099－01－02－01－013，台北“中研院”近史所档案馆藏。

度。……故加强评议会之功能，实为改进大众传播素质的必要途径。第五、杜绝不良广告，尤其是各报的小广告，其中包括了许多不可告人之事，对青年男女社会风气污染最大。……这种污染，是与“生活素质改良”背道而驰的。①

马星野运用现代大众传播理论，结合自身新闻业务实践，深入探讨了大众传播与社会互动关系，将大众传播的功能论、大众传播的“真”、“善”、“美”价值观、大众传播社会理论等非常专业的话题有机连贯融合起来。晚年的马星野，仍然站在新闻与大众传播理论和实践的前沿，以更加专业的理念，对自身丰富的业务实践经历和整个社会与时代中的大众传播事业的特点和规律进行缜密思考和充分总结，从而为其晚年的新闻思想添上了浓墨重彩的一笔。

4. “新速实简”是大众传播事业发展大趋势的思想

不仅对于大众传播事业的功能定位、价值追求与社会效果有专业严谨的研究和深入浅出的表述，马星野对于大众传播事业发展的趋势也有着深入的思考，而其思考的结果，是将现代大众传播事业发展的大趋势归结到了蒋介石对新闻事业所提之“新、速、实、简”四个字上。

(1) 大众传播应力求“科技创新”的思想。

马星野认为，大众传播应把握“新”这个共同趋势。这个“新”，既包括了新设备、新形式，也包括新内容、新思想。

自二次世界大战以来，有关大众传播的科学与技术，发展与研究。其进步真是一日千里，尤其是电脑或电子计算机的应用于大众传播，通信卫星之应用于新闻及图片之传送与发播，光学纤维与雷射技术之进展与运用，三者之互相配合，使大众传播事业，完全改变。……设备日新、形式又新、内容求新，乃是今日大众传播事业的第一个共同趋势。②

① 马星野：《大众传播对生活素质改变的责任》（1981年5月22日），手稿（正文）、打印稿（提纲），《马星野档案》099-01-02-01-013，台北“中研院”近史所档案馆藏。

② 马星野：《大众传播事业之新趋势》（1983年11月11日），打印稿，《马星野档案》099-01-02-01-024，台北“中研院”近史所档案馆藏。

(2) 大众传播须"求速求广"的思想。

对于"速"的问题，马星野提出：

不问是文字、声音、照片、图画，经过了微波的电路，尤其是用通信卫星收播用的无线电波，已经将传播时间缩短到近乎零。……大众传播，时间已变成无限短，空间已变成无限大，速度已变成无限高。……这都是利用新科学新技术，达成求速求广的共同趋势。①

(3) 大众传播应"求实求确"的思想。

对于"实"的问题，马星野认为：

利用资讯科学的发展，使不同兴趣不同职业的人，有其需要的材料可看可读，而每种资料，必为精确而求证，期望其千真万确，没有半点苟且虚伪。……由于国际资讯网的服务，更可向地球另一端，用电脑找到补充资料，以期确实性的确保，与资料之格外丰富。……重正确与重实际，是现代大学传播工作者的必要条件。……新闻教育如此，新闻事业之务实求确更不待言了。②

(4) 大众传播要"清洁简明"的思想。

对于"简"的把握，马星野认为：

读者……需要简简单单明明白白干干净净清清楚楚的读物。……华盛顿今日美国报，……一年之中即大大成功，即因为简单的写法，明净的编法，与没有黄色桃色，清清白白的内容。即是电视与杂志方面，也走清洁简明的路线了。③

"新、速、实、简"是马星野所总结的现代大众传播事业的四个新特点、新趋

---

① 马星野:《大众传播事业之新趋势》(1983 年 11 月 11 日)，打印稿，《马星野档案》099-01-02-01-024，台北"中研院"近史所档案馆藏。

② 马星野:《大众传播事业之新趋势》(1983 年 11 月 11 日)，打印稿，《马星野档案》099-01-02-01-024，台北"中研院"近史所档案馆藏。

③ 马星野:《大众传播事业之新趋势》(1983 年 11 月 11 日)，打印稿，《马星野档案》099-01-02-01-024，台北"中研院"近史所档案馆藏。

势。有一点值得注意。那就是尽管马星野关于现代大众传播的“新、速、实、简”是基于专业主义的实践判断和理论提升，但国民党体制内新闻人的本质特征使得他毫不意外，或是一如既往地将这个专业的观点归结到了蒋介石新闻理论的“纲线”上，以体现出他在专业正确之上的“政治正确”。

作为其晚年重要的新闻思想之一，马星野不厌其烦地从大众传播力的角度对“新、速、实、简”原则进行阐释。在1983年所撰写的《给青年记者——新闻采访应守什么原则》[①]中，他同样也强调了这个观念。对大众传播事业之新趋势和新特征的总结是马星野75岁时所做的思考，这既体现出了他以一个不落后于时代的专业新闻人的眼光将现代大众传播事业的新趋势、新特点准确展现在我们面前的与时俱进的一面；也一如既往地体现出了他作为国民党体制内新闻人对国民党意旨，尤其是蒋介石意旨无条件遵从的保守的一面。这种新闻专业上的前瞻性与政治理念上的保守性并存的现象是马星野新闻思想一个重要而明显的特征。

5. 媒介融合是电子时代大众传播发展趋势的思想

1981年6月26日、27日，马星野连续两天在台北“中央日报”发表《论印刷的新闻——大众传播中“文字媒介”的观察与建言》。在这篇文章中，马星野以一个专业新闻学者和新闻工作者的敏锐眼光，紧跟时代步伐，对“电子时代”传统“印刷新闻”媒介的发展困境进行了准确分析，并前瞻性地指出了“媒介融合”的发展趋势，使之成为其新闻思想与时俱进的重要代表作。

(1) 以印刷为特征的传统媒介在电子时代大众传播格局下的发展困境分析。

马星野认为，以印刷为主要手段的传统媒介的进步主要表现“质量上之进步、劣报之淘汰”与“数量上之进步、销行之畅广”上，并指出了推动其进步的四点基本原因：

> 1. 工商业发达与经济增长；2. 教育文化之不断提高；3. 交通运输之空前发达；4. 新闻教育之作育人才。[②]

① 马星野:《给青年记者——新闻采访应守什么原则》(1983年12月)，载吉人编:《马星野先生纪念集》，台北:“中央日报”出版部，1992年，第233-240页。

② 马星野:《论印刷的新闻——大众传播中“文字媒介”的观察与建言》(1981年6月25日)，手稿(提纲)、打印稿(正文)，《马星野档案》099-01-02-02-055，台北“中研院”近史所档案馆藏。

同时,他也指出了传统媒介发展所面临的"现实性"和"趋势性"问题:一是业务迅速集中,导致各报力量差距巨大的问题;二是篇幅纸张限制,妨碍报业自由尽责发展的问题;三是报团形成,导致报业竞争过分商业化的问题;四是新闻自由掩盖新闻责任的问题;五是民营报纸比公营报纸更受重视的问题。马星野认为,这些问题的产生既源于传统媒介在发展过程中与时代的要求之不相符合,也源于时代特征对传统媒介发展的桎梏。

(2) 电子时代的媒体融合是必然趋势的思想

马星野在界定了大众传播两大媒体的类型:"印刷媒体"与"电子媒体"后,分析了这两者的缺点:"印刷新闻之缓慢与昂贵"与"电子新闻之不易保存",并在看似"不经意"间提出了一个即使在今天也是炙手可热的观点——"媒体必须融合"。他指出:

> 十九世纪是"印刷新闻"的世纪,力量非常之大。廿世纪却是"电子新闻"与"印刷新闻"分庭抗礼的世界,而且电视与广播已骎骎然侵入"印刷新闻"之领域。到了二十一世纪,我可以断言,是印刷新闻并入了电子新闻,……"印刷新闻"本与"电子新闻"有优劣得失之不同,将来合流,则只有优点,而无缺点。……在不久的将来,"印刷新闻"与"电子新闻"会合流为一,使我们视听阅报更为方便简单迅速。①

这个观点是马星野晚年最具有专业价值和水准的思想体现。它折射出的是一个具有高度专业水准、敏感媒介认知和丰富实践经验的新闻人所具有基于时代和现实,并超越时代和现实的活跃思想和准确预见。

这一时期,台海两岸的新闻事业都在与时俱进中飞速发展。1981 年的台湾社会,已经进入一个经济快速成长的时期,社会形态和政治特点已由蒋介石时代的"刚性威权"完全转入到了蒋经国时代的"柔性威权";而中国大陆也走出了十年"文革"的动乱,正以"解放思想,实事求是"的精神,如火如荼地推进着改革开放和现代化建设步伐。此时的马星野既准确看到了时代发展推动新闻事业发展的大好时机,也看到了新闻事业发展现实与他所坚持的新闻理念和新闻道德观、价值观之间的差异。在关于传统媒介和新媒介传播发展趋势

① 马星野:《论印刷的新闻——大众传播中"文字媒介"的观察与建言》(1981 年 6 月 25 日),手稿(提纲)、打印稿(正文),《马星野档案》099 - 01- 02 - 02 - 055,台北"中研院"近史所档案馆藏。

的认知上，马星野新闻思想体现了其先进的一面；然而在解决问题的对策上，他的新闻思想却留在了保守的阵营。他没有能够看清海峡两岸新闻文化交流即将发生的重大变化和发展趋势，仍然坚持着建立在两岸敌对观念之上的新闻事业思想。实际上，1990 年 11 月 22 日，也就是在马星野卸任“中央社”职务 5 年之后，“中央社”香港分社即与大陆“中新社”香港分社签订新闻供应合约，开启了两岸新闻社业务交流的序幕。①

6. 对大众传播的“煽色腥刺激”现象应予批判反思的思想

1983 年 2 月 28 日，马星野应邀在台湾艺文界春叙茶会上发表题为《读报观影罪言》的致辞，直言当时台湾岛内大众传播媒介的乱象，在台湾岛内引起轰动。3 月 5 日，国民党“文工会”特别将此发言文稿印制成单行本发放，并专函指出：“‘读报观影罪言’……指陈当前大众传播媒介之缺失，强调‘忧患意识’之重要，及大众传播界促进国家建设之责任，极具警世及惕厉作用。”②3 月 29 日，也就是在发表《读报观影罪言》一个月后，马星野在台北《青年战士报》发表《言犹在耳——从蒋公遗训论新闻道德》，同样采取他所常用的“蒋公语录”的形式，为“煽色腥刺激”(Sensational，即感官刺激)之“病症”开出了一剂以“加强‘三民主义’新闻道德”为“主药”的“药方”。

(1)“煽色腥刺激”现象是传媒道德堕落和社会责任缺失的体现。

马星野首先强调了“忧患意识”，亦即国民党在台湾的统治所受到的巨大的时代压力和面临的岌岌可危的社会局面，并将这个“忧患意识”的矛头直接指向了台湾地区大众传播界和文化界当时所盛行的追求“煽色腥刺激”风气：

> 打开天窗说亮话，我们文化界所表现的配合不上我们国家与时代所要求的。……醇酒与美人，是南宋偏安时代文学家们的追求目标，但是柳永之流，比起我们少数的文学家艺术家，是小巫见大巫了。……我们忧国忧民的文化领导者们，为什么使我们传播事业文化事业，堕落到这个地步？③

① “中央通讯社”编印：《“中央社”七十年》，台北：“中央通讯社”，1994 年，第 163 页。

② 《中国国民党中央委员会文化工作会函(七二文一字第〇〇四〇号)》(1983 年 3 月 5 日)，函件副本，《马星野档案》099－01－03－01－160，台北“中研院”近史所档案馆藏。

③ 马星野：《读报观影罪言》，台北“中央日报”1983 年 3 月 1 日，载吉人编：《马星野先生纪念集》，台北：“中央日报”出版部，1992 年，第 200－201 页。

他进而指出，不仅报纸杂志如此，台湾电视电影同样有着大量的诲淫诲盗内容在黄金时间播出，而且岛内学界也将色情与艺术混为一谈，对这种不良风气起到了推波助澜的作用。同时，马星野也批判了崇洋媚外，而有意冷落中国传统文化的风气：

> 大家看不起中国旧文化、旧文学、旧戏剧、旧绘画，而向美国的好莱坞、百老汇、"花花公子"、玛丽莲·梦露靠拢。我们大报或小报的副刊，一味向刺激、男女、剑侠、妖姬的方向努力。……"忘记了中国之忠孝仁爱信义和平八德也"。①

对于上述现象，马星野大声疾呼：

> 文化工作责任重大。我们文化已到了这步田地，为什么不替电视观众与他们的父母、祖父母们想一想。……我们现在没有皇帝，文化工作者即是无冕之王。我们如无忧患意识，长此荒唐下去，则将使陈隋烟月，与晋宋偏安之最后命运落在我们这一代身上了。②

(2) 解决"煽色腥刺激"问题的"良药"依然是"三民主义"的新闻道德和价值观。

马星野一如既往地认为，要根治"煽色腥刺激"这个大众传播之"病症"，就必须要整饬"堕落"的新闻道德与价值观，提倡"正确"的新闻道德和价值观。

他指出，大众传播界迫切要做的就是：

> 一、要以国家民族利益为至上。……二、真实之报道与公正之言论，为大众传播之灵魂。大众传播之使命，一为供应读者观众以国家社会每天发生之事实，二则表现真正之民意，为社会价值定公正之权

① 马星野：《读报观影罪言》，台北"中央日报"1983 年 3 月 1 日，载吉人编：《马星野先生纪念集》，台北："中央日报"出版部，1992 年，第 201 页。

② 马星野：《读报观影罪言》，台北"中央日报"1983 年 3 月 1 日，载吉人编：《马星野先生纪念集》，台北："中央日报"出版部，1992 年，第 203 页。

衡。如报道失实，或有意造谣，则为损害人民之耳目。若立论不公，恶意诽谤，则足使社会无是非善恶，颠倒黑白，无是非善恶之社会即为黑暗落后混乱之社会。……三、应彻底扫除诲淫诲盗之文艺、副刊、节目、图片，而使大众传播不致污染人心，腐化社会。……四、传播工作之从业员，道德品格重于一切。①

正如潘焕昆所言："他坚信，办一个成功的报纸，并不要靠以惊人之笔，渲染色情、暴力、犯罪，制造新闻哗众取宠的'煽色腥主义'；正确与平实的报道与言论，才是最可靠的办报方针。"②然而，时代潮流并不因马星野对于"蒋公言论"的坚守而有所却步；马星野对于"煽色腥刺激"现象的忧虑是及时和专业的，他所提出的从新闻道德与价值观层面入手纠正这种错误的思路也是正确的。然而，他在最后一步却依然保守地回到"蒋公言论"上寻找解决方法。这种保守性既源于他不符合新时代大众传播事业发展步调的惯性思维和路径依赖，也充分体现出了他的国民党体制内新闻人思想特征。

（二）主要特征

1. 超前性

这一时期，作为一个专业的新闻人，马星野以他敏锐的学术感知和对新闻事业发展规律的透彻了解，构筑起了一套完整的专业新闻思想体系。这个新闻思想体系的内容在某些方面甚至超越了他身处的那个时代。他开始审视新闻事业的本体价值并做出了详细的阐述；他准确把握了新闻事业向大众传播事业过渡的实质，指出了大众传播事业对人类社会和生活素质改变的重要影响，并对其中出现的问题进行了深刻的反思；他指出了电子时代传统媒介发展的困境以及媒介融合的必然趋势及其积极意义。这一切准确地反映出了马星野作为一个新闻人所具有的高素质的专业水准和超前眼光。

2. 保守性

这一时期，作为一个国民党体制内新闻人，马星野以他对蒋介石新闻事业

① 马星野：《言犹在耳——从蒋公遗训论新闻道德》（1983年3月26日），手稿，《马星野档案》099-01-02-02-045，台北"中研院"近史所档案馆藏。

② 潘焕昆：《经师人师永垂典范》（1991年3月28日），载吉人编：《马星野先生纪念集》，台北："中央日报"出版部，1992年，第93页。

理论的了解和对身处环境的顺从，构建了一个同样完整的新的“三民主义”新闻事业思想体系。在这个体系中，马星野坚决地贯彻了蒋介石的意旨，运用“语录式”的语言方式阐述他的新闻道德和社会责任观；他顽固地坚持着两岸对立的政治主张，忽略了两岸交流发展，尤其是新闻事业交流发展的大趋势。这一切同样准确反映出了作为国民党体制内新闻人的马星野不可避免具有的对于国民党体制的保守的路径依赖和惯性思维。

3. 矛盾性

这一时期，作为一个专业的国民党体制内新闻人，马星野新闻思想中属于新闻人质素的那一部分，的确是非常专业；而属于无法绕过的意识形态的那一部分，却是陷入了保守。而这种专业的“超前”和体制内的“保守”在马星野的新闻思想中是同样明显的和共生的，而这种矛盾性也正是马星野新闻思想中最为重要的一个特点。马星野的新闻思想在产生并逐步走向成熟的过程中，这种矛盾性始终存在。而在这一时期，新闻与大众传播事业的迅速发展、时代大环境的急剧变化以及马星野个人新闻实践的深化和经历阅历的丰富，使他新闻思想的专业性和体制性都发展到了一个高峰，因此这种矛盾性就表现得尤为突出。

综合上述三个阶段而言，马星野新闻思想有两个关键概念：“三民主义”与西方新闻专业主义。其中，“三民主义”是政治导向；西方新闻专业主义是实用方法。整个马星野新闻思想，就是由这个二维框架融合而成的主线始终贯穿，并经过三个时期的发展而逐步成型。在这三个时期，马星野将自己的西方新闻专业理念、“三民主义”政治主张和毕生从事的国民党体制内新闻事业实践紧密结合在一起，从“西方化”“理论化”“体制外”到“全面化”“实践化”“体制化”，最终表现出“超前性”“保守性”“矛盾性”，从而最终凸显了其“三民主义”与专业主义并行的新闻思想特征。因此，马星野新闻思想的各个阶段和各个部分既是相对独立，又是紧密联系的，这其中有着本质的联系，形成交叉；又有着侧重点的差异，形成并行。这种新闻观点和理论的交叉并行，经过不断的协调、折冲、调整，最终织成了马星野新闻思想系统而庞大的体系网络。

然而，纵观马星野新闻思想体系，因为其具有鲜明的时代特点并随着时代的发展而发展，所以也同样具有鲜明的时代局限性。

首先，在政治上，这个时代局限性非常明显地表现在坚持“三民主义”政治导向的保守态度上。他的新闻人生涯基本上都是在国民党体制内，以国民党的政治路线为标准，为维护国民党的统治利益服务，他对于所谓“政治正确”的追求、坚持和彰显，既有“不得不”的无可奈何，更有着发自心底的认同。这一点在前文中已多次阐述，此处不再赘言。

其次，在专业上，这个时代局限性也是明显的。这主要体现在两点上：

一是尽管马星野将新闻事业的工具性以及工具性背后的指导思想和利益诉求表达的非常清楚，但是他却忽略了一个问题，就是“新闻的价值”与“新闻价值”是两个不同的概念。李良荣认为：“不能把新闻价值等同于新闻的价值。……新闻是有价值的，有政治价值、经济价值、社会价值、文化价值。但这是新闻的价值，而不是新闻价值。新闻价值考虑的仅仅是新闻是否能引起受众共同兴趣的问题，它并不考虑新闻的社会效果问题，比如鼓励作用、激励作用、教育作用等等。新闻的价值是由宣传价值和新闻法规这两个概念来解决。把新闻价值和新闻的价值混为一谈，实际上是把新闻价值和宣传价值混为一谈。……新闻定义无法概括新闻选择的标准。……不能用新闻价值一个概念囊括全部新闻工作。……不同层次不同要求的问题，不能简单地用一个标准去衡量。”[①]很显然，马星野新闻思想中所探讨的“新闻价值”方面的问题，其实质指向却是“新闻的价值”方面的问题。

二是马星野在其“新闻自由”与“社会责任”观点的表述中，将“政府”与“政党”，“施政”与“执政”的概念区分开，分别采取“可以批评”和“不能批评”的方针，即在“施政者”和“施政的行为”上可以批评，而对于“政权的所有者”和“统治秩序”是不能批评的。

当自由和责任不能在一个共同体上同时存在的时候，马星野试图以这种自由和责任指向不同对象的方式来解决自由和责任的并存问题。然而实际上，这两者是不可分的，在本质上是对等的，因此马星野的这种方式注定不能成功——这也就是马星野努力在自由与责任两者之间权衡，但往往以挫折收场的关键原因。

马星野新闻思想的发展路径和历史脉络与他在国民党体制内新闻职业实践和新闻人生涯是并行同步的——他的新闻人生涯深刻影响着新闻思想的走向和起伏，他在国民党体制内新闻实践的顺畅期和高峰期，也就是他的新闻思想发展的顺畅期和高峰期，反之亦然。这也是以马星野为代表的一类国民党体制内新闻人新闻思想共同具有的特征。

---

① 李良荣：《新闻学概论》，上海：复旦大学出版社，2010年，第315－318页。

小 结

马星野的新闻思想体系中的“三民主义”内容既来源于他所受的系统的“三民主义”教育，也来源于他在国民党体制内的新闻实践；专业主义内容既来源于他所受的西方新闻专业教育，也来自于世界新闻事业发展的阶段性成果。而“三民主义”与西方新闻专业主义这两个车轮，承载着马星野新闻思想走过了50余年的发展历程，其在马星野新闻人生涯道路上留下的“辙印”成为贯穿其新闻思想的主线。

没有什么人能够比思想的所有者更了解自己的思想。思想的所有者从亲身的实践中孕育出自己的观念，在付之于实践，并由此总结自己的得失，调整自己的想法，最终升华为思想——这个过程是任何旁人都无法替代和揣摩的。而思想者本人对于自己思想的总结和诠释，也是最准确和恰当的——即使有曲笔和误解，也是他的行为和思想的一部分，而不是不属于他而强加于他的臆断。因此，只有在分析了马星野新闻思想三个时期的主要内容和阶段性特征之后，马星野新闻思想的以“三民主义”为政治指导，以西方新闻专业主义为实用方法的思想主线和整体性才会跃然而出。

从20世纪30年代到80年代的50余年间，马星野的新闻思想从产生到定型，经历了一个既有坚持，也有发展的过程。随着马星野在国民党体制内新闻业务实践的不断丰富和深入，他对于新闻事业的思考也在不断继承和变化，深入和扩展，而实际上，这种继承变化和扬弃并不是主要体现于他对单纯的“三民主义”或是“专业主义”的理解有很大不同，而是在于他对这两者在新闻思想中的“分工和融合”方式的不断调整，也就是新闻思想的“侧重”会随着时代及个人境遇的变化而会有所不同，从而走出了一条“产生期偏重于西方理论指导下的专业主义新闻思想，发展期偏重于‘国家民族至上’的‘三民主义’新闻事业思想，延拓期偏重于在“蒋介石言论”精神下阐释现代大众传播思想”之路，通过“三民主义”与专业主义的“双凸显”，最终形成了一个完整的以“三民主义”为政治指导，以西方专业主义新闻理论为实践工具和方法的新闻思想体系。然而，这个新闻思想体系无论在政治方向上还是专业水准上，都有着鲜明的时代局限性。

我永久相信自由与责任是最好的两个支柱，是维持民主的两个堡垒。我永远反抗对新闻的压迫，也永远反抗滥用新闻的自由而做人们看不起的事。造谣欺骗，以报纸为制造自己财富与社会地位的手段，用色情犯罪的报道来推广报纸的销路，来争取广告的财源。我永远认为独立思想与公正态度是可敬爱的品质，我们要维护真理，宁牺牲而不屈服。我们勇敢如狮子与猛虎，为自由而奋斗；我们也坚定兀立，如密苏里校园中六根大石柱，岁月可以迁移，人可以老可以死，而六根石柱与两条石狮子却永远存在，做正义公理的守护神。①

这是马星野对于新闻事业的理想追求，然而，在他的新闻思想和新闻实践中，这个理想追求却没有，也不可能得到彻底的实现。理想和现实之间的差距是巨大的，而马星野所能做的只能是在现实的框架内，努力地向这个理想靠近，即使是在新闻思想的阐述中也只能如此。

① 马星野：《五十年前新闻学生的回顾》(1984 年)，手稿，《马星野档案》099-01-02-02-050，台北"中研院"近史所档案馆藏。

第五章　马星野新闻人个性风格研究

我希望我终身做新闻记者，即来生也能做新闻记者。我希望新闻记者值得社会之尊敬，与国家之信赖。

——马星野①

马星野在“中央日报”二十四周年纪念时对台北“中央日报”及其工作人员提出了三点希望，即做“更有益的言论机关”“更进步的新闻纸”和“比较接近于理想的报人”。这三点希望不仅是马星野代表的这一类型新闻人真实思想的写照，也是这一类型新闻人所共有的“马氏风格”特征。

第一节　中体西用与矛盾协调：“马氏风格”的内涵

作为国民党体制内新闻人代表之一的马星野，在其60年的新闻事业生涯中形成的个人风格，表现出三个比较明显的特征。

一、以“三民主义”为新闻人生涯的政治导向

马星野新闻人生涯最主要的特点之一，就是他首先是一个国民党体制内的新闻人。这一体制内身份既是他在自身新闻事业生涯中能有所作为的重要推手，也是他不能有更大发展空间的主要制约。

如前所述，马星野所认同和践行的“三民主义”并不是孙中山的三民主义，而是蒋介石的“三民主义”。这一点决定了马星野60余年新闻人生涯的基本

① 马星野：《五十年前新闻学生的回顾》(1984年)，手稿，《马星野档案》099-01-02-02-050，台北“中研院”近史所档案馆藏。

政治方向，并指导着他的新闻实践和新闻思想。政治方向决定着道路的选择；道路的选择，对于一个新闻人而言，既是一生中最重要的现实问题，也是一个新闻人在综合自己对于时代和社会现实的理解判断以及明确自身的理想期许之后所给出的答案。马星野坦言：

> "余自美国完成学业一阶段后，回国以来，十九年间，无论从事教育，主管新闻行政，或致力新闻事业，无一非党之命令，……余毕生愿致力之事为建立中国新的新闻事业。此为院长派余出国研究新闻事业之动机，亦院长数度召见之训示。……今后愿……加度努力，……使合于院长理想之新闻事业。"①

对于一个国民党体制内新闻人而言，在以威权"人治"为主要特征的社会政治环境中，能够博得最高统治者的认可与信任，是确保自己能够处于"政治的中心"，并获得最多"资源"的唯一方法。拥有国民党体制内的"资源"是马星野选择走国民党体制内新闻人这条道路的直接原因。而在这条道路上，当权力的拥有者蒋介石与权力的对象马星野处于一种"权力关系的不对称性"之中时，马星野只能"臣服"于蒋介石，并借此得以留在国民党体制内。他这样做是因应蒋介石在实际政治中行使"支配地位权力"的必然——马星野充当的只是个需要国民党体制内"资源"作为"酬劳"的幕僚而已。"担心失去这些酬劳，是僚属与掌权者结为一体的最后的和决定性的基础。"②因此，即使是在 1952 年离开"中央日报"而被"空放"的时期，马星野也仍然不敢有丝毫放松，而是继续努力工作。

托马斯・索维尔(Thomas Sowell)认为："态度，而不是原则，在引导知识分子的工作中发挥着更大更多的影响，特别是当那些态度蔓延于他的同侪之间并与外部世界重要反馈相隔绝时，就更能发挥影响。"③马星野这种方向性的态度以及在这种态度指导下的道路选择，从一个方面来说，的确使他在国民党体制内新闻事业中拥有了更多的资源；从另一个方面来说，也使马星野的新闻人生涯发展空间，或者说是"自由度"受到了很大的局限。在"服从"的前提

---

① 马星野：《自述》(1952 年 4 月 12 日)，手稿，《马星野档案》099－01－01－01－001，台北"中研院"近史所档案馆藏。

② ［德］马克斯・韦伯：《学术与政治》，冯克利译，北京：三联书店，1999 年，第 58 页。

③ ［美］托马斯・索维尔：《知识分子与社会》，张亚月、梁兴国译，北京：中信出版社，2013 年，第 129 页。

下，马星野的所思、所言、所行被这种国民党体制和蒋介石要求所限定，只能也必须在这条道路上按照安排好的路线行进——这就使得马星野在很大程度上失去了发挥个人主动性的自由。事实证明，在国民党体制内新闻事业道路上，马星野在边缘与核心之间的运动，或者我们将之称为“挫折”与“成功”的经历，并不是他个人业务能力的变化所致，而恰恰是由他个人“自由度”的发挥与这条道路的实际需求之间契合的状况而定——“道路”宽阔一点，他个人的“自由度”发挥就可以多一点；反之，就少一点。而这个原则如果没有把握好，那么他所能面对的就只能是现实的挫折和内心的苦闷。表面上的“个人存在”的弱化正是实质上的“个人在群体中存在”的强化。他必须通过这种方式承担起维护国民党蒋介石威权统治的“政治使命”，从而维护他在国民党体制内新闻事业中的既得“资源”与利益。

20 世纪 70 年代以后，台湾地区的国民党统治环境开始由蒋介石的“硬性”威权转为蒋经国的“柔性”威权，台湾地区面临的大环境发生了许多前所未有的变化。“台湾由于主观与客观多元因素的影响，仿佛处于这一重大变局的漩涡中心地带。这也正是蒋经国必须面对的空前挑战，在时代、环境、潮流三者都在急变之秋，他究竟如何为台湾生存和发展领航。……他似乎一直在思考如何求新求变，面对大的方向与最重要的目标，必须要有先后顺序，并分别轻重缓急。”①然而，面对这种大环境的改变，对蒋介石统治风格和统治策略已经形成路径依赖的马星野却没有能够及时领会和适应，他的思想和言行仍然留在蒋介石时代“硬性威权统治”的阴影中。而这种“不改变”的态度，即使是在国民党体制内也逐渐被认为是一种保守的态度。实际上，这种保守的态度不仅是马星野新闻人生涯最大的局限，也是他在 1985 年彻底离开国民党体制内新闻事业圈的根本原因之一。这是他晚年新闻思想的政治部分更加趋于保守的必然结果。

二、以西方新闻专业主义理论为新闻人生涯的实践方法

马星野无疑是这一时期具有西方新闻专业主义精神的国民党体制内新闻人的代表。1931 年，他在密苏里大学新闻学院直接接触到在当时最为先进的西方新闻专业教育以及最流行的新闻专业主义思想，并由此看到了新

① 楚崧秋口述，吕芳上、黄克武访问，王景玲记录：《览尽沧桑八十年：楚崧秋先生访问纪要》，《“中研院”近史所口述历史丛书》(78)，台北：“中研院”近史所，2002 年，第 271 页。

闻专业主义思想在西方新闻事业中的重大意义和作用，看到了作为专业和职业的西方新闻事业与中国传统的文人"办报论政"的不同。他认为：

> "新闻事业"观念的确立与推广，至为重要，因为现在社会逐渐现代化，工商百业发达，'书生论政'的办报时代已成过去，新闻是事业，更是一种企业，以企业化的经营，才能促进新闻事业的发展。[①]

以西方新闻专业主义思想为方法进行新闻业务实践对于作为专业新闻人的马星野来说，是一个"应该"和"自愿"的必然选择。晚年的马星野充满感情地强调："把我烧成了灰，还是一个新闻记者。"[②]政大新闻系朱立先生回忆，尽管马星野对属下和学生们爱护有加，但"如果有新闻记者或编辑不依新闻专业报道，马老师也绝不护短。"[③]当他发现自己的得意门生，同时也是时任台北"中央日报"副总编辑的薛心镕在其担任主编的《大华晚报》上刊登多了"社会新闻"而让该报的格调显得有些"低下"，有违专业水准时，他也毫不留情地批评薛心镕："你去编华报好了！"[④]这是他作为一个专业的新闻人所具有的职业理想和专业素质的最直接的体现，也是他个人在国民党体制内新闻事业和新闻人群体中最具指标性的特征。

在马星野的国民党体制内新闻事业实践中，我们始终可以看到他对于西方新闻专业主义理念的坚守和运用——他是"密苏里新闻帮"在中国的代表人物之一，并成为第三位获得"密苏里荣誉奖"的中国新闻人；他在新闻教育实践中倡导和运用密苏里新闻教育模式和理念，打造了具有典型专业主义色彩的民国新闻教育的"政校模式"；他在新闻业务实践中努力以专业的态度和做法推动国民党体制内新闻事业的改革，包括在南京《中央日报》所推行的"中央与日报并重方针""报纸杂志化运动""党营新闻事业的企业化经营改革"，在"中央社"推行的"专栏通讯""新传播技术的使用"与"新业务

---

① 陈裕清：《既开风气又为师》，载吉人编：《马星野先生纪念集》，台北："中央日报"出版部，1992 年，第 63 页。

② 杨倩蓉：《马星野老师——新闻教育拓荒者》，载政治大学传播学院编：《提灯照路的人：政大新闻系 75 年典范人物》，台北：政治大学传播学院，2010 年，第 1 页。

③ 朱立：《月涌大江流》，载黄肇珩、吴德里、马大安编：《星垂平野阔 · 推荐文》（电子书），台北：义美联合商务有限公司，2014 年，第 4－5 页。

④ "华报"即《大华晚报》。参见薛心镕：《马先生给我的几封信》，台北：访问纪要（未刊稿），2013 年 7 月。

的拓展”等;他在新闻行政管理中艰难平衡的新闻言论自由“尺度”,并始终强调“新闻自由”与“社会责任”的不可分割,秉持的“负责而自由”的新闻界理念等等,都具有鲜明的西方新闻专业主义思想特征。马星野新闻实践新闻思想中的西方新闻专业主义特征尽管是以严格遵循“三民主义”为前提的,但其在国民党“两蒋”威权统治的氛围中,对于中国新闻实践和新闻思想的发展还是具有一定的推动意义的。

20世纪后半期,随着新闻专业主义核心思想受到新闻(大众传播)新实践和新理论的冲击和批评。“客观性原则”因其本身能否保证新闻报道的客观性这一问题而受到诟病。而对于新闻自由和社会责任论这一概念,因现实中政治力量与市场力量双重压制的影响,也产生了不同意见:“新闻业的职业特性决定了它在运作中要受到来自不同方面力量的制约,各种力量交锋的结果往往会是新闻业以直接或间接地牺牲公众利益来达到自身利益的最大化。”“社会责任论将受众自由的希望寄托于媒介自身,媒介虽然建立了一套自律机制试图达到这种期望,但是由于媒介的现实运行模式本身与‘公共服务’的不可调和性,导致了受众自由陷入危险的境地,而这也反映了新闻专业主义的现实困境。”①

然而,当新闻专业主义思想陷入现实困境之时,马星野却没有能够跟上理论变化发展的步伐。他仍然坚持着“三民主义”框架内的“传统”的新闻专业主义思想,尽管他在《读报观影罪言》中一再强调了媒体和媒体人应对受众具有的社会责任,但他还是把解决“受众自由”问题的希望落脚在媒体和媒体人的自律之上,而忽略了媒介现实的商业经营运行模式本身与“公共服务”的不可调和性。他认为媒介和媒介人应对政治和经济双重制约的方法,依然是基于符合行业内公认的实践方式和道德规范的“自律”。而现实是,当生存成为是第一要素之时,既是自律的主体又是利益主体的媒体和媒体人往往会将主观上的“自律”所导致的“公共利益”放在其“生存”所必需的客观的“自身利益”之后,通过忽略新闻专业主义所要求的“自律”,牺牲“公众利益”来达到“自身利益”的最大化。马星野没有能够看到“自律”在现实压力中的脆弱性,而仍然在一味地强调这种“自律”是解决“公共利益”与媒介(媒介人)“自身利益”的矛盾的唯一方法,仍然片面强调媒体和媒介人的“社会教育者”的角色担当,而忽略了现实中媒体与媒介人面临的越来越大的竞争与生存压力,显然是不切实际的。

任何理论都应该是与时俱进的,在某一时期是合理和先进的理论,随着现

① 李良荣:《当代西方新闻媒体》,上海:复旦大学出版社,2010年,第139-141页。

实的变化，如果不能适时加以改进、充实和提高，就会成为一种保守而不合时宜的理论，成为时代发展的羁绊。对于马星野而言，他既没有能够看到西方新闻专业主义理论出现的内在合理性的问题，也没有能够对出了问题的新闻专业主义思想做进一步反思，从而无法更加准确地研判和解答新时代大众传播事业出现的种种弊端和问题。这是他晚年新闻思想的专业主义部分趋于保守的重要表现和结果。

三、以中国传统儒家精神为新闻人生涯的价值核心

作为中国文化主干的儒家思想对中国知识分子产生了深刻影响。"中国文化的主干是儒家，儒家本身也在变化，所以它有多种含义：一个是相对于墨、法、佛、道来说的儒，另一个则相当于中国文化的主体，用它来形容、构述代表这个主体，好像说孔子是中国文化的象征一样。中国的士大夫知识分子基本上都是儒家教育出身，他们基本上都有对国家、民族的深切关怀，这就是儒家精神，就是道德。他们以及整个社会所遵循的价值规范行为标准，基本上也来自儒家的人伦秩序，在这个含义上使用'儒家传统'、'儒家精神'，含义显然远为广泛。"[①]马星野无疑是近代中国传统儒家知识分子群体中的一员。他的家世渊源以及所受的中国传统文化熏陶和所处的社会环境使他在精神上呈现出典型的中国传统儒家人文情怀和价值追求特征。

（一）兼济天下，舍我其谁的"家国情怀"

这是中国传统儒家精神的核心价值观。马星野一生以强烈的民族主义色彩表达着对国家民族的深切关怀。马星野自述：

> 余受祖父莲屏公思想之影响甚大，彼为一严格主义之儒学者，……及在中学时代，余极好史地二科，因之民族观念至为强烈。……余主编之各刊物，则尽力鼓吹民族主义。[②]

---

① 李泽厚：《"五四"与中国文化讨论的迷思》，载林毓生等：《五四：多元的反思》，香港：三联书店（香港）有限公司，1989 年，257－258 页。

② 马星野：《自述》（1952 年 4 月 12 日），手稿，《马星野档案》099－01－01－01－001，台北"中研院"近史所档案馆藏。

青少年时代的马星野以杜甫诗句中的"星野"二字作为自己的笔名,抒发的就是像杜甫一样的"家国情怀";在此后一生中,他强调的最多的是"国家民族利益至上"的思想,并通过"报人报国"的方式实现着对国家民族的关切。20世纪30年代,他在为政校新闻学系撰写的系歌中提出了"新闻记者责任重,立德立言又立功"的新闻人价值观,把"对新闻事业的基本理想写在政大新闻系的系歌里";[①]20世纪40年代,他在《中国新闻记者信条》中提出了"贫贱不移、富贵不淫、威武不屈"的新闻人道德观;20世纪70年代他在有关"三民主义新闻政策"的演讲中开篇即强调了"国家民族利益之维护"是新闻事业与新闻人的"基本目标";1983年,马星野在祝贺文化大学新闻系创办20周年时,提出了"新闻,必须切断利欲、名欲、色欲的诱惑",他指出,投身新闻事业的人,不能有"赚钱,赚更多的钱之动机,……而求名求地位的动机,比求赚钱求发财的心理更危险。"他强调新闻记者必须摒弃这些心理和动机,否则"很难完成对国家社会之责任。"[②]马星野的这些主张,对30年后"芮成钢"现象的警示仍然是一针见血。直到1988年,已80高龄的马星野仍然对"中央日报"提出"四维八德,天下归心"的希望。[③]

1949年以后,身在我国台湾地区的马星野从未割舍过期盼祖国统一的情怀,越是年长,思乡之情越是浓厚。1981年,他写下了《有怀飞云江——我的故乡》:

> 回想江头待渡之时,
> 赏晓日东升,或夕阳西照,
> 渡头溪唱,江上潮声,
> 此情此景,永不能忘记。[④]

---

① 杨倩蓉:《马星野老师——新闻教育拓荒者》,载政治大学传播学院编:《提灯照路的人:政大新闻系75年典范人物》,台北:政治大学传播学院,2010年,第1页。

② 马星野:《谈文化·大学·新闻》(1983年5月13日),手稿,《马星野档案》099-01-02-02-047,台北"中研院"近史所档案馆藏。

③ 1988年,值"中央日报"六十周年纪念之时,马星野因对其"眷爱不减",特拟歌词一首致赠"中央日报":"中央日报,中国之声,自由民主,为国为民。坚持正义,专打不平。教育百姓,耳聪目明,四维八德,天下归心。贪污罪恶,一笔扫清。老幼男女,个个欢迎。中央日报,中国之声。自由民主,大放光明。中国统一,世界和平。"马星野:词赠"中央日报"(1988年),《马星野档案》099-01-02-02-073,台北"中研院"近史所档案馆藏。

④ 马星野:《有怀飞云江——我的故乡》,载黄肇珩、吴德里、马大安编:《星垂平野阔·我的一生》(电子书),台北:义美联合商务有限公司,2014年,第27页。

1983年，他睹物思乡，又写下了传诵一时的《呈南怀瑾先生谢赠鲜味》七绝：

拜赐莼鲈分味长，
雁山瓯海土生香。
眼前点点思亲泪，
欲试鱼生未忍尝。①

这些优美的词句表达了一位中国传统知识分子对民族国家的深厚感情，对故土家园的无限眷恋。作为中国传统儒家精神的核心和最高价值，“文以载道”“兼济天下”“舍我其谁”的精神是马星野视为道德而遵循的人生价值追求和行为标准。

（二）忠恕宽厚，克己复礼的“仁者情怀”

这是中国传统儒家精神的为人之道。马星野一生“为人谦和、行事低调”，②他恪守严于律己，忠恕宽厚的为人之道，体现出对于儒家“仁”的境界的深刻理解和践行。

在对待自己的生活上，马星野安贫乐道，始终保持着勤俭朴素的作风。

> 余出生于贫寒之家，素以勤俭二字为处世之要旨，故经济生活，可称简单朴素而谨严。执教十年，衣食不足，父母不能养，子女有病不能医，忍饥寒之迫，能怡然而无怨尤。”“余之生活，太单调刻板，自负责“中央日报”以来，终日机械式工作，无娱乐，鲜休息，……与现代生活要则，距离过远。……余虽无昼无夜工作，寒暑不易，从无厌倦之感。③

而潘焕昆对此评价：“马先生在‘中央日报’、在‘中央社’，对员工亦如他以前对学生一样，极其亲近与爱护。他不论是当社长或董事长，过得均是与员工

① 叶芃生：《我的舅父马星野》，《温州都市报》2010年12月2日。

② 彭家发、汪琪：《推荐文》，载黄肇珩、吴德里、马大安：《星垂平野阔·推荐文》（电子书），台北：义美联合商务有限公司，2014年，第2页。

③ 马星野：《自述》（1952年4月12日），手稿，《马星野档案》099-01-01-01-001，台北“中研院”近史所档案馆藏。

相同的生活，从来没有住过华丽的住屋，乘过豪华的轿车，穿过精致的衣服。即令业务需要有所应酬，亦必以最节俭的方式举行。”①在他去世后，时任国民党中央党部秘书长的宋楚瑜临宅致唁时则感慨：“今天看到马老师寓所的陈设境况，我才体会到所谓家徒四壁的真意。”②

在对待他人的态度上，马星野始终保持着“春风和气”的态度，给人以温暖亲切的爱护。在政校新闻学系，马星野与学生们像一家人一样亲密无间；在新闻业务实践中，他对周围之人一样地亲切和爱护。楚崧秋对此回忆：“我记得相当清楚，九月二十七日前后某日，马先生因已知我与秦对调服务，特到我士林家中相晤，诚恳地表示欢迎之意。”③对于马星野的体贴和爱护，陆铿则深有体会：“直到一九九六年七月七日，台北集会纪念雷震先生百岁冥诞，马之骕先生为主其事者之一，与我不期而遇，并致赠其大著，特别在书中有关段落批明：‘这个学生就是陆铿。当时我们‘二马’斟酌的结果，没有写出名字，是设想一旦他（指我）想来台湾时，不准入境’。”④薛心镕回忆，当他主编的《大华晚报》因为新闻报道出现“问题”而将被“追责”时，时任“中央社”董事长的马星野悄悄地以“中央社”的名义将这个责任揽到了自己身上，使《大华晚报》脱离了“困境”。而这件事情马星野一直没有对薛心镕亲口说过。⑤ 朱立回忆：“我在政大新闻研究所就读时，教授我们《中国新闻史》的朱传誉老师蒙冤被捕下狱，马老师也曾和曾虚白及谢然之联名救援。这件事虽然没有结果，但在五十多年前，这种挺身而出的仗义之行是很了不起的！”⑥

对于马星野的“春风和气”与“温暖亲切”，王新命的感触也许是最具有代表性的：“温暖亲切，虽只是一瞬即逝的镜花水月，然仍极其需要，大家都是靠

---

① 潘焕昆：《经师人师永垂典范》，台北“中央日报”副刊 1991 年 3 月 28 日，载吉人编：《马星野先生纪念集》，台北：“中央日报”出版部，1992 年，第 95 - 96 页。

② 黄天才：《迟来的师生缘》，载吉人编：《马星野先生纪念集》，台北：“中央日报”出版部，1992 年，第 134 页。

③ 此处“秦”是指秦孝仪。楚崧秋口述，吕芳上、黄克武访问，王景玲记录：《览尽沧桑八十年：楚崧秋先生访问纪要》，《“中研院”近史所口述历史丛书》（78），台北：“中研院”近史所，2002 年，第 193 页。

④ 陆铿：《陆铿回忆与忏悔录》，台北：时报文化出版企业有限公司，1997 年，第 63 - 64 页。

⑤ 薛心镕：《马先生给我的几封信》，台北：访问纪要（未刊稿），2013 年 7 月。

⑥ 朱立：《月涌大江流》，载黄肇珩、吴德里、马大安编：《星垂平野阔 · 推荐文》（电子书），台北：义美联合商务有限公司，2014 年，第 4 - 5 页。

着这一点的温暖亲切，结成一气，造成各种心态的事业，和各种形态的结合。我们如果没有这一点，那我们也就没有共同的目标和共同的事业。……这种使大家乐于为报尽力的温暖亲切，是马星野先生的特别贡献。他把政大优秀毕业生带到报社，分任编辑、经理等职，这些出校不久的学生，都很温恭有礼，没有脱去学生习气，和他们在一起做事，便会感觉温暖亲切环绕在自己的身边。我在病中，最不能忘怀的一件大事，就是环绕在我身边温暖亲切的人情。马星野先生以外，李荆荪、凌遇选、黎世芬、耿修业和郑炳森们，所给我的安慰，都亲如家人，足以使我忘却疾病，忘却病中的痛苦。"①

在笔者见到的几乎所有对于马星野的回忆中，他的家人、朋友、同事、学生都忘不了他律己的严格与待人的亲切。在个人品德和操守上，马星野不仅独善其身，更以一种"春风和气"温暖了与他相处的每个人。通过这种克己复礼的道德坚守，马星野表达了作为中国传统知识分子对于"仁"的境界的追求。

（三）兼容并蓄，圆融贯通的"中庸情怀"

这是中国传统儒家精神的处世之道。马星野一生都在矛盾的漩涡中挣扎，这与他一生所面临的复杂的环境息息相关；他也在不断反思自己的修养，并形成了儒家处世的中庸之道。

> 余之性情，对于是非善恶，判别过严，故往往有固执之处。疾恶如仇，见小人，避之惟恐不速，因此往往开罪他人，而碍及工作。……余之思想，……往往倾向于兼容并蓄，忠恕宽厚，以使百川朝宗于海，因此常遭"党性不强"之批评。②
>
> 我最缺乏处世的艺术，……愤世嫉俗，近于偏激。……故要顾念他人之利益，与对方之观点，设身处地来想，……己所不欲，勿施于人，己之所欲，乃施于人。③

---

① 王新命：《新闻圈里四十年》，台北：龙文出版社股份有限公司，1993 年，第 551 - 552 页。

② 马星野：《自述》（1952 年 4 月 12 日），手稿，《马星野档案》099 - 01- 01 - 01 - 001，台北"中研院"近史所档案馆藏。

③ 马星野：《自述》（1952 年 5 月 12 日至 1954 年 6 月 29 日），手稿，《马星野档案》099 - 01- 01 - 01 - 001，台北"中研院"近史所档案馆藏。

在复杂多变的环境中，处世是一门艺术。如果处理得好，可以使人生事半功倍；处理不好，可是使人生事倍功半。这一点对于深受中国传统文化影响的知识分子群体来说尤为重要。而圆融贯通与含蓄容忍对于中国传统知识分子来说不仅是一种处世的技巧，更是一种美德。具有西方人思维方式和处事风格的董显光于此就感到无法适应，而奉行经世之学的陶希圣则显得游刃有余。作为中国传统知识分子，同时又接受了西方教育的马星野则必须适应这种处世的技巧，并努力践行这种中庸的美德。这是他能够融于这个群体之中的基本的素质要求。

同时，马星野在生活中也是一位颇具风雅的中国传统文人。他的诗词造诣与文学修养很高，有大量的诗歌散文作品问世；他也并不是一位时刻板着面孔，不近人情的"道学家"。他也有着深情、幽默和爱美的一面。他就是一位有着"中国文化道德的深厚素养"①的传统儒家文人——既有着坚定的儒家士大夫的精神追求、价值取向和处世原则，也有着浓厚的文人气质与情趣。② 然而，无论从哪个角度来说，始终坚持在国民党体制内的马星野的身上少了一点"政治家"的味道，多了一些文人的习气。因此，有人这样评价他："一个具有文学气质的人，可以成为伟大的文学家，但不宜沾上政治。"③

1952 年，马星野自述：

---

① 高克毅：《天涯存知己——哭星野学长》，载吉人编：《马星野先生纪念集》，台北："中央日报"出版部，1992 年，第 30 页。

② 马星野的散文诗作从未间断问世。早年即有散文游记《我来自东》《南行小记》《卖糕声》《寂寥时》等。他的学生王天循称他："终身从事新闻事业，然志在诗文，髫龄已窥诗书之美，至暮年仍吟咏不绝，皆珠玑之作也。"他实际上也是一位非常幽默的文人。据万君和回忆，马星野曾写过这样一首"打油诗"："尸横星野，魂逐沧波，奈万君之不和，恨邓友之无德"。这是时任南京"中央日报"社社长马星野、上海《新闻报》社社长程沧波、"新闻局副局长"邓友德与会议秘书万君和在 1947 年一同参加联合国新闻自由会议的途中，马星野将上述四人的姓名串联在一起写成的。他也是一位爱美的绅士。据马大安回忆，马星野是伊丽莎白·泰勒的"film fans"。1979 年伊丽莎白·泰勒参加第 16 届台湾金马奖典礼时，时为"中央社"董事长的马星野主动上前以流利的英语向她做自我介绍，引起她的注意。参见王天循：《星野师哀辞》，载吉人编：《马星野先生纪念集》，台北："中央日报"出版部，1992 年，第 69 页；万君和著，吴德里译：《学术界的启蒙者——马星野》，载吉人编：《马星野先生纪念集》，台北："中央日报"出版部，1992 年，第 39 - 41 页；以及 2013 年 7 月笔者于台北鼎泰丰与马大安的宴谈。

③ 周锦：《由朱自清说到马星野》，载吉人编：《马星野先生纪念集》，台北："中央日报"出版部，1992 年，第 113 页。

余心中有三大抱负：一则如何使余之一生，不辜负余之祖父莲屏公对余之期望。二则如何使余之生命能报答院长培育知遇之厚恩。三则如何使余忠于新闻事业，使千载之后，谈及'新中国新报业'之树立，余有其一份贡献。余毕生愿致力之事，为建立中国新的新闻事业。①

由此可见，"三民主义"的新闻政治导向、西方新闻专业主义的实用方法以及中国传统儒家士大夫的精神追求就是马星野新闻事业生涯和新闻思想的三个组成部分。

综上所述，马星野是一位国民党体制内新闻人保守派中的开明的传统知识分子。他的新闻实践和新闻思想在政治上一直是采取保守的态度，甚至是在台湾地区的政治生态由蒋介石的"硬性威权统治"向蒋经国的"柔性威权统治"转变的过程中，他仍然坚持着"硬性"的保守政治思想，这是他新闻人生涯最大的局限。

他在新闻实践和新闻思想中采取的是相对比较开明的西方新闻专业主义态度，并取得了骄人的成绩。然而在新闻专业主义理论本身受到诟病和冲击之时，他并没有能够与时俱进，这使得他的新闻专业主义思想在他新闻人生涯后期也成为一种保守的象征。

他的人生观价值观始终体现出"达则兼济天下，舍我其谁的家国情怀""穷则独善其身，克己复礼的仁者情怀"以及"兼容并蓄，忠恕宽厚的中庸情怀"，这是他对于中国传统儒家精神价值核心的理解与践行，也构成了他作为中国传统儒家文人的为国、为人、处世之道。

第二节　"马氏风格"的动因、体现及得失

"中体西用"与"矛盾协调"是承载"马氏风格"特征的两个重要方式。马星野新闻实践和新闻思想的政治方向是既定的。作为国民党体制内新闻人，马星野选择了走国民党体制内新闻人这条道路，将自己的新闻事业生涯与政治

① 马星野：《自述》（1952 年 4 月 12 日），手稿，《马星野档案》099 - 01- 01 - 01 - 001，台北"中研院"近史所档案馆藏。

联系在了一起。在朝着这个方向前行的过程中，他的新闻人生涯的命运会随着“路况”的变化而变化。在体制所允许的范围内，为了适应这种变化，马星野始终要以一种动态的、适当的方式尽力将“三民主义”、西方新闻专业主义和中国传统儒家精神协调到一个最为恰当的平衡点上——这既是中国传统儒家知识分子在近代希望通过“报人报国”的方式实现自身价值和理想的必然，也促使他在整个新闻事业生涯中不得不以一种“中体西用”的原则和“矛盾协调”的方式折冲，努力维持自身理想与现实之间的平衡，在艰难寻求“中庸”之道中奋力前行。

一、“马氏风格”形成的动因

“中学为体，西学为用”本是洋务运动的指导思想。所谓“中学”，是指中国传统文化，其灵魂是以儒家思想为代表的核心价值观；所谓“西学”，是指西方近代文化和科学技术，其灵魂是以资产阶级天赋人权思想为代表的核心价值观。这两种文化本身均是自有体用的完整文化系统，但自19世纪上半期以后，在放开眼界看世界的中国知识分子群体中产生了“中体西用”的思想。这种思想既是近代中西文化在矛盾和冲突中协商、调和、交融的结果，也是中国近代知识分子在厚重的传统儒家思想文化的土壤中培育近代西方文化认知和认同的折中途径。

民国时期是中国儒家士大夫彻底转型为现代知识分子的重要阶段。近代中国的知识分子，随着科举制度的废除和中西文化的激烈冲突而在政治上被迅速边缘化的同时，自觉或不自觉地将中国士大夫传统与现代知识分子精神结合在一起，形成了一种鲜明的“文人论政”和“文人参政”的风格。以“中体西用”和“矛盾协调”的方式适应和应对转型所带来的“移动”，对于民国知识分子来说是一种必然。“中体西用”和“矛盾协调”实际上是一对孪生的概念：当“中”、“西”两个概念出现矛盾的时候，从洋务运动的发起者和支持者开始，就以“体”、“用”两者的分工与融合来化解这种矛盾。这种做法逐渐成为近代中国近代知识分子共同认可的思维和行为方式。对于在现实中践行这种方式的个人而言，对于矛盾的协调似乎是不可避免的。

马克思认为，矛盾的存在是普遍和客观的，矛盾就是对立统一。矛盾存在于一切事物中，贯穿于每一事物发展过程的始终，并且矛盾双方在一定条件下可以相互转化——这就使马星野有了将其新闻实践和新闻思想的三个组成部分进行有机糅合的可能性和合理性。作为近代中国知识分子群体一员的马星野同样受到这种“转型”直接而深刻的影响；他也同样经历了从“文人”到“报人”的转变历程。他选择了做国民党体制内新闻人的方式来对抗这种“由中心向边缘”的移动，从而实现自己在本质上仍然属于传统儒家精神的“文人报国”的价值追求和理想；在这种体制内的身份既是帮助也是约束的特定环境中，他必须采取“中体西用”和“矛盾协调”的方式来协调和平衡“个人专业主义理想与国民党统治要求”、“个人的西方新闻价值观与传统儒家价值观”以及“个人与国民党体制内外群体”之间的矛盾。

在中西文化冲突与交融过程中，马星野一方面将“中学”的“体”和“西学”的“用”尽其所能地融合在一起；另一方面，在“中体西用”的问题上，他似乎陷入了一个重复的矛盾：首先，他是以儒家的理想主义价值观为处世之根本，以适应国民党体制内统治需求的“三民主义”为政治方向，以西方的新闻专业主义为方式方法；其次，当上述三者出现矛盾的时候，他所采用的方式就是“协调”。而正是这种“矛盾协调”的方式使马星野有了在现实中能够成为“比较接近于理想的报人”的希望。这种“协调”实质上是在不断调和理想与现实之间矛盾，而在这个协调的过程中理想往往要妥协于现实。这就是马星野在精神上往往会产生“苦闷”、“失望”和“彷徨”的原因——而他的心路历程，就是在这种“协调”的摇摆中由一连串的“希望”与“失望”组成。人们往往会在理想与现实的矛盾之间挣扎，而在挣扎过程中，如不放弃就始终只能是一个妥协于现实的过程。从马星野选择国民党体制内新闻人道路的一开始，这种矛盾就来到他的身边。为了能够在“体制内”施展抱负，他只能处在这种理想与现实的矛盾中，必须不断妥协，并不断进行自我调整，从而解决好作为一个国民党体制内新闻人如何“恰到好处”地实现自己理想和主张的问题。

二、“马氏风格”具体的体现

作为中国国民党党员、“党的高级知识分子”和新闻事业的“决策人物之一”，马星野对“中央日报”提出了“要决心把‘中央日报’做成更有益的言论机关；要决心把‘中央日报’做成更进步的新闻纸；要决心使我们成为比较接近于理想的报人”的三原则。此“三事”准确浓缩出了马星野在从事国民党体制内新闻事业实践中的基本思路：一方面，作为一名国民党党员和体制内新闻人，马星野必须严格遵守“三民主义”的原则，另一方面，作为具有中国传统文人精神，并深受密苏里专业主义新闻思想熏陶的马星野，却秉持着“文人论政”、“报人报国”的士大夫理想和西方新闻自由理念，试图办一张“真正”的报纸。

1984 年，在美国密苏里大学新闻学院接受“杰出新闻事业终生服务最高荣誉奖章”时的马星野。（台北“中研院”近史所档案馆授权使用，照片提供者为马大安女士）

对于马星野这种“两重性”，陆铿认为：“南京‘中央日报’自一九四六、四七、四八年的情况颇为微妙，报纸的发行人兼社长马星野先生是一位新闻学者，出身于美国密苏里新闻学院（一九八四年密苏里新闻学院还颁给他杰出校友奖），有办一张好报的理想。而他的国民党中央党校毕业的历史背景和他的国民党候补中央委员的地位，却对他是一种约束。加之，我们这位老师书生秉性，谦谦君子，以慎为键，更决定了他的作风，不敢放手大干。但他到底是有报业理想且受过当代新闻教育的人，所以看到他的学生们生龙活虎，大展拳脚，也就不愿过多地干涉，而是采取的放任政策，让我们一班弟子……，尽情发挥。”①

例如，马星野对于政校模式新闻教育的道德期许和建设，实质是马星野在整个新闻事业生涯中希望通过“两组嫁接”而达成一个理想愿望的缩影。

① 陆铿：《陆铿回忆与忏悔录》，台北：时报文化出版企业有限公司，1997 年，第 62 页。

“第一组嫁接”是将国民党的党义与密苏里的西方新闻道德进行糅合。政校是国民党体制内的党校，马星野是国民党体制内的新闻教育者，因此贯彻国民党党义及蒋介石新闻教育思想对于他们来说是必需的；而马星野对于密苏里新闻道德的高度认同和长时间内化，使得作为政校新闻教育主导者的他力图通过一种专业(Profession)的方式，在贯彻国民党教育目标和方针的同时，以西方新闻专业主义的道德标准培养学生高尚的职业品格和远大的人生理想。

“第二组嫁接”是马星野将中国传统文化尤其是儒家价值观与密苏里新闻记者信条中体现出的西方伦理思想相糅合。

> “我们相信，威廉博士记者信条所昭示的，便是未来世界新闻事业的光明前途，其所含的道德意义，同中国孔子孟子所指出的，是殊途同归的。”[①]“新闻与教育同源、同性质，新闻记者，与教师同宗奉至圣先师孔夫子为宗师。”[②]

实际上，作为国民党体制内新闻人的马星野并不认为这些选择是个“非此即彼”的问题，他始终认为这些问题是可以达成“亦此亦彼”状态的，而这种“亦此亦彼”的状态也应该是最好的选择。通过这“两组嫁接”，马星野认为“三民主义”、以儒家精神为内核的“中华文化的特点”[③]以及密苏里所提倡的新闻道德三者在深层的价值观上是契合并可以互相转化的，并由此奠定了其“三位一体”的新闻思想基础。

这种“嫁接”实际上就是一个协调融合过程。在这个过程中，马星野一直寻求着在“稳妥地变化”中不断发展，这种“稳妥地变化”实质上是马星野在“动态中寻求平衡”的一种外在体现。因此，无论在哪一个工作岗位上，他都是站在“国民党的立场”上，以一个“西方专业主义新闻人的方式”，去实现一个“中国传统儒家文人的理想和价值追求”。事实证明，对于具有国民党体制内身份的新闻人马星野而言，“国民党的立场”是决定性的。也就是每当“西方专业主

① 马星野:《中国的新闻事业》(1984年4月19日),《马星野档案》099-01-02-01-028,台北“中研院”近史所档案馆藏。

② 马星野:《新闻与教育》,台北“中央日报”1980年10月15日,《马星野档案》099-01-02-02-073,台北“中研院”近史所档案馆藏。

③ 谢然之:《追念马星野先生》,《传记文学》1991年第60卷第1期,第91页。

义新闻人的方式”、“传统儒家文人的理想和价值追求”与“国民党的立场”相吻合的时候，他就顺利一些；而当国民党统治集团认为他的“国民党立场”“不坚定”的时候，他就会遭遇挫折，甚至不得不离开。

三、“马氏风格”导致的“得”“失”

从某种意义上说，马星野的国民党体制内新闻人生涯的命运更像是一种以政治为职业的新闻人的政治命运——这其实不太适合马星野的性格。马克斯·韦伯对此给出了一个答案：“不论在什么环境下，新闻工作依然是职业政治活动的一条重要途径。它不是对什么人都适宜的途径，至少不适合那些性格懦弱的人，尤其是那些只能靠安定的位置维持内心平衡的人。一个成功的新闻记者，他所面对的特殊困难，是他内心向他发出的要求。”①由于马星野将自己的命运同国民党蒋介石集团统治的兴衰紧密联系在一起，自觉恪守国民党党员的原则，维护“两蒋”利益和权威，因此陆铿眼中那个“具有书生秉性，谦谦君子，以慎为键”的马星野，作为一个新闻人坚持留在国民党体制内“道路”上就一定会面对“他内心向他发出的要求”所造成的“特殊困难”，就一定会在巨大的资源“诱惑”下产生“理想妥协于现实”的失望。对于中国传统文人进入国民党体制内“参政”的结果，李金铨的观察似乎可以说明这个问题：“1930年代以后，有些文人进入（国民党）政府体制，虽有报国情怀，却未必有政治手腕，有的在政海倾轧中浮沉，丧失理想；更大多数文人论政而不参政，与权力中心若即若离，在政治势力的夹缝间单打独斗，最终怎能不头破血流而以失败收场？”②

为了尽可能避免遇到“失望”，乃至“头破血流”的境况，马星野构建了新闻实践与新闻思想“马氏风格”的三个组成部分，并采用“中体西用”和“矛盾协调”的方式，力求使各个部分协调配合，从而使自身作为一个整体在平衡中前进，这是他自己的选择，无所谓“得已”或“不得已”。在60余年的新闻事业生涯中，作为现实中的国民党体制内新闻人，马星野始终在追求“鱼与熊掌”兼得的境界和结果。在理想与现实之间，马星野不断进行着个人内心的协调、个人

① ［德］马克斯·韦伯：《学术与政治》，冯克利译，北京：三联书店，1999年，第78-80页。

② 李金铨：《报人情怀与国家想像》，载李金铨主编：《报人报国——中国新闻史的另一种读法》，香港：香港中文大学出版社，2013年，第5页。

与他人的协调、个人与群体的协调、个人与时代的协调，并在对自我理解的过程中，不断调整、适应、平衡，最终向着“我”与现实、“我”与理想之间的双重平衡艰难地靠近。然而他的一切努力，最终却只能够让自己成为“更加接近于理想的人”，而并非“达成理想的人”。

“中体西用”与“矛盾协调”在更深的精神层面上反映了马星野所秉持的中国传统儒家士大夫的中庸思想。然而这种中庸之道之所以“可能”与“可行”，却是依赖于蒋介石所推崇的以传统儒家思想诠释“三民主义”的做法。随着环境中各种情况的不断变化，马星野不停地在协调中寻找着各种情况和矛盾彼此间最为恰当的平衡点。而协调是需要高度的技巧、智慧和勇气的，从不成熟到成熟，必须为之付出代价；即使是成熟了，坚持中庸也是有代价的。事实上，始终要做体制内有理想的专业新闻人的马星野就一直在为此付出代价，这也就是他在国民党体制内可以成为优秀的“忠诚可靠”的“二十人”之一，却注定进不了“最忠诚可靠”的“十人”的圈子的原因——这也就是作为国民党体制内新闻人的马星野坚持“中体西用”和“矛盾协调”的中庸之道而“得到的”和“失去的”东西。从某种程度上来讲，他奋斗所得到的成就，仅仅是外人表面所见到的“光鲜”；他为此所付出的艰辛和代价，却很少有人能够体会。这也就是他的学生徐钟珮所感慨的：“冠盖满京华，这一介寒士寂寂的死在一个二等病房里，他一生和浪费及奢侈作战，却节节败退，只有零落的掌声，未曾得到应有的反应。”①

从更宏观的角度来看，这不仅是马星野这一个人一生的写照，也是与他同时代的一群人的写照——以马星野为代表的一代人、一群人，在其时代中笃信“三民主义”，在西方新闻自由和国民党党意的矛盾之间挣扎。他们一方面作为国民党高干，必须服从国民党的党意；一方面恪守儒家传统的理想主义人生观和价值观，“以天下为己任”，“兼济天下，独善其身”；一方面以各自不同的方式和方法，将职业化的西方专业主义新闻思想内化为具有自身特色和时代特征的中国式的新闻专业主义理想。在这条道路上，他们以中体西用、矛盾协调的方式，折冲协调，奋力追求着作为国民党体制内官员、作为新闻人、作为传统儒家文人“立德立言立功”“三不朽”的梦想。

---

① 徐钟珮：《平野星落》，载吉人编：《马星野先生纪念集》，台北：“中央日报”出版部，1992年，第103页。

小 结

近代中国知识分子在时代的大潮中必然面对着一个“中”和“西”的碰撞与融合问题。同样身为国民党体制内新闻人的董显光受西方基督教伦理与价值精神的浸染深刻,因此他的世界观以及由此而产生的新闻思想和实践更倾向于“西”;陶希圣颇受中国传统的“经世之学”的影响颇为深刻,因此他的世界观以及由此而产生的新闻思想和实践更倾向于“中”;马星野则兼具中国传统儒家文人的精神和西方新闻专业主义思想,因此他的世界观以及新闻思想和实践更倾向于“中西融合”。这一类新闻人在精神实质上仍然属于中国传统知识分子,他们追求的人生价值和所要实现的理想仍然是“文人报国”,或是“报人报国”,他们所要维护的仍然是现实社会的结构、价值观和统治者的利益。因此,他们选择了身处国民党体制内,并在客观上使他们的言行保持着与国民党统治的现实政治诉求和核心利益的高度一致。但是他们同时也接受过系统的西方专业新闻教育,对西方新闻价值观有着认同,因此他们在新闻事业实践和新闻思想上,更加倾向于采用西方专业主义而非中国传统言论政治的方法去建构和实现自我的新闻事业理想。

这个“中体西用”的国民党体制内新闻人群体的代表马星野在自己的新闻人生涯中始终挣扎于“理想与现实之间”,并试图以一种中庸的态度,通过不断协调理想与现实之间的矛盾,在国民党体制内小心翼翼地保持着平衡,从而形成以“三民主义”为新闻的政治导向,以西方新闻专业主义思想为实用方法,以中国传统儒家精神追求为价值核心的“马氏风格”特征。然而,在理想与现实之间,现实往往更具有决定性。因此,当“马星野们”满怀理想、热情和信心投入到体制中,更多时候面对的却是“参政而不知政”的尴尬的现实处境。

结语:对新闻人马星野的基本认识

历史的目的,在将过去真实事,予以新意义或新价值,就是把过去的事情,重新估价,以供现代人活动之资鉴。

——梁启超 ①

1991年3月11日,马星野走完了自己的一生。在漫长的83年中,除了因为客观需要而撰写的一点个人"情况汇报"和"简记"以外,他没有为自己的一生撰写任何传记或是回忆录之类的文字,包括自己的日记,他也一再强调不得公开。对于这样做的原因,他没有做任何说明,倒是陶希圣对此所说的话颇有深意:"传者传也。只有可以传世者被他人作传,也只有自认可以传世者为自己作传。我不愿作自传,也不敢作自传。我以为凡是一个人,自认其必传者,必不传。因为传世与否之权,操在社会,不在自己。何必作自传,又何敢作自传。"②马星野以自己的实际行动展现了陶希圣这段话所表达的含义——但这仅仅代表了马星野对于如何评价自己一生的一个主观愿望。

客观上,在近60年间,作为著名报人、新闻教育家、新闻学者及新闻管理者,马星野是研究民国时期新闻史绕不过去(或不应绕过去)的重要人物之一。自1931年由"政校"保送到美国密苏里大学研修新闻,回国任教于政校后,马星野就成了"国民党体制内新闻人"。作为体制内新闻人和"保守派中的开明分子",他的一生始终与"理想和现实之间的矛盾"相伴随。他尽其一生所做的就是以折中协调的方式,努力在矛盾对立面中找到交叉点和共同点,在体制允许的范围内以"圆融贯通"的中庸态度努力接近自己的理想,力求解决"三民主义"、西方新闻专业主义和中国传统儒家人生观、价值观之间的平衡问题,并努力将三者融合内化为自身所特有的思想和行为方式。

---

① 梁启超:《中国历史研究法》(补编),载《饮冰室合集》(专集99),北京:中华书局,1989年,第5页。

② 陶希圣:《潮流与点滴》,北京:中国大百科全书出版社,2009年,第19页。

马星野在20世纪中国新闻史中所起到的作用，“并不是推动时代主流的动力。……在历史上的地位是辅助的。”[①]就像所有国民党体制内新闻人一样，“在过去体制下，处理任何较重大而具敏感性的事情，当然不会，也不能介入太多的个人角色功能。”[②]马星野不仅不能更变这种体制，而且也只能在体制内转圈，这是他自己的选择。他所从事的具有西方专业主义色彩的新闻工作，其根本目的仍然是为了通过保有自身在国民党体制内的既得资源，维护国民党“两蒋”集团的一党专政和威权统治，从而实现自己作为一个中国传统文人的价值和理想。这一点，在马星野整个国民党体制内新闻人生涯的新闻教育实践、新闻业务与管理实践以及新闻思想中都有着鲜明的体现，也使他囿于国民党体制内的局限而无法适时看清时代发展洪流的走向，并站在新闻人生涯的更高层面观“潮”览“峰”。同时，不仅是体制内身份的局限，而且其所具有的中国传统儒家文人的秉性以及自身对时代潮流的判读也使他在“不得不”的情况下自觉选择了通过“侍从”意识、顺从态度和“中体西用，矛盾协调”的方式承载自己对于理想的追求，从而使其无法坚决践行作为一个纯粹的专业新闻人在新闻事业实践中对于专业主义精神的阐扬、坚持和贯彻。晚年的马星野已无实职在身，而在此时他才吐露对自己一生的感慨：“如果我不从事新闻实务而以教育终身，可能我的贡献会比今天多一点，如果我有能力又有机会自己办报，可能我对社会大众有更多一点交代。”[③]这深刻反映了他作为一个新闻人对于自己一生中最大的局限、不足和遗憾的反思。这些问题，对他本人而言，在那个时代，那个环境，在他选择和坚持的那条道路上，当然是无法解决的。

然而，正如牛津大学的拉纳·米特(Rana Mitter)所言：“马星野在对日抗战时期协助形塑现代中国，饰演一个关键角色。”[④]他在20世纪的中国新闻史上虽然不是推动或制约当时新闻业发展或变化的主流动力，但因其特定的社会角色使他成为这段历史发展历程，尤其是民国时期新闻史研究中绕不过去

---

① 董显光：《董显光自传——一个中国农夫的自述》，曾虚白译，台北：《新生报》出版部，1981年(再版)，第25页。

② 楚崧秋口述，吕芳上、黄克武访问，王景玲记录：《览尽沧桑八十年：楚崧秋先生访问纪要》，《“中研院”近史所口述历史丛书(78)》，台北：“中研院”近史所，2002年，第232页。

③ 楚崧秋：《执着于理想与现实之间——敬悼新闻界苦行僧马星野》，载吉人编：《马星野先生纪念集》，台北：“中央日报”出版部，1992年，第56页。

④ [英]拉纳·米特：《推荐文》，载黄肇珩、吴德里、马大安：《星垂平野阔·推荐文》(电子书)，台北：义美联合商务有限公司，2014年，第1页。

的重要人物，因为他不仅代表“他”自己，而且代表了与他人生经历、处世哲学、理想追求及实现方式都有相近或相似之处的那个“国民党体制内新闻人”群体。对“国民党体制内新闻人”群体的重要代表马星野在20世纪中国新闻史尤其是民国时期新闻史发展进程中的作用及历史地位予以历史、客观、辩证的评价，是本研究所努力追求的目标。相信随着新闻史学界对于马星野乃至整个国民党体制内新闻人群体了解的不断深入，他们在20世纪中国新闻史中所代表的那个时代的特征和他们个人被尘封已久的那段经历会被更加完整、真实地发掘和呈现出来。这对于历史，是一个必要的交代；对于当代和将来，都会具有一定的借鉴意义。

附录：新闻人马星野年谱简编[①]

1909 年

9 月 13 日(农历)出生于浙江省平阳县万全乡陈岙村(今浙江省平阳县万全镇陈岙村)。祖父马莲屏为其起名为“允伟”,入学后,取学名“马伟”。

1913—1922 年

四岁开始上学,先随大姐马伸权入平阳“毓秀女子小学”读书,后改入“自治小学”,八岁卒业后进入平阳县立第一高级小学读书。

1922 年

入浙江省立第十中学读书,师从朱自清、杜志文、李翘、刘延陵等名师。

1923 年

朱自清为表扬其勤俭爱家,作《白水漈》一文,亲书条幅相赠。

初中时期办壁报名曰《春雨报》。

1925 年

入新制高中学习一年。

在高中办杂志名曰《秋籁》,又办校刊名曰《十中自治会会刊》。

1926 年

在朱自清与杜志文两位老师的资助和鼓励下,到上海考入厦门大学。

中秋,抵达厦门,就读厦门大学社会学系。由于发生学潮,学校陷于停顿,无课可上,只能在图书馆自修。

1927 年

4 月,因在厦门大学求学受挫,且家庭发生变故,不得已离厦回乡。这是其求学生涯中第一次挫折。

7 月,在南京考入国民党“中央党务学校”,8 月 8 日起开始上课。

---

① 本年谱 1949 年后有关内容依据台北“中研院”近史所档案馆所藏《马星野档案》,并参考政治大学陈百龄、张玮、潘凤仪整理的《马星野先生大事年表初稿》(未刊稿)以及黄肇珩、吴德里、马大安编:《星垂平野阔 · 我的一生》(电子书),台北:义美联合商务有限公司,2014 年。谨此说明致谢!

1928 年

春，蒋介石与宋美龄第一次到国民党“中央党务学校”视察，为蒋介石演讲做速记。

5 月，由国民党“中央党务学校”第一期毕业。

6 月 5 日，被分配至国民党“中央党部训练部”工作，担任“编审”，年底离开。

1929 年

新春，应罗家伦之邀到清华大学半工半读，任校长室秘书兼《“国立清华大学校刊”》编辑，半年后离开清华，这是其求学道路上的第二次挫折。回到政校后，担任政校校刊主编，主持毕业同学会工作，兼任国民党“中央陆军军官学校”《“党军日报”》主编。

2 月 15 日，以“马星野”为作者署名撰写《中国智识阶级的失业问题》(后在《白血轮》1929 年第 4 期发表)，是为其使用“马星野”笔名之开始。

4 月 5 日，在《“国立清华大学校刊”》第 55 卷发表谢瀛洲《中国土地问题》演讲的整理记录。

11 月 5 日，当选国民党“中央党部”直属“中央政治学校区党部”候补执行委员。

1930 年

6 月 5 日，出席国民党浙江省第三次全省代表大会，与陈布雷、陈果夫、张人杰、陈诚、周至柔等人一并被推举为监委候选人。

9 月 5 日，经国民党“检定党义教师委员会”审查，获得“党义教师”资格。

冬，考取政校选派毕业生出国留学深造名额，并选择赴美国密苏里大学新闻学院学习。

同年，在《新湖北》第 2 卷第 2 期、第 4 期、第 5 期、第 8 期发表《中国人口政策论》。

1931 年

5 月，与陶希圣、萨孟武等编《政治与民意》杂志，并在创刊号及第 3 期发表《从总理北上到国民会议开幕(上、下)》，在第 5 期发表《雪耻与废约》，在第 13 期发表《到统一之路》。

7 月 9—10 日，在天津《大公报》发表《教育的一个新方面——南京中央政治学校概况》。

7 月 27 日，在《申报》发表《中国教育的一个方面——“中央政治学校”》。

8 月 18 日，从上海出发，乘船赴密苏里大学深造，成为当时“中国国立大学”公派到密苏里大学研究新闻的第一个学生。

1932 年

在美学习。期间，除为《密苏里人报》撰写社论外，还担任《东方杂志》《申报月刊》《新中华》《世界知识》《国闻周报》等报刊的“驻美特派员”，为各杂志、刊物撰写“美国通讯”和时事评论等。

1933 年

冬，从密苏里大学新闻学院毕业，得新闻学学士学位。其后，在华盛顿国会图书馆研习半年。

1934 年

2 月 17 日，在《新社会》第 6 卷第 8 期发表《欧美报纸之销路推广术》。

2月21日,在《政治季刊》第1卷第2期发表《美国通讯社事业之现状》。

5月22日晚抵达上海,应史量才之邀在《申报·自由谈》工作三个月。

7月13—14日、16日,在《申报·自由谈》发表散文《南行小纪》。

7月17日—8月10日,在《申报·自由谈》发表散文《我来自东》。

9月10日,在《国闻周报》第11卷第36期发表《美国新闻事业的现状》。

9月,被政校聘为外交系讲师,讲授"新闻学概论"及"新闻事业经营及管理"两门课,开始国民党体制内新闻教育人生涯。

1935年

1月11日、18日,在《申报·自由谈》发表散文《寂寥时》《卖糕声》。

1月26日,受蒋介石召见,随即写下《蒋介石先生会见记》,后在《国闻周报》第12卷第6期发表。

3月2日,在《报学季刊》发表《今日英国之新闻事业》。

3月11日,在《中山文化教育馆季刊》发表《机械文明中之现代新闻事业》。

9月,组建政校新闻学系,并实际负责系务,后任系主任。

11月,创办新闻学系实习刊物《中外月刊》。

11月22日,在《中外月刊》第1卷第1期发表《报纸之杂志化问题》。

12月7日,在《中山文化教育馆季刊》发表《英美报业托辣斯之现势》。

同年,组建政校新闻学研究会。

同年,在《报学季刊》第1卷第3期发表《今日英国之新闻事业》,在《中山文化教育馆季刊》第2卷第1期发表《英美报业托辣斯之现势》、第2期发表《机械文明中之现代新闻事业》、第4期发表《近代报纸内部组织之研究》,在《中央政治学校校刊》第100期纪念特刊发表《编者作者与读者》。

1936年

1月,在《东方杂志》第33卷第1期发表《世界无线电广播事业之鸟瞰》(该文写于1935年12月7日)。

10月,在《报展纪念刊》发表《新闻职业与大学教育》。

同年,在南京发表《扬州印象记》,得到朱自清夸奖;在《东方杂志》第33卷第7期发表《国际通讯网与国际宣传》,在《中外月刊》第1卷第4期发表《统制政策下之国际新闻》、第6期发表《宣传之新武器——无线电》、第8期发表《战时宣传之应有准备》,在《申报每周增刊》第1卷第35期发表《国际消息之来源问题》、第39期发表《读报问题之商榷》、第49期发表《中国报业前途之障碍》,在《新闻杂志》第1卷第2期发表《青年学生的看报问题》,在《播音教育月刊》创刊号发表《如何研究国际新闻》。

1937年

3月29日,在《国闻周报》第14卷第12期发表《言论自由与政府的新闻政策》。

4月,亲自带领政校新闻学系第一期毕业生赴上海实习。

同年,在《申报每周增刊》发表第2卷第11期发表《国际舆论机关》,在《中外月刊》第2

卷第3期发表《英国新闻事业之最新趋势》，在《创导》第1卷第7期发表《略谈望平街之报业》。

1938 年

新闻学系第四期在芷江短暂复课，创办《芷江民报》作为实习刊物。

同年，在《新民族》第2卷第19期发表《新闻记者之训练问题》，在《新政治》第1卷第2期发表《论出版自由》，在《民意》（汉口）第49期发表《战时民意与新闻纸》。

1939 年

8月26日，在《青年中国季刊》创刊号发表《三民主义的新闻事业建设》。

同年，由马星野作词，李抱忱作曲的新闻学系《系歌》正式诞生，“新闻学季刊社”成立，《新闻学季刊》出版。

同年，与国民党“中宣部”合作举办新闻专修班。

同年，在《战时记者》第5期发表《论战时新闻政策》、第6期发表《发展地方报纸蒭议》、第7期发表《地方报纸的症结及其对策》、第9期发表《出版自由论》，在《新政治》第3卷第1期发表《自由主义新闻事业之没落》，在《时代精神》第1卷第3期发表《中国新闻事业前途之观察》，在《服务（重庆）》第6期发表《书评：林语堂著中国新闻事业及舆论史》。

1940 年

5月5日、6日，在重庆《“中央日报”》发表《法兰西之喉舌》（同年该文发表于《学生月刊》第1卷第6期）。

11月27日，在《今日青年》第9期发表《一年来中国新闻界之回顾》。

同年，在《战时记者》第3卷第1期发表《今日之英国报纸》、第2—4期发表《敌阀之帮凶——倭报》，在《十日文萃》第1卷第7期发表《日本报纸之罪恶》。

1941 年

3月，参与筹办“中国新闻学会”及《中国新闻学会年刊》，并担任学会研究组主任。在《新闻战线》第1卷第2期发表《敬向全国新闻界提出：新闻记者信条之拟定问题及中国新闻记者信条（草案）》。这是有关《中国新闻记者信条》十二则最早的版本。

5月23日、24日，在香港《大公报》连载《历史铸造者与金钱铸造者——论两类报纸》，该文并在《世界文化》第3卷第1—2期发表。

同年，在《外交研究》第3卷第2—3期发表《美国联合通讯社 A. P. 与合众通讯社 U. P.》，在《欧亚文化》第4卷第3—4期发表《论扫荡报》，在《文化先锋》第1卷第3期发表《新报业与新文化》，在《新闻战线》第1卷第3期发表《从开元杂报到大公报》。

同年，政校新闻专修班改办为新闻专修科。

1942 年

9月1日，中国新闻学会第一届年会在重庆通过《中国新闻记者信条》。

年底，出任国民党“中宣部新闻事业处”处长，开始国民党体制内新闻人生涯中第一次新闻行政管理实践。同年不再担任新闻学系主任，但继续在新闻学系任教。

同年，在《新认识》第5卷第5期发表《国家总动员与言论限制》，与李荆荪合作在《中国新闻学会年刊》第1卷发表《ABC三国出版自由之比较研究》,在《新闻战线》第1卷第4—5期发表《个性发展与技术合作:工价飞涨中再论排字合作》、第8—9期发表《敬向重庆新闻界建议》,在《读书通讯》第33期发表《读书与读报》。

1943年

新闻专修科在重庆创办实习刊物《南泉新闻》(周刊)。政校恢复四年制大学部新闻学系,新闻专修科部分同学转入新闻学系继续学习。

作为重庆新闻学院仅有的三个中国教授之一,负责讲授"新闻学概论"和"新闻事业史"两门课。

同年,在《文风杂志》第1卷第1期发表《精神食粮问题》,在《新闻战线》第3卷第1期发表《平等条约签订后的中国新闻事业》,在《工作竞赛月报》第1卷第2期发表《新闻界对竞赛运动应负有的责任》。

1944年

2月6日,在重庆《"中央日报"》发表《言论与诽谤》。

5月26日,在重庆《"中央日报"》发表《言论自由固甚必要,但需自负法律责任》。

夏,回任政校新闻学系主任。

9月,在重庆"中央社"作题为"新闻自由与'中央通讯社'"的演讲。

9月2日,在重庆《"中央日报"》发表《新时代与新报人》。

9月24日,在重庆《"中央日报"》发表《新闻自由与世界和平》(其为同月在重庆国民党"三民主义青年团中央团部"的演讲记录)。

11月19日,在重庆《扫荡报》发表《到世界新闻自由之路》(其为同月在重庆沙坪坝"中央大学"的演讲记录)。

同年,在《文化先锋》第3卷第22期发表《由法律观点研究言论自由》,在《"中央周刊"》第6卷第45—46期发表《新闻自由与中国》,在《新闻战线》第3卷第7—8期发表《中国新闻事业的回顾与前瞻》。

1945年

3月29日,在重庆《"中央日报"》发表《美国报业之道德律》。

3月31日,在重庆《"中央日报"》发表《中国言论界的自由传统》。

4月3日,在重庆《扫荡报》发表《现阶段之国际新闻自由运动》。

5月21日,当选为国民党候补中央执行委员。

7月20日,撰写《国际宣传改进蒭议》讲稿。

8月22日,在《"中央周刊"》第7卷第34—35期发表《胜利声中谈复员:官办报纸的作风必须改变》。

9月15日,在重庆《"中央日报"》发表《舆论政治之历史基础》。

11月,就任南京"中央日报"社社长,参与组织南京新闻记者公会。

同年,在《文化先锋》第4卷第17期发表《抗战七年来的新闻事业》,在《新闻战线》第5卷第2—3期发表《论新闻之风格》。

1946 年

1月21日，在南京《“中央日报”》发表《新闻事业与民主政治》（其为同月在南京记者公会的演讲纪录）。

6月24日，在南京《“中央日报·报学双周刊”》发表《世界新闻自由现状之研究》。

7月8日、22日，在南京《“中央日报·报学双周刊”》发表《出版自由论》。

9月2日，在南京《“中央日报”》发表《新闻记者的共信与共勉》，此文即为《释〈中国新闻记者信条〉》之蓝本（其为9月1日在南京“中央广播电台”的广播词记录）。

1947 年

5月30日，担任“中央日报股份有限公司”常务董事、南京“中央日报”社社长。

7月29日，对南京《“中央日报”》第四版独家登载“孚中扬子公司贪污”新闻予以默认。

同年，在《战斗与改造》第1卷第1期发表《新闻工作者应有的信条》，在《学识》第1卷第5—6期发表《介绍一种年青的科学——新闻学》，在《周末观察》第1卷第8期发表《整肃新闻记者的队伍》。

1948 年

1月13日，在南京《“中央日报”》发表《中国新闻事业展望》（其为1月12日在金陵大学的演讲记录）。

3月9日，由南京“中央日报”社出版《新闻自由论》。

3月，当选首届“国大代表”。

4月，出席在日内瓦召开的“联合国新闻自由会议”。

4.5月间，其主持下的南京《“中央日报”》在头版发稿照登“请杀陈诚，以谢天下”报道。

4月3日，在南京《“中央日报”》发表《丽日明湖谈自由》。

4月30日、5月2日，在南京《“中央日报”》连载《新闻自由划界记》。

5月4—5日、7日，在南京《“中央日报”》连载《四大自由》。

8月12日，惊闻朱自清去世，当即写下《哭朱自清先生》，与新闻同时见报。

8月13日，联络胡适、罗家伦、段锡朋、叶公超、陈雪屏等人，筹划发起“朱自清先生追悼会”。

10月25日，应魏道明邀请赴台北参加台湾光复博览会《“中央日报”》照片展览，并考察《“中央日报”》在台发展事宜。

10月30日，南京《“中央日报”》召开紧急董事会，商议在台举办《“中央日报”》太平洋版（台湾分版）事宜，并着手准备南京《“中央日报”》迁台工作。

同年，政大迁往广州后，不再担任新闻学系主任。

同年，创办《报学杂志》并在其试刊号发表《其可告人无二三》、第1卷第8期发表《报学研究之国际化》，在《大众新闻》第1卷第2期发表《欧美报业考察观感》。

1949 年

在《报学杂志》第1卷第9期发表《评论记者之工作与责任》及《今后的报学杂志》。

3月12日，《“中央日报”》台北版出刊。

3 月 15 日,台北《“中央日报·报学双周刊”》创刊,共出 9 期。

5 月 1 日和 3 日,其主持下的台北《“中央日报”》连续刊登《打击豪强! 安定民生!》和《台湾负担不起》两篇社论。

1950 年

1 月 25 日,根据 1946 年在台北《“中央日报”》发表的《新闻记者的共信与共勉》修改定稿《释〈中国新闻记者信条〉》。

2 月,受到“严重警告”处分。

7 月,出面邀请台北各报负责人面见蒋介石。

9 月 1 日,在台北《“中央日报”》发表《九一节谈报纸》。

1952 年

2 月 1 日,在台北《“中央日报”》发表《我们的自省》。

4 月 12 日,在台北撰写《自述》(1952 年 4 月 12 日前)。

7 月,在台北撰写《纽约时报成功的几个因素》。

8 月 11 日,辞去台北“中央日报”社社长职务,后转任国民党“中央设计委员会”副主任委员。

1953 年

5 月 23 日,在台北撰写《美国新闻教育》。

1954 年

6 月 29 日,在台北撰写《自述》(1952 年 5 月 12 日至 1954 年 6 月 29 日)。

8 月,出任国民党“中央第四组”主任,其后开始了一段艰难的国民党体制内新闻管理实践经历。

同年,在政大新闻研究所讲授“报业经营与管理”课程。

1956 年

2 月 27 日,在台北《“中央日报”》发表《总裁所期望于党报的是什么?》。

1957 年

5 月,为董显光获 1957 年密苏里新闻奖而撰写《董显光与美苏里新闻学院》。

1958 年

1 月 14 日—16 日,在台北迎接林语堂夫妇,并陪其会见蒋介石。

1959 年

1 月 25 日,在台北当选留美密大校友会会长。

6 月 27 日,卸任国民党“中央第四组”主任。

8 月 28 日,赴任巴拿马。

1960 年—1964 年

由“新闻圈”转移到“外交圈”,从“政治核心”转移到“体制边缘”。

1964 年

11 月，自巴拿马返回台北途中，在纽约考察美国通讯社事业，并会见林语堂，邀其为“中央社”写“特约专栏”。

12 月 21 日正式就任“中央社”社长。

1965 年

2 月 10 日，其精心策划的“中央社”“特约专栏”发表林语堂主持之《无所不谈》首篇文章《新春试笔》。

3 月，在台北《“中国一周”》发表《新闻教育的回忆》。

4 月 1 日，主持“中央社”启用新型页式文字传真机剪彩典礼，与美国联合通讯社签订新闻合约。

4 月 12 日，与德国通讯社签订新闻合约。

5 月 20 日，在《政大校友通讯》“庆祝母校卅八周年纪念专刊”发表《我从事新闻教育经过》。

9 月 30 日，就任台北新闻记者公会理事长。

10 月 31 日，与韩国合同通讯社签订新闻交换协定。

12 月 15 日，与意大利恩萨通讯社签订新闻协议。

1966 年

2 月 20 日，在台北《“中华日报”》发表《自由报业的继往开来》。

2 月 21 日，在台北《“中华日报”》发表《我在南京办报的回忆——为“中华日报”创刊二十周年而作》。

2 月 25 日，在台北《“中央日报”》发表《〈无所不谈〉序》。

6 月 27 日，任新闻编辑人协会第四届会员大会主席。

1967 年

7 月 24 日，赴东京参加亚洲通讯组织第二届会议。

10 月 11 日，在台北《“中央日报”》发表《我读〈宋代新闻史〉》。

1968 年

4 月，在台北《大众日报》发表《为大众日报创刊敬献一言》。

1969 年

3 月 14 日，与安塔拉社签订交换新闻协定。

8 月，在台北撰写《自由中国传播事业现状》(中英文稿)。

9 月 13 日，出席第三十六届国际笔会。

1970 年

8 月 17 日，赴东京参加亚洲通讯组织会议。

同年，台北云天出版社出版其所著《新闻与时代》。

1972 年

6 月 9 日，任“中央社”管理委员会主任委员，并接替曾虚白任国民党“中央新闻党部”

主任委员。

7月26日,出任“中国新闻学会”理事长。

12月26日,在台北撰写《比较电视制度序》、《到健康的道路——评陈炯明编〈健康的生活〉》。

1973年

2月24日,接受韩国汉阳大学所颁荣誉法学博士学位,并作题为“大学教育与大众传播”的演讲。

4月2日,担任“中央通讯社股份有限公司”第一任董事长。

1974年

2月,在台北撰写《曾虚白先生二三事》。

5月,在台北《“中央周刊”》发表《“中央通讯社”感旧录》。

9月3日,在台北《“中央日报”》发表《贺林语堂先生八秩》。

10月14日,在台北撰写《蒋校长与政治大学》。

11月,在“中国漫画学会”成立大会上作题为《谈漫画》的演讲。

11月29日,在台北撰写《论报纸之杂志化》。

12月,在台北撰写《开天辟地发掘新闻》。

1975年

4月10日,在台北撰写《青年与我》。

4月22日,撰写《“三民主义”新闻政策讲述大纲》并作演讲

10月,在台北《台湾日报》发表《祝台湾日报生辰兼论新闻事业的责任》。

同年,在台北撰写《政大新闻教育的创始与发展》。

1976年

在台北撰写《我所知的林语堂先生》。

1977年

9月,在台北《更生日报》发表《祝贺更生日报创刊三十周年》。

同年,在台北《青年战士报》发表《青年战士报二十五周年》,在《台湾新闻报》发表《贺台湾新闻报发行一万号》。

同年,在台北撰写《怀创校诸贤——为政大五十周年纪念作》《五十年前的政大青年》《书贻先生的风格与风范》《回忆林语堂先生》等。

1978年

2月1日,在台北《“中央日报”》发表《“中央日报”迁台之经过》。

5月17日,在台北《“中央日报”》发表《〈朱自清研究〉序》。

5月18日,在台北《中华日报》发表《青灯有味似儿时》。

8月12日,在台北《“中央日报”》发表《朱自清先生八十祭》。

8月30日,在台北《“中央日报”》发表《儿时读书杂忆》。

9月22日,在台北《新生报》发表《回首少年时》。

同年，在台北《“国语日报”》发表《为什么我喜欢读“国语日报”》。

1979 年

3 月 12 日，在台北《“中央日报”副刊》发表《一瞬三十年》。

4 月 11 日，在台北《“中央日报”》发表《“中华民国”的日记簿》。

12 月 28 日，撰写《野阔天高擢数星》，并于 1980 年 1 月收录于阮毅成等编《我的大学生活(第 1 集)》。

1980 年

3 月 27 日，就任“大众传播教育协会”首任理事长。

9 月 28 日，在台北《中华日报》发表《春风和气自清师》。

10 月 15 日，在台北《“中央日报”》发表《新闻与教育》。

10 月 21 日，在台北《“中央日报”》发表《我生之初》。

1981 年

1 月 20 日，在台北《“中央日报”》发表《四大使命与四个方向》。

5 月 22 日，在“大众传播教育协会”作题为《大众传播对生活素质改变的责任》的演讲。

5 月 23—24 日，在台北《“中央日报”》连续发表《大众传播对人类生活之重大影响》，并发表于《新闻学研究》冬第 28 期。

6 月 25—27 日，在台北《“中央日报”》连续发表《论印刷的新闻——大众传播中“文字媒介”的观察与建言》。

同年，在台北撰写《五十年前去国情》，收录于台北“中华日报”社出版的《我的留学生活》。

1982 年

2 月 12 日，在台北新闻通讯协会作题为“新闻记者的四感”的演讲。

1983 年

2 月 28 日，在“行政院文建会”组织的艺文界春叙茶会上发表题为《读报观影罪言》的致辞。3 月 1 日，在台北《“中央日报”》发表《读报观影罪言》，并发表于《新闻学研究》夏第 31 期。

3 月 26 日，在台北《青年战士报》发表《言犹在耳——从蒋公遗训论新闻道德》，并以“蒋公论新闻道德”为题发表于《新闻学研究》夏第 31 期。

4 月 19 日，在台北撰写《介绍大众传播学者亚伯教授》。

5 月，在文化大学新闻学院作题为《谈文化·大学·新闻》的演讲。

5 月 3 日，在台北《“中央日报”》发表《报业之我见》。

11 月 11 日，在“中央社”举行的“萧同兹先生逝世十周年纪念会”上作题为《大众传播事业之新趋势——与“中央通讯社”之前途》的演讲，并于 13 日在台北《“中国时报”》发表。

12 月，在《新闻学研究》冬第 32 期发表《给青年记者——新闻采访应守什么原则》及《论社会新闻之多元化》。

1984 年

4 月 19 日,获美国密苏里大学颁发的“杰出新闻事业终生服务最高荣誉奖章”,并作题为《中国的新闻事业》的演讲。

4 月 20 日,发表《答谢密苏里大学颁奖致辞》,并发起设立“威廉斯奖学金”。

5 月 6 日,在曾虚白八九华诞学术座谈会上作题为《传播、传道、传薪》的致辞。

5 月 15 日,在台北撰写《哀黎世芬弟》。

12 月 1 日,发表《传播教育研讨会开幕辞》。

同年,在台北撰写《五十年前新闻学生的回顾》、《密苏里教育对中国新闻事业之贡献》。

1985 年

5 月 27 日,因轻微中风而住院治疗。

5 月 29 日,辞去“大众传播教育协会”理事长之职。

5 月 30 日,受聘担任蒋经国“总统府”“国策顾问”。

6 月 26 日,正式卸任“中央社”董事长之职。这是其国民党体制内新闻人生涯第三次大挫折。

6 月 27 日,卸任“中国新闻学会”理事长之职。

7 月 1 日,卸任国民党“中央新闻党部”主委之职。

8 月 24 日,受聘为“中国新闻学会”荣誉顾问。

9 月 6 日,在台北《中国时报》发表《重序〈多少英伦旧事〉》。

1988 年

2 月 1 日,在台北《“中央日报”》发表“纪念《“中央日报”》六十周年”《致赠歌词》。

1991 年

3 月 11 日,于台北病逝。

参考文献

一、中文著述

（一）著作文献

1. “中央通讯社”编印:《七十年来“中华民国”新闻通讯事业》,台北:“中央通讯社”,1981 年。

2. “中央通讯社”编印:《“中央社”六十年》,台北:“中央通讯社”,1984 年。

3. “中央通讯社”编印:《“中央社”七十年》,台北:“中央通讯社”,1994 年。

4.《四书五经》(线装本),杭州:浙江文艺出版社,2001 年。

5. 白润生:《中国新闻通史纲要》,北京:新华出版社,1998 年。

6. 蔡元培:《蔡元培全集》,北京:中华书局,1984 年。

7. 曹圣芬:《感恩怀旧录》,台北:“中央日报”社,1981 年。

8. 陈建云:《向左走,向右走:一九四九年前后民间报人的出路抉择》,福州:福建教育出版社,2010 年。

9. 陈建云:《中国当代新闻传播法制史论》,济南:山东人民出版社,2005 年。

10. 陈立夫、陈秀惠:《复兴中国文化——陈立夫访谈录》,北京:新华出版社,2007 年。

11. 陈立夫等:《“中央日报”与我——“中央日报”创刊五十周年纪念丛书之二》,台北:“中央日报”社,1978 年。

12. 陈世宏等编:《雷震案史料汇编:“国防部”档案选辑》,新店:“国史馆”,2002 年。

13. 陈世宏等编:《雷震案史料汇编:黄杰警总日记选辑》,新店:“国史馆”,2003 年。

14. 陈世宏等编:《雷震案史料汇编:雷震狱中手稿》,新店:“国史馆”,2002 年。

15. 陈铁健、黄道炫:《蒋介石与中国文化》,香港:中华书局(香港)有限公司,1992 年。

16. 陈旭麓、方诗铭、魏建猷编:《中国近代史词典》,上海:上海辞书出版社,1982 年。

17. 成舍我:《报学杂著》,台北:“中央文物供应社”,1956 年。

18. 程曼丽:《〈蜜蜂华报〉研究》,澳门:澳门基金会,1998 年。

19. 程其恒著,马星野校订:《战时中国报业》,桂林:铭真出版社,1944 年。

20. 楚崧秋口述,吕芳上、黄克武访问,王景玲纪录:《览尽沧桑八十年:楚崧秋先生访问纪录》,《“中央研究院”近代史研究所口述历史丛书(78)》,台北:“中研院”近史所,

2002 年。

21. 辞海编委会:《辞海》,上海:上海辞书出版社,2010 年。

22. 崔之清:《国民党政治与社会结构之演变:1905—1949》,北京:社会科学文献出版社,2007 年。

23. 戴季陶等:《孙文主义论集》,台北:文星书店,1965 年。

24. 丁淦林:《中国新闻事业史》,北京:高等教育出版社,2007 年。

25. 董显光等:《新闻学论集》,台北:"中华文化出版事业委员会",1955 年。

26. 董显光先生追思录编辑委员会编:《董显光先生追思录》,台北:董显光先生追思录编辑委员会发行(非卖品),1972 年。

27. 董显光英文原著,曾虚白译:《董显光自传——一个中国农夫的自述》,台北:《新生报》出版部,1981 年。

28. 范泓:《隔代的声音——历史劲流中的知识人》,桂林:广西师范大学出版社,2013 年。29. 方汉奇:《〈大公报〉百年史》,北京:中国人民大学出版社,2004 年。

30. 方汉奇主编:《中国新闻传播史》,北京:中国人民大学出版社,2009 年。

31. 方汉奇主编:《中国新闻事业编年史》,福州:福建人民出版社,2000 年。

32. 方汉奇主编:《中国新闻事业通史》,北京:中国人民大学出版社,1996 年。

33. 方晓红:《中国新闻史》,南京:南京师范大学出版社,2004 年。

34. 风云出版社编辑委员会编:《国民党领导阶层分析》,台北:风云出版社,1988 年。

35. 付春杨:《民国时期政体研究:1925—1947 年》,北京:法律出版社,2007 年。

36. 戈公振:《中国报学史》,北京:三联书店,1995 年。

37. 耿修业:《一勺集:一个新闻工作者的回忆》,台北:里仁书局,1992 年。

38. 龚选舞:《龚选舞回忆》,台北:时报文化出版企业有限公司,1991 年。

39. 龚选舞:《龚选舞回忆录:一九四九国府垮台前夕》,新北:卫城出版社,2011 年。

40. 顾理平:《新闻法学》,北京:中国广播电视出版社,2005 年。

41. 郭庆光:《传播学教程》,北京:中国人民大学出版社,1999 年。

42. 郭绪印:《国民党派系斗争史》,上海:上海人民出版社,1992 年。

43. 洪煜:《近代上海小报与市民文化研究(1897—1937)》,上海:上海书店出版社,2007 年。44. 胡适:《胡适的声音(1919—1960):胡适演讲集》,桂林:广西师范大学出版社,2005 年。45. 胡太春:《中国近代新闻思想史》,太原:山西人民出版社,1987 年。

46. 胡有瑞主编:《六十年来的"中央日报"》,台北:"中央日报"社,1988 年。

47. 黄旦:《传者图像:新闻专业主义的建构与消解》,上海:复旦大学出版社,2005 年。

48. 黄瑚:《中国近代新闻法制史论》,上海:复旦大学出版社,1999 年。

49. 黄肇珩、吴德里、马大安编:《星垂平野阔》(电子书),台北:义美联合商务有限公司,2014 年。

50. 吉人编:《马星野先生纪念集》,台北:"中央日报"出版部,1992 年。

51. 江沛、纪亚光:《毁灭的种子:国民政府时期意识管制分析》,西安:陕西人民教育出版社,2000 年。

52. 蒋经国先生全集编辑委员会编:《蒋经国先生全集》,台北:“行政院”新闻局,1991年。53. 孔庆泰:《国民党政府政治制度史》,合肥:安徽教育出版社,1998年。

54. 赖光临:《七十年中国报业史》,台北:“中央日报”社,1981年。

55. 雷震著,林淇瀁校注:《雷震回忆录之新党运动黑皮书》,台北:远流出版事业股份有限公司,2003年。

56. 李彬:《中国新闻社会史(1815—2005)》,上海:上海交通大学出版社,2007年。

57. 李新:《中华民国史》,北京:中华书局,2000年。

58. 李瞻:《三民主义新闻政策之研究》,台北:政治大学三民主义研究所,1978年。

59. 李瞻:《新闻道德》,台北:三民书局,1982年。

60. 李瞻等撰,程沧波审查:《“中华民国”广播报业电视规范初稿》,台北:台北市新闻评议委员会,1973年。

61. 李本义:《孙中山对外方略》,北京:中国社会科学出版社,2006年。

62. 李春雷、任慧:《媒介与学术——以20世纪二三十年代为视角》,天津:天津古籍出版社,2007年。

63. 李金河:《中国政党政治研究:1905—1949》,北京:中央编译出版社,2007年。

64. 李金铨主编:《报人报国——中国新闻史的另一种读法》,香港:香港中文大学出版社,2013年。

65. 李金铨主编:《文人论政:知识分子与报刊》,桂林:广西师范大学出版社,2008年。

66. 李良荣:《当代西方新闻媒体》,上海:复旦大学出版社,2010年。

67. 李良荣:《新闻学概论》,上海:复旦大学出版社,2010年。

68. 李向平、魏扬波:《口述史研究方法》,上海:上海人民出版社,2010年。

69. 李杨、范泓:《重说陶希圣》,台北:秀威资讯科技股份有限公司,2008年。

70. 梁启超:《饮冰室合集·专集99》,北京:中华书局,1989年。

71. 林牧茵:《移植与流变——密苏里大学新闻教育模式在中国》,上海:复旦大学出版社,2013年。

72. 林友兰:《中国报学导论》,台北:学生书局,1974年。

73. 林语堂著,王海、何洪亮译:《中国新闻舆论史》,北京:中国人民大学出版社,2008年。

74. 林毓生等:《五四:多元的反思》,香港:三联书店(香港)有限公司,1989年。

75. 林元辉主编:《一步一脚印:政大新闻教育六十年大事纪》,台北:政治大学新闻系,1995年。

76. 刘豁轩:《报学论丛》,天津:《益世报》社,1946年。

77. 刘家林:《中国新闻通史》,武汉:武汉大学出版社,1995年。

78. 刘建明:《社会舆论原理》,北京:华夏出版社,2002年。

79. 刘景泉、郭德宏:《政党与近现代中国社会研究》,天津:天津人民出版社,2008年

80. 刘哲明编:《近现代出版新闻法规汇编》,上海:学林出版社,1992年。

81. 龙伟、任羽中、王晓安等编:《民国新闻教育史料选辑》,北京:北京大学出版社,

2010年。

82. 马光仁:《中国近代新闻法制史》,上海:上海社会科学院出版社,2007年。

83. 马星野:《新闻与时代》,台北:云天出版社,1970年。

84. 马星野:《新闻自由论》,南京:"中央日报"社,1948年。

85. 马星野等:《我的留学生活》,台北:《中华日报》社,1981年。

86. 马之骕:《新闻界三老兵:曾虚白、成舍我、马星野奋斗历程》,台北:经世书局,1986年。

87. 倪延年、吴强:《中国现代报刊发展史》,南京:南京大学出版社,1993年。

88. 倪延年:《中国报刊法制发展史》(1—4卷),南京:南京师范大学出版社,2006年。

89. 倪延年:《中国报刊法制发展史》(台港澳卷),南京:南京师范大学出版社,2010年。

90. 彭明:《五四运动史》,北京:人民出版社,1984年。

91. 彭明:《中国现代史资料选辑》,北京:中国人民大学出版社,1989年。

92. 彭敦文:《国民政府对日政策及变化:从九一八事变到七七事变》,北京:社会科学文献出版社,2007年。

93. 秦孝仪:《"中华民国"重要史料初编:对日抗战时期》(第5编),台北:中国国民党"党史会",1981年。

94. 荣孟源主编:《中国国民党历次代表大会及中央全会资料》,北京:《光明日报》出版社,1985年。

95. 阮毅成等:《我的大学生活》(第1集),台北:《中华日报》社,1980年。

96. 邵志择:《近代中国报刊思想的起源与转折》,杭州:浙江大学出版社,2011年。

97. 石峻编:《中国近代思想史参考资料简编》,北京:三联书店,1957年。

98. 食货月刊社编辑委员会论文作者史学及法学家二十三位编:《陶希圣先生八秩荣庆论文集》,台北:食货出版社,1979年。

99. 孙中山:《孙中山全集》,北京:中华书局,1982年。

100. 孙子和编:《民国政党史料》,台北:正中书局,1981年。

101. 唐志宏主编:《成舍我先生文集》(1951—1988),新店:世新舍我纪念馆暨新闻史研究中心,2006年。

102. 陶希圣:《潮流与点滴》,北京:中国大百科全书出版社,2009年

103. 陶希圣口述,陈存恭、苏启明等访问,陈存恭、尹文泉总整理:《陶希圣先生访问纪录》,台北:"国防部"史政编译局,1994年。

104. 田湘波:《中国国民党党政体制剖析:1927—1937》,长沙:湖南人民出版社,2006年。105. 王凤超:《中国的报刊》,北京:人民出版社,1988年。

106. 王桧林:《中国现代史》,北京:高等教育出版社,1988年。

107. 王洪钧:《我笃信新闻教育》,台北:正中书局,1993年。

108. 王慧美主编:《薪传:政大传播学院落成纪念特刊》,台北:政治大学传播学院,1990年。109. 王凌霄:《中国国民党新闻政策之研究》(1928—1945),台北:中国国民党

“党史会”,1996年。

110. 王奇生:《党员、党权与党争:1924—1949年中国国民党的组织形态》,上海:上海书店,2009年。

111. 王维礼:《中国现代史大事纪事本末》(1919—1949),哈尔滨:黑龙江人民出版社,1987年

112. 王小庆编:《如何培养好公民》,北京:清华大学出版社,2013年。

113. 王晓岚:《喉舌之战——抗战中的新闻对垒》,桂林:广西师范大学出版社,2001年

114. 王新命:《新闻圈里四十年》,台北:龙文出版社股份有限公司,1993年。

115. 王兆刚:《国民党训政体制研究》,北京:中国社会科学文献出版社,2004年。

116. 吴飞:《新闻专业主义研究》,北京:中国人民大学出版社,2009年。

117. 吴廷俊:《中国新闻传播史稿》,武汉:华中理工大学出版社,1999年。

118. 吴振汉:《国民政府时期的地方派系意识》,台北:文史哲出版社,1992年。

119. 向芬:《国民党新闻传播制度研究》,北京:中国社会科学出版社,2012年。

120. 徐咏平:《老师·长官·同学》,台北:台湾商务印书馆,1980年。

121. 许焕隆:《中国现代新闻史简编》,郑州:河南人民出版社,1988年。

122. 薛月顺、曾品沧等编注:《战后台湾民主运动史料汇编(一):从戒严到解严》,台北:“国史馆”,2000年。

123. 燕京大学校友校史编写委员会编:《燕京大学史稿》,北京:人民中国出版社,1999年。

124. 杨汝梅:《国民政府财政概况论》,北京:中华书局,1938年。

125. 杨天石:《国民党人与前期中华民国》,北京:中国人民大学出版社,2007年。

126. 叶再生:《中国近代现代出版通史》,北京:华文出版社,2002年。

127. 于德山:《当代媒介文化导论》,北京:中国广播电视出版社,2012年。

128. 余英时:《中国文化与现代变迁》,台北:三民书局,1992年。

129. 虞宝棠:《国民政府与民国经济》,上海:华东师范大学出版社,1998年。

130. 张威:《光荣与梦想:一代新闻人的历史终结》,北京:清华大学出版社,2012年。

131. 张国良主编:《20世纪传播学经典文本》,上海:复旦大学出版社,2003年。

132. 张静庐编:《中国近代出版史料》(初编),上海:上海联群出版社,1953年。

133. 张静如、卞杏英:《国民政府统治时期中国社会之变迁》,北京:中国人民大学出版社,1993年。

134. 张苙云编:《文化产业:文化生产的结构分析》,台北:远流出版公司,2000年。

135. 张晓锋:《新闻职业精神论纲》,北京:中国广播电视出版社,2011年。

136. 张学继、张雅蕙:《陈立夫大传》,北京:团结出版社,2008年。

137. 张玉法:《中国现代政治史论》,台北:东华书局,1988年。

138. 张允侯等:《五四时期的社团》,北京:三联书店,1979年。

139. 赵铭忠、李祚明:《中国第二历史档案馆指南》,北京:中国档案出版社,1994年。

140. 赵玉明:《中国现代广播简史》,北京:中国广播电视出版社,1996年。

141. 郑保卫编:《马克思恩格斯报刊活动与新闻思想研究》,北京:高等教育出版社,2003年。142. 郑超然、程曼丽、王泰玄编:《外国新闻传播史》,北京:中国人民大学出版社,2000年。143. 郑瑞城等:《解构广电媒体:建立广电新秩序》,台北:澄社,1993年。

144. 郑贞铭编:《老兵记往》,台北:华欣文化事业中心,1974年。

145. 中共中央编译局编:《马克思恩格斯文集》(1—2卷),北京:人民出版社,2009年。

146. 中国第二历史档案馆编:《中华民国史档案资料汇编》(第三辑),南京:江苏古籍出版社,1991年。

147. 中国第二历史档案馆编:《中华民国史档案资料汇编》(第五辑第一编),南京:江苏古籍出版社,1994年。

148. 中国第二历史档案馆编:《中华民国史档案资料汇编》(第五辑第二编),南京:江苏古籍出版社,1998年。

149. 中国近代史编写组编:《中国近代史》,北京:中华书局,1983年。

150. 中国社科院新闻研究所编:《抗日战争时期的中国新闻界》,重庆:重庆出版社,1987年。151. 中国新闻史学会新闻传播教育史研究委员会编:《中国新闻传播教育年鉴(2016)》,武汉:武汉大学出版社,2016年。

152. 周安仪:《中国新闻从业人员群像》,台北:黎明文化实业公司,1981年。

二、报纸、刊物文献

1.《孚中暨扬子等公司破坏进出口条例,财经两部奉令查明》,南京《"中央日报"》1947年7月29日。

2.《检定党义教师委员会资格》,《申报》1930年9月6日。

3.《留美新闻学家马星野回国抵沪》,《申报》1934年5月25日。

4.《马伟等今日放洋赴美》,《申报》1931年8月18日。

5.《我代表团抵日内瓦,新闻自由会议明揭幕》,天津《益世报》1948年3月22日。

6.《新闻自由委员会内我提四项建议,委会通过美新闻自由原则》,天津《益世报》1948年4月4日。

7.《新闻自由与负责,报人应注意对社会责任,刘豁轩在新闻会议提议》,天津《益世报》1948年4月15日。

8.《浙江省第三次全省代表大会监委候选人》,《申报》1930年6月6日。

9.《中国国民党第四组新旧主任交接仪式》,台北《联合报》1959年6月27日。

10.《"中国新闻学会"今在渝开成立会》,《申报》1941年3月16日。

11.《"中国新闻学会"理监事开首次联席会议》,《申报》1941年3月18日。

12.《中国新闻学会宣言》,《申报》1941年3月19日。

13.《"中央党部直属中央政治学校区党部候补执行委员"》,《申报》1929年11月6日。

14.《老报人马星野在台逝世》,《新闻研究资料》1991年第1期。

15.《"中央政治学校"毕业同学录》,1947年3月。

16. 卜少夫:《谈新闻教育》,《新中华》1944 年复刊第 2 卷第 4 期。

17. 蔡雯、周欣枫:《新闻教育的“密苏里方法”——美国密苏里新闻学院办学模式探析》,《现代传播》2006 年第 2 期。

18. 蔡铭泽:《大陆时期国民党党报管理体制的变化》,《新闻与传播研究》1995 年第 2 期。

19. 蔡铭泽:《论抗日战争时期国民党人的新闻思想》,《新闻与传播研究》1998 年第 2 期。

20. 蔡铭泽:《论抗战时期国民党党报的发展》,《新闻大学》1993 年第 2 期。

21. 蔡铭泽:《论三十年代初期中国的舆论环境》,《中国人民大学学报》1994 年第 3 期。

22. 蔡铭泽:《论中国国民党地方党报的建立与发展》,《广州师院学报》(社会科学版)1995 年第 1 期。

23. 蔡铭泽:《三十年代国民党新闻政策的演变》,《新闻与传播研究》1996 年第 2 期。

24. 蔡铭泽:《四十年代国民党党报企业化经营管理概述》,《新闻大学》1992 年第 2 期。

25. 蔡铭泽:《台湾“报禁”纵横谈》,《编辑之友》1992 年第 6 期。

26. 蔡铭泽:《中国国民党党报发展述略》,《新闻研究资料》1992 年第 1 期。

27. 蔡绍元:《马星野与“中央政治学校”新闻学系》,《团结报》1986 年第 1 期。

28. 曾来海:《试论民国时期报业集团化经营的理论研究》,《国际新闻界》2011 年第 31 期。

29. 陈百龄:《新闻教育的传教士——马星野》,载《教育 · 爱:台湾教育人物志 V》,台北:教育资料馆,2011 年。

30. 陈独秀:《敬告青年》,《青年杂志》1915 年第 1 卷第 1 期。

31. 陈力丹:《台湾新闻传播学研究概况》,《新闻与传播研究》1999 年第 4 期。

32. 陈立新:《威斯康星模式与中国初期新闻教育——兼论新闻价值理论之渊源》,《国际新闻界》2013 年第 35 卷第 6 期。

33. 陈之岳:《追忆国民党报〈中央日报〉新闻第一的光芒》,《亚洲周刊》2006 年第 24 期。

34. 陈志昌:《“自由中国”的建构——以〈中央日报〉为主的分析》,《暨南史学》2009 年第 12 号。

35. 程曼丽:《论百年新闻传播史上的两次飞跃》,《国际新闻界》2000 年第 6 期。

36. 程曼丽:《华北地区最后一份汉奸报纸——〈华北新报〉研究》,《新闻与传播研究》2004 年第 3 期。

37. 邓绍根:《勘误补遗:密苏里荣誉奖章与中国新闻界》,《国际新闻界》2007 年第 1 期。

38. 丁淦林、徐培汀:《复旦新闻系六十年》,《新闻大学》1989 年第 4 期。

39. 丁淦林:《把学科建设放在重要位置上——回忆复旦新闻系(学院)的学术研究活

动》,《新闻大学》2009 年第 3 期。

40. 董书华:《俞颂华的新闻实践与新闻思想初探》,《东南传播》2007 年第 10 期。

41. 方汉奇:《1949 年以来大陆的新闻史研究》,《新闻与写作》2007 年第 2 期。

42. 冯修文、张骏德:《我国新闻报道改革历程与趋势》,《传媒》2014(3 上)。

43. 葛思恩:《回忆重庆新闻学院》,《新闻与传播研究》1981 年第 4 期。

44. 葛思恩:《记早期的政治大学新闻系》,《新闻研究资料》1989 年第 1 期。

45. 葛思恩:《忆马星野》,《长宁文史资料》1993 年第 9 辑。

46. 龚选舞:《马资料、马记者和马编辑》,《中国时报》1991 年 4 月 10 日。

47. 古远清:《林语堂在台湾》,《武汉文史资料》2002 年第 7 期。

48. 关琮严:《试论中国新闻专业主义的四大源流》,《新闻研究导刊》2012 年第 11 期。

49. 汉客(潘焕昆):《永怀星野先生》,台北《"中央日报"·笔阵》1991 年 3 月 17 日。

50. 何义麟:《战后初期台湾报纸之保存现况与史料价值》,《台湾史料研究》1996 年第 8 期。

51. 贺晓兰:《重庆抗战时期新闻研究活动及其贡献》,《江西社会科学》2005 年第 5 期。

52. 胡焱、王理:《"非充分职业化"——关于民国初期新闻事业的职业化形态思考》,《青年记者》2012 年 6 月中。

53. 胡连利、彭焕萍:《文化适应:中国近代新闻教育的经验和教训》,《河北大学学报》(哲学社会科学版)2009 年第 4 期。

54. 黄旦:《从新闻职业化看西方新闻自由思想的历史演变》,《浙江大学学报》(人文社会科学版)2004 年第 34 卷第 1 期。

55. 黄旦:《五四前后新闻思想的再认识》,《浙江大学学报》(人文社会科学版)2000 年第 30 卷第 4 期。

56. 黄瑚:《新闻职业道德建设的观念与实践》,《甘肃社会科学》2006 年第 6 期。

57. 黄昌林:《拒检运动与新闻自由》,《成都大学学报》(社会科学版)2008 年第 5 期。

58. 黄东英、吕波:《合理制约下的台湾新闻传播教育研究》,《新闻界》2012 年第 2 期。

59. 黄炎培:《读中国新闻记者信条致马星野函》,《新闻战线》1945 年第 2—3 期。

60. 黄昭宪:《燕京大学新闻系概况》,《新闻学研究》1932 年。

61. 季品三:《我读到了阿宇的诗——访马星野的胞姐马伸权》,《团结报》1984 年 9 月 22 日。

62. 姜红:《现代中国自由主义新闻思潮的流变》,《新闻与传播研究》2005 年第 2 期。

63. 蒋介石:《今日新闻界之责任——对新闻专修班首期学员毕业训词》,《新闻学季刊》1941 年第 1 卷第 3 期。

64. 蒋介石:《为政与求学》,载秦孝仪主编:《"总统"蒋公思想言论总集》(卷 23),台北:中国国民党中央委员会党史委员会,1984 年。

65. 蒋介石:《怎样做一个现代新闻记者——对新闻专修班一二期学生毕业训词》,《新闻学季刊》1941 年第 1 卷第 3 期。

66. 靖鸣:《抗战时期朝鲜义勇队在桂林等地新闻宣传活动初探》,《新闻与传播研究》2009 年第 2 期。

67. 孔珞撰,邵余安整理:《介绍平阳马星野先生》,《温州图书馆学刊》2013 年第 1 期。

68. 蓝鸿文:《世界扫描:新闻自律的一项基本建设——道德信条》,《国际新闻界》2001 年第 2 期。

69. 冷冰:《南京“中央日报”的经营策略及启示》,《青年记者》2005 年第 4 期。

70. 李伟:《1942 年〈中央日报〉两次大改组》,《民国春秋》2000 年第 4 期。

71. 李瞻:《“中华民国”新闻政策之研究》,《新闻学研究》1985 年 10 月第 35 期。

72. 李瞻:《从力行哲学探讨新闻道德与自律》,《新闻学研究》1987 年春第 38 期。

73. 李瞻:《多元化社会的新闻取向》,《新闻学研究》1983 年冬第 32 期。

74. 李瞻:《社会责任论的发展》,《新闻学研究》1968 年春第 2 期。

75. 李瞻:《台湾报业危机:政策、自律与他律》,《国际新闻界》2009 年第 12 期。

76. 李瞻:《新闻自由的演进及其趋势》,《新闻学研究》1967 年春第 1 期。

77. 李瞻:《“中央日报”、联合报、与“中国时报”三大日报内容之统计分析》,《新闻学研究》1976 年春第 17 期。

78. 李金铨:《民国知识人办报以图重回政治中心》,上海《东方早报》2013 年 8 月 7 日。

79. 李文平:《论“丁家党”在南京政府建立时期的作用》,《史学月刊》,2008 年第 4 期。

80. 梁士纯:《事在人为》,《燕京大学新闻学会年册》(1937 年),载燕大文史资料编委会:《燕大文史资料》(第 7 辑),北京:北京大学出版社,1990 年。

81. 梁士纯:《中国新闻教育之现在与将来》,天津《大公报》1936 年 5 月 9 日。

82. 林溪声、方汉奇:《薪继火传 再创辉煌——与方汉奇教授谈复旦新闻教育 80 年》,《新闻大学》2009 年第 3 期。

83. 林友兰:《中国报业报学与报人》,《报学》1974 年第 5 卷第 2 期。

84. 刘威、向舒:《从馆藏文献看马星野的新闻思想》,《湖南大众传媒职业技术学院学报》2014 年第 14 卷第 1 期。

85. 刘家林:《我国现代新闻学刊物及专版简介》,《新闻研究资料》1990 年第 3 期。

86. 刘丽娟、白生良:《民国早期新闻学教育形成探析》,《东南传播》2011 年第 7 期。

87. 刘维生、刘旺:《试论 1943 年国共两党在思想文化领域的论战——以“中央日报”和解放日报为中心》,《衡水学院学报》2009 年第 5 期。

88. 刘小清:《〈中央日报〉刊登〈资本论〉广告风波》,《学习月刊》2002 年第 2 期。

89. 刘亦实:《特立独行的民国著名记者赵敏恒》,《文史春秋》2006 年第 11 期。

90. 龙炘成:《谢六逸与我国早期的新闻教育》,《新闻窗》1996 年第 5 期。

91. 卢祺新、[美]葛鲁甫(Samuel D. Groff):《燕京新闻系》,燕大文史资料编委会:《燕大文史资料》(第 3 辑),北京:北京大学出版社,1990 年。

92. 陆晔、潘忠党:《成名的想象:社会转型过程中新闻从业者的专业主义话语建构》,《新闻学研究》第 71 期。

93. 路鹏程:《言论自由、出版自由与新闻自由概念传入中国的历史考察》,《中国传媒报告》2009 年第 4 期。

94. 罗家伦讲，马伟记录：《蔡元培时代的北京大学与五四运动》，《传记文学》1990 年第 54 卷第 5 期。

95. 罗文辉：《密苏里大学新闻学院对“中华民国”新闻教育及新闻事业的影响》，《新闻学研究》1989 年春第 41 期。

96. 罗映纯、林如鹏：《公共交往与民国职业报人群体的形成》，《新闻与传播研究》2012 年第 5 期。

97. 罗自苏：《〈中央日报〉的历史沿革与现状》，《新闻研究资料》1985 年第 1—2 期。

98. 马庆：《论中国近现代报人的地理分布》，《湖北社会科学》2011 年第 4 期。

99. 马光仁：《我国早期的新闻界团体》，《新闻研究资料》1988 年第 1 期。

100. 马光仁：《中美新闻界友好交往的先驱——简介美国著名新闻学家威廉博士五次访华》，《新闻大学》2005 年秋。

101. 马允伦：《马星野传略》，《温州师范学院学报》（哲学社会科学版），1997 年第 1 期。

102. 马允元：《马星野情系乡梓》，《温州会刊》第 112 期。

103. 马允元：《我所知道的马星野》，《温州文史精选集 3：1946—1952 年温州文史资料》2003 年第 17 辑。

104. 毛树清：《报纸杂志化问题》，《新闻学季刊》1941 年第 1 卷第 3 期。

105. 穆逸群：《〈中央日报〉的廿二年》，《新闻研究资料》1982 年第 5 期。

106. 倪宁：《我国新闻教育的发展及其特点》，《国际新闻界》2000 年第 5 期。

107. 潘焕昆：《经师人师永垂典范》，台北《“中央日报”》1991 年 3 月 28 日。

108. 彭河清：《新闻系和马老师：追忆新闻系创办情形》，《新闻学人》，台北：政治大学新闻学会，1968 年。

109. 彭家发：《一字一汗滴，十年心血尽成书：谈卓著〈中国近代报业发展史〉成书历程及其他》，《新闻学研究》1999 年春第 58 期。

110. 齐辉：《民国报业展览会与中国现代新闻业的成长》，《国际新闻界》2010 年第 10 期。

111. 秦志希：《关于大陆与台湾传媒文化的思考》，《新闻大学》1995 年春。

112. 秦志希：《中国大陆与台湾省传媒的民族文化特性》，《新闻与传播研究》1995 年第 1 期。

113. 秋阳：《谢六逸与复旦大学新闻系的创办》，《新闻大学》1997 年秋。

114. 申晓云：《国民政府体制内压力集团对外交决策的影响——以战前政府对日方针制订为中心的考察》，《南京大学学报》（哲学·人文科学·社会科学版）2009 年第 3 期。

115. 沈荟：《折衷人文主义新闻教育：对密苏里方法历史缘起的探寻及思考》，《新闻与传播研究》2009 年第 2 期。

116. 宋素红：《新闻史学的过去、现在与未来——对新闻史研究的量化分析（1834—2004）》，《当代传播》2006 年第 1 期。

117. 汤德臣:《燕大新闻系杂忆》,载燕大文史资料编委会:《燕大文史资料》(第7辑),北京:北京大学出版社,1990年。

118. 唐海江:《党报"转型困境"的政治文化分析:以"中央日报"为中心》,《新闻学研究》2008年秋第95期。

119. 唐迎春:《台湾新闻自律的缘起与现状——兼谈解禁前台湾新闻自律的内容及效果》,《新闻与传播研究》1998年第3期。

120. 万平近:《林语堂定居台湾前后》,《新文学史料》1995年第2期。

121. 王代莉:《谢六逸新闻教育思想探究》,《教育文化论坛》2010年第5期。

122. 王积龙:《台湾报业文化百年历史流变》,《西南民族大学学报》(人文社科版)2007年第1期。

123. 王继先:《春风和气自清师:马星野与朱自清的友谊初探——基于〈马星野档案〉的研究》,载《民国新闻史研究(2015)》,南京:南京师范大学出版社,2015年。

124. 王继先:《星野之源——马星野之"星野"笔名初探》,载《民国新闻史研究(2016)》,南京:南京师范大学出版社,2016年。

125. 王继先:《在理想与现实之间:马星野与〈自由中国〉关系初考察》,《现代传播(中国传媒大学学报)》,2017年第8期。

126. 王继先:《民国新闻高等教育的"政校模式"略论——以马星野的新闻教育实践为视角》,《新闻大学》2017年第5期。

127. 王继先:《民国时期的大学新闻教育办学模式比较研究——以1930—1940年代燕京、复旦、政校新闻系为例》,《南京师范大学报》(社会科学版)2018年第1期。

128. 王继先:《马星野的"三民主义新闻思想"略论》,《新闻与传播研究》2018年第9期。

129. 王抡楦:《"中央日报"记者访问延安的前前后后》,《新闻研究资料》1986年第1期。

130. 王明亮:《"党报"经营的一种探索——马星野主持南京〈中央日报〉时期新闻实践探析》,《温州大学学报》(社会科学版)2014年第6期。

131. 王永亮:《文人论政与新闻舆论监督》,《当代传播》2011年第4期。

132. 吴飞、丁志远:《新闻教育与新闻专业主义理念的建构》,《浙江大学学报》(人文社会科学版)2007年第37卷第6期。

133. 吴德里:《那儿必是有情世界》,台北《新生报》1991年4月10日。

134. 吴海勇:《1928年至1948年〈中央日报〉对五四运动的评论》,《上海党史与党建》2009年第5期。

135. 吴俊才:《无尽追思,不尽怀念——永怀马老师星野先生》,《实践月刊》1991年4月。

136. 吴廷俊:《〈报人张季鸾先生传〉史实考订》,《新闻与传播研究》1994年第2期。

137. 吴廷俊:《中国大陆新闻教育的历史评析与发展思考》,《新闻学研究》2002年春第71期。

138. 吴永良:《再忆〈大公报〉的几位老友》,《书屋》2006 年第 4 期。

139. 吴稚晖:《祝词》,南京《"中央日报"》1928 年 2 月 1 日创刊号。

140. 吴自强:《联合国制宪会议与中国代表团》,《武汉文史资料》1995 年第 4 期。

141. 西堂:《解放前成都的新闻界团体》,《新闻研究资料》1987 年第 4 期。

142. 夏倩芳:《解严前后台湾广播观念之变迁》,《新闻与传播研究》1998 年第 2 期。

143. 夏倩芳:《台湾省反主流传播现象与追踪》,《新闻与传播研究》1996 年第 3 期。

144. 向芬:《大陆时期国民党新闻传播制度评析》,《新闻与传播研究》2009 年第 6 期。

145. 肖朗、黄迎晓:《燕京大学新闻学系人才培养目标及改革实践》,《高等教育研究》2007 年第 28 卷第 6 期。

146. 谢六逸:《复旦大学新闻学系概况》,《新闻学期刊》1935 年第 1 期。

147. 谢六逸:《新闻教育的重要及其设施》,《教育杂志》1930 年第 22 卷。

148. 新闻大学编辑部:《复旦大学档案馆馆藏程沧波、赵敏恒档案五件的介绍》,《新闻大学》1999 年秋。

149. 徐佳士:《正义火、自由钟——难忘的马师名言》,台北《"中央日报"》1991 年 3 月 28 日。

150. 徐培汀:《中国早期的新闻教育》,《新闻研究资料》1981 年第 4 期。

151. 徐思彦:《官与民:对〈中央日报〉〈大公报〉七七社论的文本分析》,《学术界》2006 年第 6 期。

152. 徐新平:《论马星野新闻伦理思想》,《湖南大学学报》(社会科学版)2014 年第 2 期。

153. 许秩维:《开拓垦荒:马星野照亮新闻路》,"中央社"电讯 2011 年 3 月 10 日。

154. 杨倩蓉:《马星野老师——新闻教育拓荒者》,载《提灯照路的人:政大新闻系 75 年典范人物》,台北:政治大学传播学院,2010 年。

155. 杨玉圣:《大洋彼岸改革潮的东方效应——三四十年代中国政论界与罗斯福新政》,《美国研究》1991 年第 2 期。

156. 姚朋:《星沉:他是跨时代的领袖人物》,台北《"中央日报"》1991 年 3 月 16 日。

157. 姚福申:《"四社"——旧中国报业集团化经营的一次尝试》,《新闻大学》1997 年冬。

158. 叶芃生:《我的舅父马星野》,《温州都市报》2010 年 12 月 2 日。

158. 尹红群:《试论国民政府训政党治的制度危机》,《江西社会科学》2003 年第 8 期。

160. 余焕春:《初识台湾新闻界》,《新闻记者》1994 年第 3 期。

161. 余育国、孙炳芳:《难当的国民党〈中央日报〉社长与总编》,《文史精华》2009 年第 11 期。

162. 俞湘文、葛思恩:《俞颂华传略》(1893—1947),《新闻研究资料》1983 年第 6 期。

163. 袁义勤:《上海〈中央日报〉始末》,《新闻研究资料》1985 年第 1—2 期。

164. 原野:《我国早期的新闻教育》,《新闻业务》1985 年第 12 期。

165. 张斌:《论中国第一篇出版自由研究专文》,《国际新闻界》2010 年第 7 期。

166. 张洁:《新闻职业化的萌芽——重读黄远生的新闻实践与新闻思想》,《新闻大学》2006 年第 3 期。

167. 张玲、金洪海:《中国大陆新闻学研究生教育的产生及发展》,《现代传播》1999 年第 5 期。

168. 张威:《“密苏里新闻帮”与中国》,《国际新闻界》2008 年第 10 期。

169. 张威:《旧中国留美新闻人的抉择与命运》,《新闻与传播研究》2007 年第 4 期。

170. 张丽萍:《新记〈大公报〉:从“文人论政”到“新闻专业主义”》,《内蒙古大学学报》(哲学社会科学版)2008 年第 40 卷第 4 期。

171. 张宪文:《再论民国史研究中的几个重大问题》,《江海学刊》2008 年第 5 期。

172. 张晓锋:《略论近代中国的新闻职业观》,《江苏社会科学》2010 年第 4 期。

173. 张学远:《中央政治学校的新闻教育》,《中国新闻学会年刊》1942 年第 1 期。

174. 张玉龙:《体制内自由分子与战后中国自由主义政治运动——以蒋廷黻、胡适、顾维钧为中心的考察》,《东南学术》2008 年第 5 期。

175. 张育仁:《抗战新闻教育:复旦大学的地位及办学特色》,《新闻导刊》2009 年第 6 期。

176. 章平:《历史背后:民国知识分子的报刊表达——自由的理解与实践:知识分子与民国报刊学术研讨会综述》,《新闻大学》2008 年第 1 期。

177. 赵建国、朱颖:《上海新闻记者联欢会与近代新闻业的职业化》,《新闻与传播研究》2009 年第 3 期。

178. 赵建国:《从“边缘”走向“中心”:早期报人社会地位的演变》,《广西社会科学》2006 年第 8 期。

179. 赵建国:《近代中国报业同业组织发轫辨析》,《新闻界》2006 年第 3 期。

180. 赵云泽、涂凌波:《“文人论政”与“新闻专业主义”:精神的区隔与认同》,《现代传播》2010 年第 10 期。

181. 赵中颉、蔡斐:《抗战时期陪都新闻教育钩沉》,《西南政法大学学报》2006 年第 8 卷第 2 期。

182. 郑保国:《约翰 · B. 鲍威尔与美国新闻专业主义在中国的实践与传播》,《国际新闻界》2012 年第 4 期。

183. 周奇、赵建国:《近代中国报人群体的兴起与社会变迁》,《学术月刊》2008 年第 40 卷 10 月号。

184. 朱燕平:《历史视野中的国民党中央党务学校》,《文史天地》2013 年第 10 期。

185. 朱至刚:《试论“文人论政”的流变——以报人的自我期许为中心》,《新闻与传播研究》2010 年第 3 期。

186. 左克:《马蹄桌边的情思》,《新闻战线》1989 年第 4 期。

三、原始档案、口述史料及未刊文献:

1.《马星野档案》,全宗号 099,台北“中研院”近史所档案馆藏。

2.《马星野严重警告》(1950 年 2 月),《会议记录》会 6.3/230.2,台北国民党"文传会党史馆"藏。

3.《刘文辉、林友才开除党籍马星野严重警告案》(1950 年 2 月);《会议记录》会 6.3/230.6,台北国民党文化传播委员会党史馆藏。

4.《南京"中央日报"股份有限公司创立会纪录》(1947 年 5 月 30 日),《"中央日报"社档案》656.4/5612,南京中国第二历史档案馆藏。

5. 陈百龄等编:《马星野先生大事年表》(初稿),台北:政治大学传播学院,2008 年。

6. 金寅:《马星野大陆时期新闻思想研究》,湘潭:湘潭大学硕士学位论文,2012 年。

7. 薛心镕:《从几篇文稿看马先生的志业》,台北:访问纪要,2013 年 7 月。

8. 薛心镕:《马先生给我的几封信》,台北:访问纪要,2013 年 7 月。

9. 姚朋:《星沉后记》(1991 年 10 月 17 日),台北:访问纪要,2013 年 7 月。

10. 姚朋:《马星野先生与"中央日报"》(2010 年 9 月 1 日),台北:访问纪要,2013 年 7 月。

11. 张咏:《马星野先生和密苏里的半个世纪》,"马星野先生逝世二十周年纪念研讨会"会议资料,台北:政治大学公企中心,2011 年 3 月 12 日。

12. 浙江省中共党史学会编:《中国国民党历次会议宣言决议案汇编》(内部资料),杭州,1985 年。

13. 郑炯儿:《从"扫荡"到"和平":〈扫荡报〉研究(1931—1950)》,台北:台湾师范大学历史研究所硕士学位论文,2000 年。

14. 中共中央党校中共党史教研室编:《中国国民党史文献选编》(内部资料),北京,1985 年。

四、外文著述及译著

(一) 著作文献

1. [德]费希特:《论学者的使命》,梁志学、沈真译,北京:商务印书馆,2003 年。

2. [德]马克斯·韦伯:《学术与政治》,冯克利译,北京:三联书店,1999 年。

3. [法]加布里埃尔·塔尔德、[美]特里·N.克拉克:《传播与社会影响》,何道宽译,北京:中国人民大学出版社,2005 年。

4. [法]米歇尔·德·塞尔托:《多元文化素养》,李树芬译,天津:天津人民出版社,2002 年。

5. [美]埃里克·尤斯拉纳:《信任的道德基础》,张敦敏译,北京:中国社会科学出版社,2006 年。

6. [美]戴维·波普诺:《社会学》,李强等译,北京:中国人民大学出版社,2005 年(第十版)。

7. [美]费正清、费维恺编:《剑桥中华民国史 1912—1949 年》(下卷),刘敬坤、叶宗敭等译,北京:中国社会科学出版社,1998 年。

8. [美]克利福德·G.克里斯蒂安、马克·法克勒、金·B.罗德佐尔、凯西·布里顿·麦基:《媒体伦理学》,张晓辉、梁岩等译,北京:华夏出版社,2000年。

9. [美]迈克尔·埃默里、埃德温·埃默里:《美国新闻史》,展江、殷文译,北京:新华出版社,2001年。

10. [美]司徒雷登:《在华五十年——司徒雷登回忆录》,程宗家译,北京:北京出版社,1982年。

11. [美]斯蒂文·小约翰:《传播理论》,陈德民、叶晓辉译,北京:中国社会科学出版社,1999年。

12. [美]唐纳德·里奇:《大家来做口述历史》,王芝芝、姚力译,北京:当代中国出版社,2006年

13. [美]托马斯·鲍德温、史蒂文森·麦克沃依、查尔斯·斯坦菲尔德:《大汇流:整合媒介信息与传播》,龙耘、官希明译,北京:华夏出版社,2000年。

14. [美]托马斯·索维尔:《知识分子与社会》,张亚月、梁兴国译,北京:中信出版社,2013年。

15. [美]沃尔特·李普曼:《公众舆论》,阎克文、江红译,上海:上海人民出版社,2002年。

16. [美]新闻自由委员会:《一个自由而负责的新闻界》,展江译,北京:中国人民大学出版社,2004年。

17. [美]周策纵:《五四运动:现代中国的思想革命》,周子平译,南京:江苏人民出版社,1996年。

18. [美]朱·弗登伯格、[法]让·梯若尔:《博弈论》,黄涛、郭凯等译,北京:中国人民大学出版社,2002年。

19. Glenn G. Spark:*Media Effects Research: A Basic Overview*,Peking University Press,Beijing,2004.

20. Philip West,*Yenching University and Sino-Western Relations*(1916—1952),Cambridge MA:Harvard University Press,1976.

21. Ronald T. Farrar:*A Creed for My Profession: Walter Williams: Journalist to the World*, University of Missouri Press, Columbia,Missouri,1998.

（二）刊物文献

1. [澳]特里·纳里莫:《中国新闻业的职业化历程——观念转化与商业化过程》,李思颐编译,《新闻与传播研究》1992年第3期。

2. [德]卡勒:《科学职业》,冯克利译,载马克斯·韦伯:《学术与政治》,冯克利译,北京:三联书店,1999年。

3. [美]埃德加·斯诺:《中国的新闻检查》,刘力群译,原载美国《现代历史》杂志1935年7月号,《新闻研究资料》1984年第2期。

4. [美]魏定熙(Timothy B. Weston):《民国时期中文报纸的英文学术研究》,方洁译,

《国际新闻界》2009 年第 4 期。

5. [日]井尻秀宪:《在保守与革新的相争中动摇的李登辉体制》,陈动译,陈小冲校,《台湾研究集刊》1991 年第 3 期。

五、互联网电子数据资源

1. Motoya Nakamura:《国民党政权与南京・重庆〈中央日报〉》,http://csw. shu. edu. tw/up_image/1013005. pdf。

2. *J-School Quiz*,http://journalism. missouri. edu/june-2012/jschool-quiz. php。

3. *the Journalist's Creed*,http://web. missouri. edu/~umcjourb2/home-creed. html。

4. *the Missouri Method*,http://journalism. missouri. edu/media。

5. *the Mizzou Mafia*,http://mizzoumagarchives. missouri. edu。

6. "中央研究院"近代史研究所,http://www. mh. sinica. edu. tw。

7. "中央研究院"近代史研究所档案馆,http://archives. sinica. edu. tw。

8. 《TAO 台湾学术数据库》,http://tao-cn. wordpedia. com。

9. 《大成老旧刊全文数据库》,http:// www. dachengdata. com。

10. 《瀚堂近代报刊数据库》,http://www. neohytung. com。

11. 《人大复印资料数据库》,http://ipub. zlzx. org。

12. 《晚清民国报刊全文数据库》(上海图书馆),http://www. cnbksy. cn。

13. 《文津图书资源数据库》(国家图书馆),http://find. nlc. gov. cn。

14. 《中国知网数据库》,http://acad. cnki. net。

15. 复旦大学新闻学院:《新闻学院大事记》,http://www. xwxy. fudan. edu. cn/node2/fdxwxy/gywm/node916/index. html。

16. 蒋海斐:《马星野的新闻活动与新闻思想》,http://blog. sina. com. cn/s/blog_51525a350100n3oo. html。

17. 彭家发:《新闻界挨轰由来已久》,http://www. rthk. org. hk/mediadigest/20061114_76_121192. html。

18. 平阳县政府门户网站:"中国平阳",http://www. zjpy. gov. cn。

19. 王鹏:《马星野与〈大公报〉》,http://hubei. takungpao. com/html_content/2011-03-28/77939. html。

20. 与马大安女士、陈百龄教授、李金铨教授、张咏教授、彭家发教授等电子邮件,2012 年 9 月—2017 年 1 月。

21. 政治大学传播学院:http://comm. nccu. edu. tw。

22. 政治大学图书馆:http://ncul. lib. nccu. edu. tw。

23. 中国国民党"文化传播委员会党史馆":http://archives. kmt. org. tw。

后 记

本书是在作者博士学位论文的基础上修改而成。

读博士、写论文、出成果，有苦也有乐。所谓苦，因为无论是沉浸入研究而兴奋，或是毫无头绪而纠结，“废寝忘食”似乎总是唯一的选择。这毋须多言，因为大家都是这样。所谓乐，来源于我所体会到的如沐春风的感觉，来源于我的恩师、家人、各位学者前辈以及诸多善良的有缘人的睿智教导、默默支持、热忱帮助，大家的真情关爱使我于艰苦中深深体会到了一种温暖亲切的快乐。

衷心感谢我的恩师倪延年教授。倪先生德高望重，是目前学界公认的民国新闻史研究带头人，也是这本书能够与大家见面的领航人。我一直是个资质驽钝学生，先生做我的导师，其辛苦可想而知。但先生既是一位严谨的学者、严格的老师与谦和的朋友，更是一个宽厚而负责任的长辈。无论是论文的撰写、抑或书稿的成型，都倾注了先生大量的心血，体现了先生的真知灼见。他的睿智时刻启迪着我的灵感，常常使我如醍醐灌顶，豁然开朗；他不仅教给我知识，教会我如何去进行思考和辨析，更以言传身教的方式告诉了我“传道、授业、解惑”的真谛，让我知道如何成为一名学者，并激励着我向着这个遥远而崇高的目标奋进。

衷心感谢马星野先生的爱女马大安女士。我们相识至今已经五年。这五年中，我从她的身上感受到了“马老师”的“春风和气”与“温暖亲切”。她为我在南港查找资料提供了三次书面独立授权，将当时尚未公开的《马星野档案》全部对我开放；她对我在研究中所提出的诸多问题精心尽力做好“功课”，认真解答……我始终不忘大安老师对我说的话：“这是您的论文，您要做得最好。事实是科学的，感情却在科学领域之外，您认为最好是什么，就如何去做。”这种信任对于我来说是进行研究的重要动力和值得珍惜的家人般的感情！

衷心感谢南京师范大学新闻与传播学院的方晓红教授、顾理平教授、张晓锋教授、于德山教授、靖鸣教授、李培林教授，衷心感谢华中科技大学吴廷俊教授和中国第二历史档案馆郭必强研究员。诸位前辈、专家学者对我的研究工作提出了诸多宝贵的意见和建议，谆谆教导，循循善诱，毫无保留地将自己的精彩思想倾囊相授，使我这个学徒的学思之芽在先生们的春风细雨中生根、萌发，使这篇论文有了臻于至善的可能。

衷心感谢政治大学彭家发教授、钟蔚文教授、朱立教授、陈百龄教授和余天蕙小姐、王楠同学。彭教授是我认识的第一位政大前辈学者；钟教授时任政大传播学院院长，在得知我的研究方向后，毅然向我这个无名后辈发出诚挚邀请，为研究提供关键的便利；朱教授在《星垂平野阔》的序言中对我研究的指导、评价和期望，使我受益匪浅；时为政大传院博士生的王楠同学本身学业已经繁重，然而仍不辞辛苦地为我充当资料复印、扫描和传递的帮手，为我的研究资料收集提供了重要帮助；余天蕙小姐为我能够顺利赴政大开展研究做了大量前期准备工作。而这其中，尤以时任政大传播学院副院长的陈百龄教授，是五年来给予我关心和帮助最多的政大学者。时至今日，他的春风和气与无微不至，仍然使我时时感受到了家人般的那种温暖亲切。

衷心感谢香港城市大学李金铨教授，美国密苏里大学张咏教授。与李教授的结缘，是大安促成，而“一发不可收拾”。李教授的博学、睿智与严谨，使我在研究的过程中每每峰回路转，又见一村，能够在前辈大家的提点与教导下从事研究，幸甚！而由李教授牵线，我又得到了密大张教授的关心和帮助，使得研究的眼界更加开阔，而受益匪浅。

衷心感谢我的同门刘泱育博士、关梅博士、曹爱民博士、吴翔博士、钱珺博士；感谢我的同事和朋友张连红教授、严志军教授、谢世诚教授、张建平馆长、李建俊博士、向芬博士、傅苏老师、张素梅老师……感谢大家为我的学术研究提供了莫大的帮助和鼓励，这种温暖亲切就是环绕在我身边的宝贵精神财富。

最后，我要衷心感谢我的父母和妻儿。也许这些年来，我就是那个习惯在星光下独自前行的人，他们以自己的辛劳和宽容默默支持着我的进步。这三年来，我没有好好陪过他们，即使是我的父母在医院病床上的时候，我也没有好好在他们身边陪伴。尤其是这最近的十个月以来，他们没有一天能和我一起吃上完整的三餐。每当我深夜回到家中，看着他们在睡梦中安静的容颜，体会到这种安静对于我的世界的价值的时候，深深的愧疚也总是填满了我的心头！

“生命，一次又一次轻薄过，轻狂不知疲倦。”我已到了四十不惑之年，“轻狂”似乎与我渐行渐远，“疲倦”却每每让我不期而遇。就在此时，我能够得到机会，以马星野先生的新闻人生涯作为自己的研究对象和研究领域，徐徐摸索，慢慢了解，细细分辨，审慎思考，愈深入，愈有心；愈有思，愈有悟；愈有得，愈与有荣焉！我如此幸运，在攻读博士学位的艰辛而又美好的旅途中，收获了如此之多的温暖亲切，增长了知识，充实了心灵，望见了人生更加崇高的理想境界。但是，由于我的学识、眼界、经验以及思想深度的限制，论文中不可避免地会有一些不足和谬误，对此，我衷心地期盼着各位专家学者的批评和赐教。《淮南子》中云：“积薄为厚，积卑为高，故君子日孳孳以成辉”，我将铭记斯言以为座右铭，一日三省，自勉自策，不断努力，不断攀登。

王继先

二〇一五年三月初稿

二〇一七年九月定稿